U1070116

电力工业可持续发展技术

都亮 等 编著

中国水利水电出版社
www.waterpub.com.cn

内 容 提 要

本书初步探讨当前电力工业可持续发展的最新实践，展现特高压为骨干网架的坚强智能电网为我国风能、太阳能等新能源开发利用、高效配置、安全运营的重大作用。本书内容涵盖新能源发电技术、特高压输电技术、分布式能源与微网、节能管理与技术、电动汽车（EV）、电力需求侧市场等知识。

本书可作为从事电力生产运营管理工作的人员全面掌握电力可持续发展技术之用，也可作为电力系统及自动化、供用电技术、工业用电等专业有关教师和学生的教学、自学或培训参考书。

图书在版编目（CIP）数据

电力工业可持续发展技术 / 都亮等编著. -- 北京 : 中国水利水电出版社, 2013.1
ISBN 978-7-5170-0565-0

Ⅰ. ①电… Ⅱ. ①都… Ⅲ. ①电力工业－可持续发展－研究－中国 Ⅳ. ①F426.61

中国版本图书馆CIP数据核字(2013)第011833号

书　　名	**电力工业可持续发展技术**
作　　者	都亮　等 编著
出版发行	中国水利水电出版社 （北京市海淀区玉渊潭南路1号D座　100038） 网址：www.waterpub.com.cn E-mail：sales@waterpub.com.cn 电话：（010）68367658（发行部）
经　　售	北京科水图书销售中心（零售） 电话：（010）88383994、63202643、68545874 全国各地新华书店和相关出版物销售网点
排　　版	中国水利水电出版社微机排版中心
印　　刷	北京市北中印刷厂
规　　格	184mm×260mm　16开本　11.5印张　272千字
版　　次	2013年1月第1版　2013年1月第1次印刷
印　　数	0001—3000册
定　　价	**32.00**元

前　言

能源是经济发展和社会生活的重要物质基础，近年来，能源短缺、资源紧张、气候变化等问题日益突出，能源安全、能源效率、能源环境成为全球范围的巨大挑战。为应对这些挑战，世界各国正在以传统能源发展为基础，以新能源开发为重点，以科技创新为先导，以全球能源优化配置为方向，积极推进能源发展方式转变。构建安全稳定、经济高效、绿色环保、技术先进的现代能源供应体系，成为世界能源发展的重要趋势。

以特高压为骨干网架的坚强智能电网正在成为我国风能、太阳能等新能源开发利用、高效配置、安全运营的平台，为实现我国新能源的长期、稳定、健康、可持续发展提供坚实的保障。

为了梳理和总结我国在电力工业可持续发展工作中开展的实践，四川省电力公司于2011年5月组织长期从事电力生产管理的一线专家和丰富科研教学经验的学者，通过深入发、输、配、供、用电力生产一线，在收集的大量最新资料的基础上归纳总结电力工业可持续发展中的最新成就和发展趋势，初步探索系统化的应用理论。

本书作为四川省电力公司2011年科研立项项目，尝试探讨当前电力工业可持续发展的最新成果，包括特高压输电技术、新能源发电技术、分布式能源、节能管理与技术、电动汽车、电力需求侧市场等知识。

全书共七章，第一章和第三章由四川省电力公司技术技能培训中心都亮编写；第二章由华北电力大学朱永强和四川省电力公司技术技能培训中心都亮共同编写；第四章和第五章由四川省电力公司技术技能培训中心陈杨编写，第六章和第七章由四川省电力公司技术技能培训中心高犁编写。

在本书编写过程中，收集和参阅了各方面的资料，得到不少同志的大力支持和帮助，在此，谨致以衷心的感谢。

由于水平有限，时间仓促，书中缺点和错误之处敬请广大读者批评指正。

编　者

2012年10月

目　　录

第一章　绪　　论

第一节　可持续发展战略

可持续发展是国际上20世纪80年代后期以来形成的新的发展观念，到现在已成为涉及可持续经济、可持续生态和可持续社会三方面协调统一的全面性战略，它与科教兴国一起，已被中国政府确立为有关国民经济和社会发展的两个基本战略。

一、可持续发展理论形成的历史背景

20世纪以来，随着科技进步和社会生产力的极大提高，人类创造了前所未有的物质财富，加速推进了文明发展的进程，人类生活越来越舒适，越来越方便。与此同时，世界人口急剧增长、资源过度消耗与大量浪费、严重的环境污染和生态破坏，都已成为全球性的重大问题，它们不仅严重地阻碍着经济的发展和人民生活质量的提高，而且已威胁到人类的生存和发展。在这种严峻形势下，人类不得不重新审视自己的社会经济行为和走过的历程。认识到通过高消耗追求经济数量增长和“先污染后治理”的传统发展模式已不再适应当今和未来发展的要求，必须寻求一条人口、资源、经济、社会与环境相互协调的、既能满足当代人的需求又不对满足后代人需求的能力构成危害的发展模式。

20世纪80年代以来，世界各国围绕全球面临的传统发展战略造成的环境的恶化、资源的贫乏、人口的膨胀等现象，提出了一种新的发展理念——可持续发展。1987年，世界环境和发展委员会（WCED）在《我们共同的未来》的报告（又称《布伦特兰报告》）中，给出了可持续发展的定义：既满足当代人的需要，又不对后代人满足其需要的能力构成危害的发展。1992年，联合国环境和发展大会通过的《里约热内卢环境与发展宣言》和《21世纪议程》，是全世界将可持续发展的概念和理论付诸行动的开始。1994年，中国政府通过和确立了世界上第一部国家级可持续发展战略《中国21世纪议程》，成为中国各行各业实现可持续发展的指南。

迄今为止，可持续发展尚没有一个严格统一的定义，目前得到普遍认同的就是布伦特兰报告中的论述。概括地讲，可持续发展就是既要使人类的各种需要得到满足，个人得到充分发展，又要保护资源和生态环境，不对后代人的生存和发展构成威胁。其核心问题就是人类的经济活动与经济发展不能超过资源与环境的承受能力，使人类与经济、利会、资源、环境始终处于最佳结合状态。

二、可持续发展的内涵

可持续发展首先是从环境保护的角度来倡导保持人类社会进步与发展的，它明确提出要变革人类沿袭已久的生产方式和生活方式，并调整现行的国际经济关系。这种调整和变革要按照可持续发展的要求进行设计和运行，这几乎涉及经济发展和社会生活的所有方面，包含了当代与后代的需求、国家主权与国际公平、自然资源与生态承载力、环境与发展相结合等重要内容。就理性设计而言，可持续发展具体表现在：工业应当是高产低耗，

能源应当被清洁利用，粮食需要保障长期供给，人口与资源应当保持相对平衡，经济与社会应与环境协调发展等。

1. 可持续发展基本思想

以往人们对“发展”的理解仅局限于经济领域，把发展狭义地理解为经济的增长，即国民生产总值的提高、物质财富的增多、人民生活水平的改善等。但可持续发展是一种立足于环境与资源角度提出的人类长期发展的战略，它指的是人们生活的所有方面都得到改善和提高，而且这种发展是持续的，随着时间的推移，人类福利将连续不断地增加。可持续发展基本思想主要包括以下四个方面。

（1）经济持续发展是根本。发展是硬道理，只有通过经济的持续增长，才能不断地增加社会财富和不断提高人们的福利水平。可持续发展不仅重视经济增长的数量，而且更强调经济增长的质量。经济发展所包含的数量的增长和质量的提高，必须依靠科学技术的提高与创新来实现。因此，可持续发展要求采用科学的经济增长方式，从原材料和能源的利用方式、产品设计与生产工艺到消费方式都必须符合可持续原则，彻底改变“高投入、高消耗、高污染、高消费”的传统方式，以减少人类经济活动所造成的环境压力。环境退化的原因产生于经济活动，其解决办法也必须依靠于经济增长过程。

（2）资源的永续利用和生态的持续良好是基础。地球上的资源是有限的，它们是经济发展的基础。环境容量也是有限的，从根本上说，它是人类社会发展的最终极限。可持续发展以自然资源为基础，与生态环境相协调，强调经济和社会发展不超越资源和环境的承载能力，强调控制人口数量、提高人口素质，强调采用“适用技术”，保证以可持续的方式利用自然资源，并满足人们对经济发展和环境良好的要求。要实现可持续发展，必须使自然资源的耗竭速率低于资源的再生速率，必须通过转变发展模式，从根本上解决环境问题。

（3）谋求社会全面进步是目标。可持续发展的观念认为，世界各国的发展阶段和发展目标可以不同，但发展的本质应当包括改善人类生活质量，提高人类健康水平，创造一个保障人们平等、自由、受到良好教育和免受暴力的社会环境。也就是说，经济的持续发展、资源的永续利用和生态环境的持续良好，即社会在每一个时间段内都能保持与经济、资源和环境的协调，才符合可持续发展的要求，这也是人类共同追求的目标。

（4）多样性是标志。从现代生态学角度考虑，地球的现状是生命系统参与地质历史过程的结果，地球的现状也是靠生命系统活动来调节、控制和维持的。生物多样性是保证人类赖以生存的生态系统的物质基础，是维持地球生命系统稳定性的必要条件。从社会学角度考虑，世界各国由于基础条件不同，当前所处的发展阶段也会不同，由于价值观、伦理观、社会习俗的差异，必然会导致社会与文化观念的不同。可持续发展观念认为，在人与自然的关系上，强调保护生物多样性，减少它们之间的毁灭性碰撞，才能保持全球社会和文化体系的稳定。从实质上看，多样性同样也是公平性原则的体现。

2. 可持续发展的基本原则

可持续发展涉及社会的方方面面，也涉及每个人的思想意识。就其经济观而言，可持续发展主张在保护地球自然生态系统的基础上经济持续发展；就其社会观而言，可持续发展主张公平分配，当代人与后代人都具有平等的发展机会；就其自然观而言，主张人类与自然和谐相处，共同进化。其中所体现的基本原则主要有以下几个方面。

（1）公平性原则。所谓公平是指机会选择的平等性。可持续发展不仅涉及当代的国家或区域的人口、资源、环境与发展的协调，还涉及同后代的国家或区域之间的人口资源、环境与发展之间的矛盾或冲突。可持续发展的公平性是不同时空尺度的体现，当代与后代、区际与区间都应具有平等的发展机会。当代人不能为满足自己的发展而损害后代人发展所需要的资源条件和环境条件。国家或区域有进行在其管辖区内的各类经济活动的权力，但不能损害其他国家或区域的资源条件与环境条件。在人与自然方面，人类应当尊重自然生态的和谐与稳定，平等地对待地球上的一切生命物种，应当彻底地摒弃“人类中心观”，而代之以“生态文明观”。

（2）持续性原则。资源和环境是人类生存与发展的基础条件，也是可持续发展的主要制约因素。因此，资源的永续利用和生态环境的持续良好，是可持续发展的重要保证。人类在进行任何经济活动的过程中，都必须充分考虑到资源的承载能力和环境的承载能力。要适时调整自己的生产方式和生活方式，实现资源的永续利用和生态系统的持续良好。

（3）整体性原则。可持续发展是一个涉及经济、社会、文化、技术及自然环境的综合概念。它主要包括自然资源与生态环境的可持续发展、经济的可持续发展和社会的可持续发展等三个方面。可持续发展一是以自然资源的可持续利用和良好的生态环境为基础；二是以经济可持续发展为前提；三是以谋求社会的全面进步为目标。可持续发展不仅是经济问题，也不仅是社会问题和生态问题，而是三者相互影响的综合体。人类的最终目标是在供求平衡条件下的可持续发展。因此，可持续发展要求社会在每一个时间段内都能保持资源、经济、社会同环境的协调，整体同步发展。不仅仅要求区域的各部门、各系统和各行业，而且要求全球各区域都应当在人类共同持续发展的前提下互相协调，处理好局部与全局、短期利益与长远利益、人类与自然之间的关系，共同发展与进步。

（4）重点性原则。可持续发展涉及人类生产与生活的方方面面，涉及每个人。其实施过程中必然面临众多的矛盾，但重点是人与自然、人与人两大矛盾。物质是第一性的，人对自然有认识关系、改造关系、价值关系，自然对人类也有着制约关系；人与人的矛盾又影响和制约着人与自然的关系。因此，在两大矛盾中，后者占据主导地位，人的因素第一。

3. 可持续发展的主要内容

可持续发展是一个既涉及经济建设又涉及环境保护，既涉及自然科学又涉及社会科学的综合概念，包含了资源可持续利用、环境保护、清洁生产、可持续消费、公众参与、科学技术进步、法制建设、国际合作等诸多领域。现重点介绍前六个方面的相关内容。

（1）资源可持续利用。资源是可持续发展的物质基础。因此，可持续发展的关键就是要合理开发和利用资源。使再生性资源能保持其再生能力，非再生资源不致过度消耗并得到代替资源的补充，使环境的自净能力得以维持；能以最低的环境成本确保自然资源的可持续利用。

历史和现状均已表明，要实现资源可持续利用的关键是必须加强对人类自身经济行为的约束，必须在生产部门提高生产效率，在消费部门改变消费模式，以达到最高限度地利用资源和最低限度地产生废物。

（2）环境保护。生态环境持续良好是可持续发展追求的主要目标之一。人们已经认识到，在传统的国民生产总值（GNP）的核算中，并未将由于经济增长对自然资源和环境状况造成的损害情况考虑在内。环境影响通常没有相应的市场表现形式，但这并不意味着它们没有经济价值。按照可持续发展的观点，应该将所发生的任何环境损失都进行价值评估并从 GNP 中扣除。

（3）清洁生产。人们在认真审视工业发展过程和环境保护历程之后发现，依靠污染控制技术的末端治理，虽然改善了局部的水环境质量和大气环境质量，但原有的环境问题并没有彻底解决，新的环境问题又不断出现，全球环境质量仍趋恶化。人们逐渐认识到依靠末端治理对环境的改善是有限的，关心产品和生产过程对环境的影响，依靠改进生产工艺和加强管理来消除污染才更为有效。于是清洁生产应运而生。清洁生产指在产品生产过程和预期消费中，既合理利用自然资源，把对人类和环境的危害减到最小，又能充分满足人类需要，使社会经济效益最大化的一种生产模式。

清洁生产主要要达到以下两个目标：

1）通过资源的综合利用、短缺资源的代用、二次资源的利用，节约和合理利用自然资源，减缓资源的耗竭。

2）减少废物和污染物的生成和排放，促进工业产品在生产、消费过程中与环境相容，降低整个工业活动对人类和环境的危害。

清洁生产的内容包括清洁的能源、清洁的生产过程和清洁的产品三个方面，采用“全过程控制”和“综合防治战略”，通过应用专门技术改进工艺流程和改善管理来实现其目标。简单地说就是用清洁的原料和能源、清洁的工艺设备、无污染或少污染的生产方式、科学与严格的管理，达到保护人类和环境，提高经济效益的目的。

需要指出的是，清洁生产的“清洁”是相对现有的能源、工艺、产品比较而言的，清洁生产本身就是一个不断完善的过程。随着社会经济的发展和科技的进步，需要适时提出更新的目标来达到更高的水平。

（4）可持续消费。《21 世纪议程》指出：“全球环境不断恶化的主要原因是不可持续的消费和生产模式。”要达到较好的环境质量和可持续发展的目标，就需要改变传统的生产模式和消费模式，最充分地利用资源和减少浪费。尤其需要改变工业化国家采取的、并被许多地方仿效的生产和消费模式。传统的消费模式是一种线性过程。经济系统致力于把自然资源转化成产品和货物以满足人们提高生活质量的需求，用过的物品则被当做废物而抛弃。随着生活水平的不断提高，消费量日益增多，废物也在增多，这就造成了资源的消耗和环境的退化。因此，线性消费本质上是一种耗竭型消费模式。目前，工业化国家消费了世界石油产量的一半以上，由此产生了全球温室气体的 70%。如果全球都按照美国的消费水平来消耗能源和资源，那得需要三个地球。

影响消费模式主要有技术因素，社会与心理因素，法律、经济和制度因素。传统意义上的“修旧利废”并不等同于可持续消费。目前的价格体系和现行的经济结构实际上是鼓励了对自然资源的过度开发，不利于生产和消费的可持续性。可持续消费要求人们像改变技术和产品一样改变自身的价值观和消费态度。要达到这个目的必须要依靠社会的力量，提高人们的文化素质，调整人们对产品和服务的心理需求，树立起新的物质观和消费观。

（5）公众参与。在可持续发展意义下的公众参与是指公众接受并宣传可持续发展的思想和参加可持续发展战略的实施。促进人们参与可持续发展的主要手段有教育、培训、参与、宣传等四个方面。《中国 21 世纪议程》指出，“公众，团体和组织的参与方式和参与程度，将决定可持续发展目标实现的进程”。从公众参与的角度看，可持续发展的实质是在发展过程中精心维护人类生存与发展的可持续性，它体现了人类与客观物质世界的相互关系、人类自身的道德观、价值观和行为方式的变革、经济社会发展战略等。

公众对可持续发展的参与不同于一般活动的参与，也不同于对环境保护的参与。可持续发展的公众参与更为深刻、更为广泛。它不仅包括公众积极参与实施可持续发展战略的有关行动或有关项目，更重要的是人们要改变自己的思想意识，建立可持续发展世界观，进而用符合可持续发展的方法去改变和控制自己的行为方式。环境保护的公众参与重点在珍惜自然和爱护环境上。而可持续发展的公众参与不但要求珍惜环境资源，还要在产品的生产与消费和废物的循环（利用）与处置等过程中合理操作，追求效率和公平。这种公平关系意味着穷人和富人都应该参与可持续发展进程，并具有同等的参与权、分配权和发展权；意味着上代人和下代人都具有责任和权力，是多代人的共同参与。

人类的环境意识是在热爱自然、保护环境的活动中产生的。可持续发展意识是在经济的高速增长造成了环境的巨大破坏之后，人类在反思环境和经济发展的关系中逐步成熟起来的。可持续发展意识包含有综合思维、价值观、经济观和道德观等四个方面的主要特征。建立可持续发展的道德观和价值观，是人类在逐步接受可持续发展思想之后的又一进步，是更深刻的公众参与。只有每个人都对自己生活的地球、对人类大家庭的幸福和未来抱有强烈的责任感，才能形成一个巨大的人力资源和可持续发展的意识资源，才能推动可持续发展战略的实施。

（6）科学技术进步。可持续发展在相当大程度上要依靠科技进步来实现。当前各个国家都在纷纷考虑 21 世纪自己在国家领域的地位。而且科学技术、环境保护、经济竞争力和国家安全这几个重大战略课题愈来愈紧密地联系在一起，表明科学技术发展已经被结合到有关环境的政策与战略考虑中。科学技术是一把双刃剑，它可以给人类和环境带来巨大的推动力，也可以给人类造成危害甚至灾难。高科技的战争对人类和环境带来灾难就是一个例证。许多科学技术成就在给人类带来繁荣的同时，往往也隐藏着危害。20 世纪 50 年代经济高速发展所带来环境污染的教训，应该成为新技术开发的借鉴。开发每一项技术都应在研究技术的同时研究其对生态环境可能产生的危害或潜在危害，并使其在实用时同时解决。

三、可持续发展在中国

1. 走可持续发展之路是中国的唯一正确选择

中国是一个发展中大国，可持续发展对于中国的发展具有特别的重大意义。实施可持续发展战略是中国彻底摆脱贫穷，摆脱人口、资源和环境困境，振兴中华的唯一正确选择。

2. 可持续发展战略在中国的实施

《中国 21 世纪议程》是中国实施可持续发展战略的行动纲领，是制定国民经济和社会发展中长期计划的指导性文件，同时也是中国政府认真履行 1992 年联合国环境与发展大会的原则立场和实际行动，表明了中国在解决环境与发展问题上的决心和信心。《中国21世纪议程》为中国21世纪发展描绘了一幅宏伟蓝图，是中国21世纪发展的需要和必然的选择。中国是发展中国家，要提高社会生产力，增强综合国力和不断提高人民生活水平，就必须毫不动摇地把发展国民经济放在第一位，各项工作都要紧紧围绕经济建设这个中心来开展。中国是在人口基数大、人均资源少、经济和科技水平都比较落后的条件下实现经济快速发展的，这使本来就已经短缺的资源和脆弱的环境面临更大的压力。在这种形势下，中国政府认识到，只有遵循可持续发展战略思想，从国家整体利益的高度来协调和组织各部门、各地方、各社会阶层和全体人民的行动，才能顺利完成预期的经济发展目标，才能保护好自然资源和改善生态环境，实现国家长期、稳定的发展。

《中国21世纪议程》体现了新的发展观，力求结合中国国情，分类指导，有计划、有重点、分区域、分阶段摆脱传统的发展模式，逐步由粗放型经济发展过渡到集约型经济发展。具体内容如下：

第一，中国东部和东南沿海地区经济相对比较发达，在经济继续保持稳定、快速增长的同时，重点提高增长的质量，提高效益，节约资源与能源，减少废物，改变传统的生产模式与消费模式，实施清洁生产和文明消费。

第二，中国西部、西北部和西南部经济相对不够发达地区，重点消除贫困，加强“发展”所必需的基础设施建设，如能源、交通、通讯等基础设施建设，提高经济对区域开发的支撑能力。

第三，对于农业，重点提出了一系列通过政策引导和市场调控等手段，逐步使农业向高产、优质、高效、低耗的方向发展，发展中国独具特色的乡镇企业，引导其提高效益、减少污染，为农村剩余劳动力提供更多的就业机会。

第四，能源是中国国民经济的支柱产业。根据中国能源结构中煤炭占70%以上的特点，在能源发展中重点发展清洁煤技术，计划通过一系列清洁煤技术项目和示范工程项目，大力提倡节能、提高能源效率以及加快再生能源的开发速度。

在《中国21世纪议程》的实施进程中，需注重结合经济增长方式的转变来加以推进。一是既充分发挥市场对资源配置的基础性作用，又注重加强宏观调控、克服市场机制在配置资源和保护环境领域的“实效”现象。二是促进形成有利于节约资源、降低消耗、增加效益、改善环境的企业经营机制，有利于自主创新的技术进步机制，有利于市场公平竞争和资源优化配置的经济运行机制。三是加速科技成果转化，大力发展清洁生产技术、清洁能源技术、资源和能源有效利用技术，以及资源合理开发和环境保护技术等。加强重大工程和区域、行业的软科学研究，为国家、部门、地方的经济、社会管理决策提供科技支撑。四是坚持资源开发与节约并举，大力推广清洁生产和清洁能源；千方百计减少资源的占用与消耗，大幅度提高资源、能源和原材料的利用效率。五是结合农业、林业、水利基础设施建设和“高产、高效、低耗、优质”工程和生态农业的推广，调整农业结构，优化资源的生产要素组合，加大科技兴农的力度，保护农业生态环境。六是研究、制定和改进可持续发展的相关法规和政策，研究可持续发展的理论体系，建立与国际接轨的信息系统。七是研究、改进、完善和制定一系列的管理制度，包括使可持续发展的要求进入有关决策程序的制度、对经济和社会发展的政策和项目进行可持续发展评价的制度等，以保证

《中国21世纪议程》相关内容的顺利实施。

第二节　电力工业可持续发展技术

国民经济要发展，电力要先行。当前，全球正经历着一场以能源多元化、清洁化为方向，以优化能源结构、实现能源转型为目标，以清洁能源和智能电网为特征的新一轮能源变革。特高压技术的全面突破，为中国乃至世界电力工业的创新变革提供了战略选择。巴西、俄罗斯、印度等国已相继将特高压作为能源和电力发展的重要方向。

为了实现国民经济的快速、稳定增长，电力工业必须提供充足的动力支持。因此，研究电力工业的可持续发展具有重要的现实意义。电力工业可持续发展应从整个社会整个系统出发，应用系统的理论，具体地研究电力工业与经济、社会、能源、环境之间的关系，在满足经济、社会、能源、环境可持续发展的基础上发展电力，以满足当代人的需求，又不对后代人满足其电力需求的能力构成危害，实现发电能源的永续利用，环境质量的不断改善。具体内涵如下：

（1）电力系统应在电力电量上满足社会经济发展的需求（既满足当代社会对电力的需求又要满足未来社会对电力的需求），实现电力、能源、环境、经济和社会协调发展。

（2）依靠科学技术进步，开发和推广高效节能型技术，提高电力生产和利用的效率；合理利用各种能源资源，提高能源利用率，减少环境污染。

（3）运用社会主义市场经济体制，转变传统的电力工业管理模式，培育、发展电力市场，实现电力工业的两个根本性转变。

（4）完善电源结构，加强电网建设，实施需求侧管理，建立高效节约型的电力经济体系。

（5）建设以特高压为骨干网架的坚强智能电网，打造能源配置绿色平台，推动清洁能源大规模集约化开发和能源资源的清洁高效利用。

一、特高压输电技术

为了在2015年实现全国统一联合电网的目标，各电网应本着“统一规划、统一建设、统一管理、统一调度”的方针，大力加强电网的规划和建设，形成结构合理、运行灵活的输电网络，提高电网的输送能力和供电质量，确保电网的安全、稳定、经济运行，为实现全国联网奠定基础。目前，正在形成以特高压电网为骨干网架、各级电网协调发展的坚强智能电网。

在规划建设大型水电、风电基地的同时，同步规划设计并网方案和跨省跨区输电通道，提高风电设备技术创新，实现风电场的功率可预测性和可控性，加快抽水蓄能、燃气电站等调峰电源的建设步伐，加强跨省跨区输电网络的建设，加快建设以特高压电网为骨干网架、各级电网协调发展的坚强智能电网。通过特高压坚强网架的建设，在全国范围内对包括煤电、清洁能源等在内的各种资源形式进行配置，为实现我国各类大型能源基地开发和电力高效送出提供了物理平台，将显著提升中国能源综合利用效率。

“我国的资源禀赋、国情、技术特性和经济性决定了建设以特高压为骨干网架的坚强智能电网是实现清洁能源大规模开发、远距离输送和大范围消纳的唯一方式。”《国家电网公司绿色发展白皮书》提出，坚强智能电网是推动清洁能源规模集约发展的绿色平台。

晋东南—南阳—荆门1000kV高压交流试验示范工程自2009年正式投运后的一年间，已累计输送电量91亿kWh。随着2011年12月第二组变压器等扩建设备的投产，该线路输送能力已达到500万kW，已成为中国南北方向一条重要能源输送通道和南北水火互济运行、实现跨省跨区资源优化配置的工程典范。此外，于2010年7月投入商业运行的向家坝—上海±800kV高压直流输电示范工程，最大输送容量700万kW，截至2012年1月，已连续安全运行超过一年半，为上海世博会保电提供了强有力的绿色动力。向家坝水电站全面建成后，每年可向上海输送350亿kWh的清洁水电。

国家电网能源研究院为我们描绘了清洁能源发展的未来图景：内蒙古西部地区、内蒙古东部地区、甘肃河西走廊地区、河北北部、吉林、新疆、江苏沿海地区将建成千万千瓦级风电基地，海上风电将得到大规模开发；西北部地区将建设大规模太阳能发电基地；核电建设主要集中在东部沿海地区，内陆核电起步建设；西部地区继续大力发展水电，金沙江流域、四川、云南的水电资源将成为中国西电东送的重要电源，西藏外送水电也将大规模开工建设。同时，根据规划，2020年，国家电网特高压及跨区、跨国电网输送容量将达到3.73亿kW以上，其中通过特高压传输的容量为2.5亿kW以上，这必将为清洁能源的大规模开发利用提供坚强的电网支撑，为清洁能源规模集约送出打造便捷高效的“电力高速路”。实现将西部、北部地区丰富的能源资源大规模输送到中东部地区，促进清洁能源的加快开发和充分利用，推动中国电力发展方式转变，以电力工业的可持续发展支撑经济社会的可持续发展。

气候变化问题作为人类社会可持续发展面临的重大挑战日益受到国际社会的密切关注，发展清洁能源已经成为世界范围内应对气候变化的共同选择。中国正处于工业化、城镇化加速发展时期，能源消费需求继续保持旺盛增长，碳减排形势十分严峻。大力发展清洁能源是中国保障能源供应安全、应对气候变化、实现未来可持续发展的必由之路，迫在眉睫。

受能源资源禀赋影响，中国能源消费以煤为主，清洁能源占一次能源消费的比重较低。有关研究表明，要实现2020年非化石能源占一次能源消费总量比重达到15%的目标，水电装机容量应达到3亿～3.5亿kW，核电装机容量应达到8000万kW左右，风电装机容量应达到1.5亿kW左右，太阳能发电装机应达到2000万kW左右。

中国80%的水能资源分布在四川、云南、西藏等西南部地区，风能资源主要集中在华北、西北、东北等“三北”地区和东部沿海，国家规划的甘肃酒泉、新疆哈密、河北、蒙西、蒙东、吉林、江苏沿海等七个千万千瓦级风电基地，有六个位于“三北”地区，适宜规模化集中开发的太阳能发电主要分布在西部和北部的沙漠、戈壁滩等偏远地区。而中国能源需求主要分布在华北、华中和华东等“三华”地区，能源资源与中东部能源消费中心逆向分布的特点，决定了中国必须建立大容量、远距离的能源输送通道，通过远距离输电实现清洁能源大规模发展，在全国范围配置和消纳清洁能源。

中国西部、北部地区的清洁能源基地与中东部负荷中心地区的距离一般为800～3000km，依靠现有输电技术很难满足能源资源大规模、远距离输送需求，限制了清洁能源的规模化发展，无法实现中国应对气候变化的国际承诺和满足经济社会可持续发展。建设特高压电网，加强区域互联，扩大消纳范围，是促进清洁能源规模化发展、实现中国应对气候变化国际承诺的重要途径。

加快建设特高压电网，将极大地促进清洁能源的开发与利用，实现电源结构的优化调整。根据有关研究结果，如果仅考虑在本省内的风电消纳能力，到2020年，全国可开发的风电规模为5000万kW左右；通过特高压跨区联网、构建"三华"同步电网以及加大调峰电源建设，可以大幅增加清洁能源的消纳能力，全国风电开发规模有望达到1.5亿kW。

急需将建设特高压电网上升为国家发展战略，将特高压发展纳入国家"十二五"发展规划，实现将西部、北部地区丰富的能源资源大规模输送到中东部地区，促进清洁能源的加快开发和充分利用，推动中国电力发展方式转变，以电力工业的可持续发展支撑经济社会的可持续发展。

1. 打造绿色平台　推动清洁能源规模集约发展

能源供应、生态环境和气候变化是当今社会发展面临的重大挑战。当前，世界能源发展正在孕育着深刻变革，"第四次产业革命"呼之欲出。

"国家电网公司立足国情和世界能源变革趋势，加快建设坚强智能电网，打造能源配置绿色平台，推动电力系统、产业和全社会节能减排，承诺对实现我国2020年碳排放强度目标的贡献度超过20%，令人鼓舞。"中华环保联合会副秘书长郭纹铭表示，国家电网公司是国家能源战略的重要实施主体，在中国转变经济发展方式过程中扮演着关键角色。

2. 清洁能源"发得出"更要"送得走"

中国80%的水能资源分布在西南地区，76%的煤炭资源保有储量分布在山西、内蒙古、陕西、新疆等西部和北部地区，95%以上的风能资源集中在"三北"地区和东部沿海，而2/3以上的能源需求集中在东中部地区。

按照"建设大基地、融入大电网"的规划布局，中国规划在内蒙古、甘肃、河北、吉林、新疆、江苏沿海等省、自治区建设七个千万千瓦级风电基地。风电、太阳能等清洁能源发展迅猛，有专家分析指出，2009年全国并网风电总装机容量达到1613万kW，2010年风电达到3000万kW，今后每年新增装机可能达到1000万kW左右。

研究表明，通过跨区联网扩大清洁能源的消纳市场，充分利用西部丰富的水电、风电等清洁能源，到2020年，每年可减少煤炭消耗4.7亿t标准煤，可减排二氧化碳13.8亿t，全国环境损失减少44.8亿元/年。

然而，正如国家电网公司副总经理舒印彪指出，这些风电基地所在地区大多负荷较低，电网规模小，无法就地消纳，需要依托更高电压等级、大规模远距离输送。

"我国的风机在装机容量连续5年翻番的匆忙之间，风机制造商尚来不及创新风机的性能，调峰的难题都留给了电网。"甘肃省电力公司风电中心主任汪宁勃如是说，如不解决风电机组发电出力有效消纳等问题，风电开发利用效率和经济性将显著降低。

以风电为例，如果仅考虑在本省内的风电消纳能力，2020年全国可开发的风电规模为5000万kW左右；通过特高压跨区联网和加大调峰电源建设，可以扩大清洁能源的消纳能力，全国风电开发规模可增加5000万～1亿kW。多位业内专家一致表示，建设特高压电网，加强区域互联，扩大消纳范围，是促进清洁能源规模化发展的重要途径。

也就是说，清洁能源“发得出”，更要“送得走”。

3. 清洁能源发展呼唤特高压

近几年来，电力工业的飞速发展与经济结构的不断调整使得电力供需矛盾暂时缓和。到2015年，全国发电装机容量达到14.37亿kW，全国电力供需基本保持平衡。但是从人均装机容量和人均用电量来看，中国仍然低于发达国家。随着中国国民经济的快速、稳定增长，电力工业还有很大的发展潜力。中国应该抓住这一历史机遇，调整电力发展速度，优化电源结构，加强电网建设、积极开拓电力市场，在发、供、用各个环节实现电力工业的可持续发展。

二、新能源发电技术

中国发电装机容量中火电的比重为80%左右，其中煤电比重为76%，油电比重为4.18%，气电几乎为零。天然气是一种优质、洁净、高效的一次能源，但是由于中国天然气的开采程度较低以及昂贵的价格，使得天然气大多被用做工业原料而没有用于发电。从世界范围看，工业发达国家、天然气供应稳定的发展中国家，都出现了以天然气为燃料电厂的倾向，并且其增长速度已超过煤炭和石油。中国有丰富的天然气田和大量油田、煤层的天然气资源，具有发展天然气发电的自然条件，所以应加大天然气的探测与开采力度，适度发展天然气发电，以气代煤，减少燃煤造成的环境污染。

中国的水能蕴藏量居世界首位，但是水能资源的开发利用程度低，水电开发不足。到1997年底，水电开发程度按装机容量计算为15.23%，按发电量计算为10.38%，同发达国家相比还有很大差距（世界平均开发水平为22%左右）。因此，要加快水电开发速度，逐步提高水电在总电力装机中的比重，既能节约宝贵的煤炭、石油、天然气等矿物资源，又有利于保护环境。

中国的核电起步较晚，需要积极稳步地发展核电。核电可以改善中国以煤为主的能源结构，减轻煤炭运输的压力，节约能源。因此，在经济发达、人口稠密、能源缺乏的东部沿海地区，应适当发展核电，加速核电国产化进程，为进一步发展建立基础。

当前，应抓住电力供需暂时平衡这一历史机遇，进一步优化火电结构，大力发展水电，适当发展核电，积极发展风能、太阳能、海洋能等新能源发电。通过调整优化电源结构，使发电装机中水、火、核及新能源发电的比例逐步趋于合理，实现发电能源多样化。

另外，中国煤炭资源丰富，在今后相当长的时期内，煤炭仍是最主要的发电能源。为了减少燃煤带来的环境污染问题，应大力开发推广洁净煤发电技术。

在“煤的洁净燃烧”技术方面，烧煤的燃气—蒸汽联合循环技术发展令人瞩目。它能大幅度提高发电厂的热效率，并使环境污染问题得到解决。在21世纪，它可能是一种最有发展前途的发电技术。到目前为止，比较成功也最有竞争的方案有三种整体煤气化联合循环方案（IGCC）、增压流化床联合循环方案（PFBC—CC）和常压流化床联合循环方案（AFBC—CC），在《中国21世纪议程》中，中国政府明确推出了一系列洁净煤技术发展项目和示范工程建设项目。

三、可再生能源概述

随着能源危机和环境污染问题的日益加剧，可再生能源的开发利用由于具有显著的社会、经济和环境效益，得到了越来越多的关注。中国作为一个人口大国，同时又是一个经济迅速发展的国家，能源供需矛盾日渐突出，大力发展可再生能源是中国未来能源可持续发展的必然选择。

1. 可再生能源分类

联合国开发计划署将可再生能源分为三类：

（1）大中型水电（Hydro Power）。

（2）新可再生能源。包括小水电（SmallHydro Power）、太阳能（Solar Energy）、风能（Wind Energy）、现代生物质能（Modern Biomass Energy）、地热（Geothermal Energy）、海洋能（Ocean Energy）；

（3）传统生物质能（Traditional Biomass Energy）。

根据《中华人民共和国可再生能源法》，本书研究的可再生能源主要指风能、太阳能、小水电、生物质能、地热能、海洋能等非化石燃料发电能源。

产业革命以后，能源成为全球经济与社会发展的基本动力，但从 20 世纪 70 年代以来，人们开始意识到矿物能源消费的迅速增长是造成环境恶化的主要因素，能源与环境问题逐渐成为当今世界重大问题之一。可再生能源由于其特有的资源和环境优势，成为大多数发达国家和发展中国家 21 世纪能源发展的基本选择。国际社会发展可再生能源主要出于以下考虑：能源安全和能源供应多元化；减少化石燃料排放引起的环境污染；增加就业机会和发展中小企业；取得技术和科技上的领先地位，扩大出口。

2. 加速发展可再生能源的意义

中国加速发展可再生能源有如下意义：

（1）适应了可持续发展战略调整能源结构、保护环境的需要，与中国西部大开发战略和电力体制改革的方向一致，有助于国家全面建设小康和谐社会目标的实现。

（2）2005 年 2 月 16 日《京都议定书》正式生效，发展可再生能源将可以减轻中国在“后京都协定时代”面临的二氧化碳等温室气体的减排义务的国际压力。

（3）符合中国当前面临的能源紧缺与环境污染日趋严重的现实，这一方面是由于可再生能源的环境友好性；另一方面，中国具有丰富的可再生能源基础，风能实际可开发量约 10 亿 kW，太阳能利用资源条件较好的地方约占国土面积的 2/3 以上，其他可再生能源的资源也相当丰富。

（4）有助于发展高新技术产业，争取世界技术、产业优势；发挥可再生能源作为分布式能源系统的优势，保障国家能源安全和电力系统的安全。

四、分布式能源与微网

分布式能源主要分为分布式发电和分布式储能，两者区别在于电能是否是实时使用，作用都是解决用户侧供电问题。分布式发电就是将发电系统以小规模（数千瓦至 50MW 的小型模块式）、分散式的方式布置在用户附近，可独立地输出电能。这个概念是从 1978 年美国公共事业管理政策法公布后先在美国正式推广，然后被其他工业国家所接受。与常规的集中供电相比，分布式发电具有以下优势：

（1）没有或很少输配电损耗。

（2）无需建设变电站和配电设施，可避免或延缓增加输配电成本。

（3）各发电单元相互独立，用户可自行控制，不会发生大规模供电事故，供电的可靠性高。

分布式发电可满足特殊场合的需求，为能源的综合梯级利用提供了可能，为可再生能源的利用开辟了新的方向，并可为提高能源利用率、改善安全性与解决环境污染方面做出突出贡献。

用户侧大量分布式发电资源接入电网，对电网会造成一定的冲击，且不可控，管理起来非常麻烦，通常采用隔离、限制的方式处理这些发电机组，这样，无法达到预期的使用效果，不能满足用户侧的负荷，于是将用户侧可利用的分布式发电资源整合协调，与负荷进行小范围内的联网，形成单一的可控单元，就产生了“微网”这种新的电网运行方式。微网是相对于传统大电网而言，结构简单，但内部仍有电力传输，既可与大电网联网运行，也可在电网故障或需要时断开独立运行。

五、节能管理与技术

在能源紧张的现代社会，增加发电资源建设周期长、投资大、回收慢，因此需要从用户用电方面进行管理，使用高效的节能设备，缓解电力危机。

目前主流的节能技术包括绿色照明、高效电动机、高效变压器、蓄能技术等。“绿色照明”是20世纪90年代初国际上对采用节约电能、保护环境照明系统的形象性说法。现阶段，照明的质量和水平已成为衡量社会现代化程度的一个重要标志。绿色照明的“绿”主要体现在能够大幅度节约照明用电，减少环境污染，促进以提高照明质量、节能降耗、保护环境为目的的照明电器新型产业的发展。

中国工业用电是社会用电的主要构成部分，而电机能耗在工业用电中占据主要地位，因此，未来电机节能潜力巨大。提高电机运行效率主要可通过两个途径：一是通过变频器调速，改善交流电动机的运行效率；二是使用高效电机。因此，具体到节能设备上，高压变频器市场与高效电机市场规模都不可小视。与普通电动机相比，高效电动机通过采用优质材料并且优化设计，能耗平均下降20%左右，而超高效电动机则比普通电动机少损耗30%以上的电能。高效电动机价格较普通Y系电动机要价格高15%～30%。但一般而言，高效电动机高于普通电动机的投资额在2年内即可收回，在整个生命周期内，都可为企业节约电力。

变压器损耗的降低主要是通过导磁材料（硅钢片）和导电材料（无氧铜导线或铜箔）技术的发展而实现的。近年来，除了在变压器容量结构和制造工艺上有所突破外，主要是硅钢片的改进与发展。另外，非晶材料的使用也成为改进变压器的主要方法之一。非晶合金铁芯比硅钢片铁芯的配电变压器空载损耗可降低70%以上。

电蓄能技术是利用蓄热机组、蓄热电锅炉、蓄冷空调等设备，在电力供应处于低谷状态时蓄热或蓄冷，待需要时使用的技术和设备。该技术和设备直接大量使用低谷时的电力负荷，平衡电网峰谷差，提高电网效率，减少环境污染。在中国目前是一种兼顾社会效益和经济效益的节能环保新技术，它的推广使用将产生重大效益。

六、智能电网技术

节能优先是中国能源战略的首要选择，也是能源持续供应的重要基础。节能是国际上公认的，除石油、煤炭、水能、核能四种主要能源以外的“第五种能源”。电网作为能源产业链的关键环节，对降低能源消耗、提高能源利用效率发挥着至关重要的作用。

电网是电力资源配置的唯一平台。电力系统效率提升是降低单位 GDP 能耗的重要途径，电力系统是重要的大规模用能主体，提升电网输送效率和发电机组运行效率具有显著的节能效果；电力系统对提升终端用户的电能利用效率至关重要。电力系统是推动发展方式转变的重要宏观调控工具，配合政府“上大压小”，淘汰高耗能的落后机组；配合政府实施差别电价，淘汰高能耗的落后产能。电力系统也是推动用户端能源替代进程的有效保障，推动电动汽车等产业发展，推动煤改电，替代化石能源。

坚强智能电网是优化电力资源配置的平台，能够促进节约能源，提供“第五种能源”。加快建设坚强、智能的跨区大电网，可以发挥显著的错峰和调峰到联网效益；加强电网运行管理，能够减少水电、风电的弃水、弃风，提高高能效火电机组利用小时，提高机组负荷率，最大限度地降低输电线损；构筑电网与电源、用户之间的友好互动平台，促进用户参与电网的运行调节，能够优化电能利用效率。

数据显示，到 2020 年，中国发展坚强智能电网比传统电网减少中国煤电装机约 6300 万 kW，相应减少煤电投资约 2200 亿元；实现电力资源的大规模、跨区域、跨时段优化配置和不同特性发电机组的优势互补，可以提升资源配置效率，降低燃煤机组发电煤耗；提高电能在终端能源消费中的比重，推动电动汽车产业化发展；通过节能、提高全社会能效和推进能源替代减排。

坚强智能电网是以特高压骨干网架和各级电网协调发展的坚强电网为基础，以通信信息平台为支撑，以智能控制为手段，包含电力系统的发电、输电、变电、配电、用电和调度各个环节，覆盖所有电压等级，以信息化、自动化、互动化为特征，实现“电力流、信息流、业务流”的一体化融合的坚强可靠、经济高效、清洁环保、透明开放、友好互动的现代电网。坚强智能电网是强大的能源配置绿色平台，具有在全国乃至更大范围内远距离、大规模、高效率配置能源资源的功能，对实现煤炭资源的清洁高效开发和充分利用低质煤炭资源，保障能源的可持续供应至关重要；对促进大型水电、大型核电等清洁能源和风电、太阳能电力等可再生能源的大规模、集约化发展，推动中国能源结构调整，应对发展方式的低碳转型，解决制约经济社会发展的能源与环境瓶颈至关重要；对优化电力资源配置，提升中国能源利用效率，统筹利用东西部环境容量和集约利用土地和耕地资源，促进中国经济、社会和环境的全面协调可持续发展至关重要。

七、电动汽车充放电技术

电动汽车是 21 世纪世界汽车工业发展的重要方向，其背后反映的是能源消费方式的深刻变革。很多国家已经制定了电动汽车产业发展战略，并出台了一系列配套和扶持政策。全球电动汽车研发投入与示范力度前所未有，其发展进入了市场化推广阶段。电动汽车在中国具有很大的市场发展潜力，国家已将发展电动汽车作为新能源汽车发展战略的主攻方向。发展电动汽车，对优化能源消费方式和结构、缓解石油供应和环保压力、构建绿色能源消费模式具有重要意义。

汽车尾气排放是目前城市污染的一个重要原因。电动汽车与传统燃油汽车相比具备显著的节能减排和环保优势，发展电动汽车可以有效应对温室气体排放和环境保护问题。借助电动汽车与电网互动技术，在电动汽车大规模替代传统汽车的情况下，不仅能够直接降低汽车使用周期内的能源消耗以及二氧化碳和其他污染物的排放，还可以促进风能、太阳能等清洁能源的发展。据测算，与常规汽油乘用车相比，到 2015 年和 2020 年，电动乘用车每公里可以实现减排二氧化碳分别约为 6kg 和 7.6kg。

八、电力需求侧管理技术

需求侧管理（DSM）是 20 世纪 80 年代初国外提出的一项节能技术。DSM 技术是指电力公司为改变用户用电模式（负荷形态）和用电量，而采取的技术和经济手段和措施。中国从 1992 年开始使用 DSM 技术。

随着中国国民经济产业结构的调整和电力工业的发展，用电结构发生了很大的变化，突出表现为第三产业的用电比重不断上升，居民生活用电增长迅速，导致了供电负荷率逐年下降，峰谷差逐年增大。实施 DSM 技术，可以改善电力消费结构，起到削峰填谷的作用，提高电网的负荷率，降低发电煤耗，提高发供电设备的利用率，从而合理有效地配置和利用电力资源。实施 DSM 技术是节约发电能源、减少环境污染的重要措施，而且也符合中国规定的电力工业发展规划中开发和节约并重的方针。在中国实施 DSM 必然会取得很好的经济效益和社会效益。

第三节 结论与展望

本书从可持续发展的角度出发，探讨了中国电力工业可持续发展的发展战略。目前，应当抓住电力市场供求暂时平衡的有利时机，加快电源结构调整，合理配置资源，提高能源利用率，加强电网建设，降低网损，实施 DSM 技术，积极开拓电力市场，把节能和开源放在同等重要的位置，大力推广洁净煤发电技术，积极发展新能源和可再生能源发电，实现电力工业与社会、经济、环境的协调发展。

2020 年，国家电网公司经营区域内发电装机容量将达 14.4 亿 kW，其中清洁能源发电将占总装机容量的 28.4%。国家电网公司建设抽水蓄能等调峰电源，提高电力系统安全性和经济性，加快电网建设，配置电力资源能力不断加强，2020 年，跨区跨国输电能力将达 4.2 亿 kW，其中特高压输电能力将达 3.3 亿 kW。2020 年，国家电网智能化程度将达到国际领先水平，智能电表推广率将达到 100%，电动汽车充电站将覆盖至大中城市。

国家电网公司通过提升消纳清洁能源能力、降低线损及激素发电煤耗、推动电动汽车等发展促进能源替代等方式优化能源供应结构。

2020 年相对于 2005 年国家电网公司经营区域内的水电装机增加约 15660 万 kW，核电装机增加 5018 万 kW，太阳能发电装机增加 1820 万 kW，风电装机 9725 万 kW。按照水电、核电、太阳能发电、风电年利用小时数分别为 3500h，7500h、1400h 和 2000h 测算，上述可再生能源年发电量约达 1.14 万亿 kWh，替代燃煤约 3.66 亿 t 标煤，减排二氧化碳约 10.18 亿 t。

2005 年，国网线损率为 6.58%，假定 2020 年国网线损率约为 5.7%，据规划，2020 年国家电网公司经营区域内供电量约达 49759 亿 kWh，则公司 2015 年相比于 2005 年线损降低节约电量可达 438 亿 kWh，节约标煤 0.14 亿 t，减排二氧化碳 0.39 亿 t。

2005 年全国发电煤耗 343g/kWh，在坚强智能电网发展模式的推动下，2020 年发电煤耗可达305g/kWh。据规划，2020年国家电网公司经营区域煤电装机可达9.36亿kW，则发电煤耗降低可节约1.89亿t标煤，减排5.24亿t二氧化碳。

在坚强智能电网的推动下，假定2020年相对2005年电动汽车新增3000万辆，可替代燃油3550万t，考虑到2020年的发电结构，通过以电代油可实现减排6870万t。

综合以上四方面减排效果，在坚强智能电网带动下，与2005年相比，2020年将减排二氧化碳16.5亿t。根据相关规划，分别测算2011～2020年逐年的减排量，最终测算结果2011～2020年，与2005年相比，国家电网公司可推动减排合计约为105亿t。

一、中国能源现状

1949年新中国成立时，全国一次能源的生产总量仅为2374万t标准煤，居世界第10位。经过新中国成立初期的经济恢复，到1953年，一次能源的生产总量和消费总量分别发展为5200万t标准煤和5401万t标准煤，与新中国成立初期相比翻了一番。随着经济建设的展开，中国的能源工业得到迅速发展。到1980年，一次能源的生产总量和消费总量分别达到6.37亿t标准煤和6.03亿t标准煤，与1953年相比，分别平均年增长9.7%和9.3%。

改革开放以来，中国的能源工业无论是在数量上还是在质量上，均取得了巨大的发展和空前的进步。1998年，中国一次能源的生产总量和消费总量分别达到12.4亿t标准煤和13.6亿t标准煤，均居世界第3位。2001年，中国一次能源的产量为10.9亿t标准煤，其构成为：原煤99800万t，占67.2%；原油16300万t，占21.4%；天然气277.3亿m^3，占3.4%；水电2224亿kWh，占8%。综上所述，在进入21世纪，中国已拥有世界第三位的能源系统，成为世界能源大国。

1. 中国能源存在的问题

中国能源取得了巨大成就，但也应清醒地看到，中国能源还存在许多重大问题需要采取有力措施加以解决。

（1）人均能耗低。中国能源消费总量巨大，超过俄罗斯，仅次于美国，居世界第二位。但由于人口过多，人均能耗水平却很低。1997年，全国一次能源生产总量为13.34亿t标准煤，而人均能源消费量仅为1.16t标准煤，人均电量仅为893kWh，不到世界人均能源消费量2.4t标准煤的一半，居世界第89位。而北美人均能源消费量竟超过10t标准煤，欧洲和独联体人均能源消费量都在5t标准煤上下。

从世界范围来看，经济越发达，能源消费量越大。21世纪中叶，中国要实现经济社会发展的第三步战略目标，国民经济达到中等发达国家水平，人均能源消费量必将有很大的发展。预计到2050年，人均能源消费量将达到2.38t标准煤，相当于目前的世界平均值，仍远远低于目前发达国家的水平。届时，按人口总数为14.5亿～15.8亿人计，一次能源的总需要量将达34.51亿～37.60亿t标准煤，约为目前美国能源消费总量的1.5～2.0倍，约占届时世界一次能源消费总量的15%～20%。可见，从数量上来看，这将是对中国能源的巨大挑战。

（2）人均能源资源不足。中国地大物博、资源丰富，自然资源总量排名世界第七位，拥有能源资源总量约4万亿t标准煤，居世界第三位。其中，煤炭保有储量为10024.9亿t，精查可采储量为893亿t；石油资源量为930亿t，天然气资源量为38万亿m^3，现已探明的石油和天然气储量仅分别占全部资源量的约 20%和约 3%；水力可开发装机容量为 3.78 亿 kW，居世界首位。但由于中国人口众多，因而人均资源占有量却相对匮乏。中国人口约占世界人口总数的 20%，而已探明的煤炭储量仅约占世界储量的 11%，原油仅约占 2.4%，天然气仅约占 1.2%。中国人均资源占有量不到世界平均水平的 1/2，特别是石油仅为 11%、天然气仅为 4%。可见，人均能源资源相对不足是中国经济社会可持续发展的一大限制因素，是 21 世纪中国能源面临的又一巨大挑战。

(3) 能源效率低。按照联合国欧洲经济委员会（ECE）提出的"能源效率评价和计算方法"，能源系统的总效率由开采效率（能源储量的采收率）、中间环节效率（包括加工转换效率和储运效率）及终端利用效率（即终端用户得到的有用能与过程开始时输入的能量之比）三部分组成。据中国专家测算，中国 1992 年的能源系统总效率为 9.3%，其中开采效率为 32%，中国环节效率为 70%，终端利用效率为 41%。中间环节效率与终端利用效率的乘积，通常称为能源效率。中国 1992 年的能源效率为 29%，约比国际先进水平低 10 个百分点。终端利用效率也约比国际先进水平低 10 个百分点。

(4) 以煤为主的能源结构有待调整。2001 年，中国一次能源的生产结构为：煤炭占 67.2%，原油占 21.40%，天然气占 3.4%，水电占 8.0%。同年，中国一次能源的消费结构为：煤炭占 67%，原油占 23.6%，天然气占 2.5%，水电和核电占 6.9%。这种过多使用煤炭、以煤为主的能源结构，必然带来效率低、运量大、效益差、环境污染严重的后果，急需采取有力措施加以调整。

1) 大量燃煤严重污染环境。中国煤炭消费量占世界煤炭消费总量的 27%，是全世界少数几个以煤炭为主的能源消费大国。煤炭燃烧所产生的温室气体的排放量比燃烧同热值的天然气高 61%，比燃油高 36%。2000 年，中国二氧化硫排放量为 1995 万 t，居世界第一位，其中 90%是由燃煤排放的；排放烟尘 1165 万 t，其中 70%是由煤炭等能源开发利用排放的。由于煤炭和其他能源利用等污染源大量排放环境污染物，造成全国 57%的城市颗粒物超过国家限制值；有 48 个城市的二氧化硫超过国家二级排放标准；有 82%的城市出现过酸雨，面积已达国土面积的 30%；许多城市的氮氧化物有增无减，其中北京、广州、乌鲁木齐和鞍山等城市超过国家二级排放标准。由于污染引起的二氧化硫和酸雨所造成的经济损失约占全国 GDP 的 2%。

2) 大量用煤导致能源效率低下。中国能源效率比国际先进水平低 10 个百分点，主要耗能产品单位能耗比发达国家高 12%～55%，这一现象与以煤为主的能源结构有密切关系。这是因为以煤为燃料的中间转换装置效率低，它低于以液体和气体作为燃料的中间转换装置的效率。一般来说，以煤为主的能源结构的能源效率比以油气为主的能源结构的能源效率约低 8～10 个百分点。

3) 交通运输压力巨大。中国煤炭生产基地远离消费中心，形成了西煤东运、北煤南运、煤炭出关的强大煤流，不仅运量大，而且运距长。历年煤炭运量占铁路运量的 40%以上，沿海和长江中下游水运量中煤炭约占 1/3。山西北部的煤炭要运到上海，运输距离达 2000km 以上；而要运到广州，运输距离竟达 3300km 以上。大量使用煤炭给中国的交通运输带来的压力十分巨大。

(5) 能源供应安全问题提到议事日程上来。中国未来能源供应安全问题，主要是石油和天然气的可靠供应问题。从1993年起，中国已成为石油净进口国；从1996年起，中国已成为原油净进口国，到2001年，原油进口量已达6960万t，而且，这种趋势仍在逐年增大。预计到2020年，中国的石油进口依存度（净进口量占消费量的比重）将上升到40%。预计到2020年，中国的天然气进口依存度将达到25%。

2. 中国能源发展对策

针对上述问题，中国能源的中长期发展应采取如下对策。

（1）坚持实行能源节约战略方针。提高能源利用效率是确保中国中长期能源供需平衡的基本措施。中国人口基数大，到21世纪中叶将超过15亿人，无论是从国内能源资源保证量考虑，还是从世界能源资源可获得量考虑，只有创造比目前工业化国家更高的能源利用效率，方可能做到在有限的资源保证下，实现经济高速增长和达到中等发达国家人均水平的目标，仅靠增加能源供应量无法确保能源供需平衡。因此，在中国的能源发展战略中，要把提高能源利用效率作为基本出发点，坚持实行能源节约战略方针，以广义节能为基础，以工业节能和石油节约为重点，依靠技术进步，提高能源利用效率。

大量调查研究和案例分析表明，中国的节能潜力巨大。如采用国际先进工艺技术和设备代替现在采用的落后工艺技术和设备，节能潜力可达全国目前能源消费量的50%左右；如采用国内已有的先进工艺技术和设备取代现在采用的落后工艺技术和设备，节能潜力可达全国目前能源消费量的约30%。

（2）大力优化能源结构。目前世界上大多数国家的能源结构以油气为主。1950年，煤炭在世界能源结构中占59.3%，1970年这一比例下降为30.5%，1996年进一步下降到26.93%。在1999年的世界一次能源结构中，石油占39.9%，天然气占23.2%，两者共占63.1%，此外，核电占7.3%，水电占2.6%，而煤炭仅占27%。从世界各国的发展看，工业化国家均采取以油气为主的能源路线，逐步减少固体燃料的比例，以达到提高能源利用效率、降低能源系统成本、减轻环境污染、改善能源服务质量的目的。由于自身资源特点、经济发展水平和历史等因素，中国一直保持着以煤炭为主要能源的能源结构。随着能源消费量的日益增大，这种能源结构的弊端日益明显和突出，应采取有力措施加以改变。但同时也要清醒地看到，要改变中国以煤炭为主要能源的能源结构，绝非短期可以办到的，需要几十年甚至更长的时间，需要采取多种措施来发展多种优质清洁的能源。

（3）积极发展洁净煤技术。即使大力推行能源优质化、多样化，煤炭在未来几十年内仍将是中国的主要能源。因此，积极发展洁净煤技术，努力降低燃煤对于环境的污染，应成为中国能源发展的重大措施之一。在近期，应把国内业已商业化或有条件商业化的洁净煤技术纳入经济社会发展规划，并加以积极提倡和大力推广，如提高型煤普及率、推广水煤浆的应用等。对于中长期发展，则应采取措施大大减少煤炭在终端的直接利用，提高煤炭转换为电力和气体、液体燃料的比重，积极发展洁净煤燃烧技术等。

（4）大力开发利用新能源与可再生能源。近年来，世界新能源与可再生能源发展飞速，技术上逐步成熟，经济上也逐步为人们所接受。专家预测，不论是在技术上还是在经济性上，新能源与可再生能源的开发和利用在几十年内将会有大的突破。为加快新能源与可再生能源的发展，国家应加大研究开发和实现产业化生产的资金投入，并应采取减免税收、价格补贴以及贷款优惠等一系列激励政策。

(5) 采取措施保证能源供应安全。为保证能源供应安全、降低进口风险，应采取如下一些措施：

1) 实行油气产品进口的多元化、多边化和多途径方案。

2) 逐步建立起国家和地区的石油储备。

3) 努力发展石油替代产品。

二、中国电力企业联合会发布“十二五”规划成果

由中电联牵头编制的《电力工业“十二五”规划研究报告》(以下简称《报告》)成果中讲到：在“十二五”期间，全国电力工业投资将达5.3万亿元，比“十一五”增长68%；全国发电装机容量将达14.37亿kW左右，年均增长8.5%；2015年全社会用电量预计达5.99～6.57万亿kWh，年均增长约8.5%。

据中电联有关人士介绍，本次《报告》成果发布之后，中电联近期还将跟进披露《报告》内容的相关细节。他告诉记者，由于《报告》是集全国电力行业之力研究编制而成，具有高度的权威性，“基本上代表了‘十二五’电力工业规划的主要内容”。

1. 非化石能源以水电为主

《报告》提到：“十二五”时期，非化石能源发电装机容量将达到4.74亿kW，占比约为1/3，比2010年提高6.3个百分点；相应地，非化石能源发电量将达到1.52万亿kWh，约占总发电量的1/4，比2010年提高3%。

《报告》显示，非化石能源发电装机容量中，以水电的增长最为迅猛，“十二五”末水电装机容量预计将达2.84亿kW，比2011年增加8000多万kW。据欧阳昌裕介绍，“十一五”期间水电的开工规模还不到“十二五”规划的1/3，“十二五”期间水电将着力处理生态环境和移民等问题，大规模开发也将拉开帷幕。

按经济可开发容量计算，“十二五”末全国水电开发程度将达到71%左右，其中东部和中部水电基本开发完毕，西部水电开发程度约为54%。到2020年，水电装机预计达3.3亿kW，全国水电开发程度82%，西部水电开发程度将达67%。

通过发展非化石能源、降低供电煤耗和线损等途径，与2010年相比，“十二五”期间电力工业每年节约标煤2.64亿t，减排二氧化碳6.55亿t，减排二氧化硫565万t。

2. 电价手段力促节能减排

魏昭峰表示，考虑到煤价上涨、历史欠账和电企收益等因素，“十二五”期间全国平均销售电价涨至0.71元/kWh较为合理。

欧阳昌裕认为，电力节能减排除了优化结构、加大科技投入外，还需加快推进电价改革，以电价作为经济杠杆来促进电力行业的节能减排。“电价涨至0.71元，可以用五分钱弥补欠账，剩下五六分钱用于发展。”欧阳昌裕说，“合理的电价也可以抑制不合理的电力消费。”

根据《报告》建议，“十二五”全国平均销售电价应为0.71元/kWh，比2010年上涨0.1427元，年均增长4.6%；“十三五”销售电价应为0.8022元/kWh，比2015年增加0.0923元，年均增长2.5%。照此，未来10年，电价平均每年增长3.5%。

3. 率先提出社会榜样型企业推进绿色发展的基本范式

《国家电网公司绿色发展白皮书》对能源产业具有很强的针对性，提出建设坚强智能

电网作为能源配置绿色平台，是中国应对能源资源、生态环境和气候变化的严峻挑战，推动发展方式绿色转型的战略支点。同时，提出国家电网公司作为全球最大的公用事业企业，不但要做到自身运营的资源节约和环境友好，以最少的资源消耗和环境代价满足经济社会发展对能源的需求，而且必须发挥好对电力产业和全社会的带动力，充分发掘推进产业和社会绿色发展的巨大潜力，并由此提出了国家电网公司推进自身、产业和社会绿色发展的四大责任，即打造绿色平台，实施绿色生产，共建绿色产业，弘扬绿色文明。

这是中国第一个企业绿色发展白皮书发布。推进绿色发展是时代提出的重大命题，每一个组织、每一个人都要行动起来，中央企业作为全社会企业的榜样更是责无旁贷。

国家电网公司发布中国企业首个绿色发展白皮书，率先提出实施绿色发展战略，全力推进自身、产业和社会绿色发展，旨在向政府和大众传播企业界的声音，加强与利益相关方的沟通交流，推动全社会形成绿色发展共识，凝聚绿色发展合力，共同为转变经济发展方式、促进生态文明建设贡献力量。

《国家电网公司绿色发展白皮书》共 56 页，包括前言、绿色起航、绿色责任、绿色平台、绿色行动和展望六个篇章，分别阐述了国家电网公司对绿色发展的理解，推进绿色发展的战略思考、战略任务、战略重点、具体行动和规划目标。

一是阐述了国家电网公司对推进绿色发展的战略思考。

首先，在国内企业中率先提出了“绿色发展”的明确含义，指出绿色发展就是坚持走实现能源资源的可持续利用和生产生活的环境友好、应对气候变化、增进生态文明的可持续发展道路。它以追求社会和环境的可持续发展为目标，以生产生活的低消耗、低排放、低污染或无污染为特征，以实现人的全面发展为中心。其次，提出了推进自身、产业和社会绿色发展的基本范式，积极推进自身绿色发展，打造绿色平台、实施绿色生产；积极推进产业绿色发展，共建绿色产业；积极推进社会绿色发展，弘扬绿色文明。

以煤为主的能源供应结构使得中国面临远比欧美发达国家更为严峻的能源资源、生态环境和气候变化挑战。为实现中国发展方式绿色转型的战略目标，我们必须充分发挥坚强智能电网的战略支点功能，推动能源结构的加快调整和优化，支撑清洁能源加速发展，全力发挥输电作为继公路、铁路、水路、航空和管道运输之后的“第六种运输方式”的强大功能，构筑“输煤输电并举”的国家能源综合运输体系，提供“节能”这一除石油、煤炭、水能、核能四种主要能源以外的“第五种能源”，有效控制环境污染，推进温室气体减排。

二是阐述了国家电网公司推进绿色发展的战略任务。

首要任务是立足国情和世界能源变革趋势，努力建成全球规模最大、资源配置能力最强、智能化程度最高的坚强智能电网，打造能源配置绿色平台，全面推动能源开发、输送和利用的“绿色化”进程。其次，深刻认识到作为全球最大的公用事业企业，公司资产规模和建设规模巨大，日常运营与百姓生活息息相关，要努力实施绿色生产，以最少的资源消耗和环境代价建设和运营电网。再次，要深入认识公司对产业和社会的带动力、影响力，充分发挥推进绿色发展的潜力，共建绿色产业，弘扬绿色文明，汇聚绿色发展合力，服务资源节约型、环境友好型、生态文明型社会建设。

三是阐述了国家电网公司推进绿色发展的战略重点。

建设坚强智能电网是推动中国发展方式绿色转型的战略支点，也是国家电网公司推进绿色发展的战略重点。通过发挥坚强智能电网的能源配置绿色平台功能，推动清洁能源的大规模、集约化发展；推动煤炭资源清洁有效开发利用，优化煤电区域布局，有效利用占煤炭资源比重55%的低质煤，保障国家能源安全；推动电力资源节约高效利用，全面提升电力系统和全社会的能源利用效率；积极应对生态环境和气候变化双重挑战，统筹利用全国环境容量和土地资源，有效控制环境污染，推动温室气体减排。

四是阐述了国家电网公司推进绿色发展的具体行动。公司认真部署实施绿色发展战略，持续改进“全过程覆盖、全方位融合、全员参与”的全面绿色管理。以加快坚强智能电网建设为中心，保障更安全、更经济、更清洁、可持续的能源供应，世界上首个投入商业运营的1000kV高压交流试验示范工程成功运行一周年，极大地缓解了华中部分地区供电紧张的局面；四川向家坝—上海奉贤±800kV高压直流输电示范工程全线带电，将为上海世博会源源不断地供应绿色电力；智能电网建设全面起步，开展了117项关键技术研究，启动了上海世博园、风光储输一体化、用电信息采集、智能化变电站等数十个试点项目，国家风电研究检测中心、国家太阳能研究检测中心和智能用电技术研究检测中心建设顺利推进。全面实施绿色生产，推进以“三集五大”（人力、财务、物资集约化管理，推进大规划、大建设、大运行、.大生产、大营销）为重点的公司“四化”（集团化运作、集约化发展、精益化管理、标准化建设），实现公司运营的资源节约和环境友好。积极推动电力产业和全社会的绿色发展，推进节能减排，应对气候变化挑战，促进生态文明建设。

五是阐述了国家电网公司推进绿色发展的规划目标。

预计通过2011～2020年的不懈努力，国家电网公司将基本建成坚强智能电网，通过大规模消纳清洁能源，助力电力系统提升能源利用效率，积极推动电力装备业和全社会节能，加快电动汽车发展等，10年可推动实现二氧化碳累计减排105亿t，其中，2020年将比2005年减排二氧化碳16.5亿t，对实现中国2020年单位GDP碳排放强度下降40%～45%目标的贡献度超过20%。

4. 坚强智能电网是推动中国发展方式绿色转型的战略支点

绿色发展意味着我们必须选择一条保障国家能源安全，破解制约发展的资源和环境难题，应对气候变化，增进生态文明的可持续发展道路。在《国家电网公司绿色发展白皮书》中，公司阐述了对推进绿色发展的战略思考，提出建设坚强智能电网是推动中国发展方式绿色转型的战略支点，也是国家电网公司推进绿色发展的战略重点。

“支点”的作用在于支撑杠杆两端实现力量的均衡。在中国能源结构客观现状与发展转型艰巨任务的“较量”之间，坚强智能电网将发挥怎样的支撑作用？

在化石能源日渐枯竭、全球气候变化加剧的背景下，大力开发和利用清洁能源，成为世界各国保障能源供应、保护生态环境、应对气候变化的共同选择。

中国以煤为主的能源消费结构引起了严重的大气环境污染。2006年，全国烟尘排放量的约70%、二氧化硫排放量的约90%、氮氧化物排放量的约67%，都是由煤炭燃烧产生的。中国发展面临传统能源供应不可持续、环境承载容量不足和气候变化等严峻挑战，经济发展方式亟需绿色转型。

同时，中国仍处于工业化、城镇化快速发展阶段，未来发展面临经济快速增长、发展方式低碳转型和生态环境明显改善的艰巨任务。为了应对气候变化，积极履行减排责任，中国政府提出到2020年中国非化石能源占一次能源消费的比重达到15%，单位国内生产总值二氧化碳排放比2005年下降40%～45%的目标。通过加大对核电、水电以及风电、太阳能等其他清洁能源的开发力度，降低对化石能源供应的增长要求，提高清洁能源在能源供应中的比重，从而实现能源消费总量的结构优化，是中国发展低碳经济、应对气候变化的必由之路。

《国家电网公司绿色发展白皮书》提出，建设坚强智能电网是推动中国发展方式绿色转型的战略支点。

作为能源配置绿色平台，坚强智能电网能够引导大型能源基地集约开发，提高煤炭用于发电的比重和电力在终端能源消费中的比重，是调整中国能源结构、提高煤炭清洁利用水平、大幅降低大气污染物排放的关键举措。

(1)“建设大基地，融入大电网”是中国清洁能源发展的必由之路。加快发展核电、风能、太阳能、生物质能等清洁能源，是能源持续供应的战略保障。中国区域发展不平衡的国情、适合规模集约开发的资源禀赋特点，以及必须转化为电力才能大规模利用的技术特性，决定了清洁能源开发必须选择“建设大基地，融入大电网”的发展道路。

水能、风能、太阳能、核能等清洁能源需要转化为电力才能实现大规模开发、远距离输送和高效率利用。中国陆上风能、水能、太阳能资源集中在西部和北部，远离负荷中心且资源所在地经济发展滞后，缺乏电价承受能力，只有通过坚强智能电网，才能实现大规模跨地区消纳。

智能电网将通过集成先进的信息化、自动化、储能、运行控制和调度技术，为清洁能源的集约化开发和应用提供技术保证。一方面，能够解决大规模清洁能源接入带来的电网安全稳定运行问题，有效提高电网接纳清洁能源的能力。另一方面，坚强的跨区网架结构，可以为远离负荷中心的清洁能源规模化、集约化开发提供输出条件。

(2)坚强智能电网是国家能源综合运输体系的重要组成部分。中国输煤输电比例明显失衡，煤炭运输约占中国铁路运量的50%，其中主要是电煤。以“三西”(山西、陕西、蒙西)地区为例，2006年输煤输电比例高达20∶1。传统的大规模输煤发电模式，造成煤电油运紧张局面长期存在。

特高压电网通过加大跨区跨省输电规模，提升输电比重，从而成为解决长期存在的煤电油运紧张问题的治本之道。到2020年，通过建设“输煤输电并举”的能源综合运输体系，“三西”地区输煤输电比例可望达到4∶1。

建设特高压电网，打造能源输送的“电力高速路”。输电成为继公路、铁路、水路、航空和管道运输之后的“第六种运输方式”，推进与输电并举，优先发展输电的能源运输方式，可以显著降低煤炭开发和运输的环境污染。

(3)坚强智能电网是中国能源可持续发展的必然选择。坚强智能电网是解决能源资源和能源需求逆向分布问题的必由之路。

煤炭和水能将在相当长时期内是中国能源供应的主体，煤炭资源的清洁高效利用和水电的规模集约开发是维护中国能源安全的基础。中国80%以上的煤炭资源分布在西部、北部，80%以上的水能资源分布在西部，而能源需求的75%集中在东、中部地区。主要能源基地距离负荷中心约800～3000km，西藏可开发水电距离负荷中心超过3000km。

一次能源资源分布与能源需求发展不均衡的国情，决定了必须充分发挥电网远距离、大容量、高效率输送能源的强大功能，实现煤炭资源和清洁水电的集约化开发、大范围配置和高效率利用。然而现有500kV电网的经济输电距离小于800km，无法满足远距离、大规模、大容量输送电力的要求。因此必须自主研发远距离、大规模、低损耗输送电力的特高压电网核心技术。

此外，坚强智能电网能够最大限度地消纳清洁能源、实现节能和提高能源效率。作为输送电力的唯一载体，电网是实现清洁能源大规模开发、远距离输送和大范围消纳的前提和保障。

同时，坚强智能电网可保障可再生能源基地电量的大规模、跨地区消纳，为小型化、公布式可再生能源的发展提供平台，提高电力系统输送能源的效率，提高电能在终端能源消费中的比重，提升用户端的电能利用效率。

(4) 发展坚强智能电网是改善生态环境质量的有效途径。中国东中部地区经济比较发达，人口稠密，环境承载压力大，经济快速发展与土地资源的矛盾日益突出，单位二氧化硫排放造成的环境损失远大于西部地区。电网是优化燃煤电厂区域布局，统筹使用各地区环境容量，集约利用土地资源的重要途径。建设全国互联电网，走输煤输电并举的道路，推动在煤炭资源丰富的北部、西部地区集约建设大型煤电基地，既能够腾出东部发展所亟需的土地资源和环境容量，又能够推动西部资源优势转化为经济优势，提升资源回采率，降低煤炭资源开发和运输的污染。

发展坚强智能电网对温室气体减排至关重要。中国温室气体排放主要来源于能源行业，实现能源行业的绿色发展是应对气候变化的核心。2006年，能源行业二氧化碳排放量占全国排放总量的89%。支持清洁能源机组并网，推动清洁能源的大规模开发和能源资源的清洁高效利用，是电网企业充分发挥电网功能、减少温室气体排放、应对气候变化的关键举措。

第二章　新能源发电技术

第一节　中国新能源与可再生能源现状与前景

一、新能源与可再生能源含义和分类

新能源是指由于技术、经济或能源品质等因素而未能大规模使用的能源，如太阳能、风能、海洋能、地热能、生物质能、氢能、核聚变能等。而可再生能源是指可以循环使用、能够有规律地不断得到补充的能源。

在中国现阶段，新能源与可再生能源是指除常规化石能源和大中型水力发电、核裂变发电之外的各种一次能源，包括太阳能、风能、小水电、生物质能、地热能以及海洋能等。这些能源资源丰富、清洁干净，是最有前景的替代能源，将成为未来世界能源的基石。

1. 生物质能

生物质能是指蕴藏在生物质中的能量，是直接或间接地通过绿色植物的光合作用，把太阳能转化为化学能后固定和储藏在生物体内的能量。生物质是指有机物中除化石燃料外的所有来源于动物、植物和微生物的物质，通常包括木材及森林废弃物、农业废弃物、水生植物、油料植物、城市和工业有机废弃物以及动物粪便等。

生物质能的利用主要有直接燃烧、热化学转换和生物化学转换三种途径。生物质直接燃烧在今后相当长的时间内仍将是中国农村生物质能利用的主要方式。生物质的热化学转换是指在一定温度和条件下，使生物质气化、炭化、热解和催化液化，以生产气态燃料、液态燃料和化学物质的技术。生物质的生物化学转换包括生物质—沼气转换和生物质—乙醇转换等方式。沼气转换是指有机物质在厌氧环境中，通过微生物发酵产生一种以甲烷为主要成分的可燃性混合气体即沼气。乙醇转换是指利用糖质、淀粉和纤维素等原料发酵制成乙醇。

2. 太阳能

太阳能的转换和利用方式有光—热转换、光—电转换和光—化学转换等。接收或聚集太阳能使之转换为热能，然后用于生产和生活的一些方面，是光—热转换（即太阳能光热利用）的基本方式。太阳热水系统是太阳能热利用的主要形式。太阳能产生的热能可以广泛应用于采暖、制冷、干燥、蒸馏、温室、烹饪以及工农业生产等各个领域，并可进行太阳能热发电。利用光生伏打效应原理制成的太阳能电池，可将太阳的光能直接转换成为电能，称为光—电转换，即太阳能光电利用。光—化学转换目前尚处于研究开发阶段，这种转换技术包括半导体电极产生电而电解水产生氢、利用氢氧化钙或金属氢化物热分解储能等内容。

3. 风能

风能是指太阳辐射造成地球各部分受热不均匀，引起各地温差和气压不同，导致空气运动而产生的能量。利用风力机可将风能转换成电能、机械能和热能等。

风能利用的主要形式有风力发电、风力提水、风力致热以及风帆助航等。

4. 小水电

1980年联合国召开的第二次国际小水电会议上，确定了以下三种小水电站容量范围：小型水电站（Small），1001～12000kW；小小型水电站（Mini），101～1000kW；微型水电站（Micro），100kW以下。按照中国国家发展和改革委员会规定，水电站总容量在5万kW以下的为小型水电站。在中国，自20世纪70年代以来，小水电一般是指单站容量在1.2万kW以下的小水电站及其配套小电网。但随着国民经济的发展，小水电的容量范围已向单站5万kW发展。目前，中国农村村级以下办的小水电多数属于容量为100kW左右的微型水电站。

5. 地热能

地热资源是指在当前技术经济和地质环境条件下，地壳内能够科学、合理地开发出来的岩石中的热能量和地热流体中的热能量及其伴生的有用组分。地热资源按其赋存形式可分为水热型（又分为干蒸汽型、湿蒸汽型和热水型）、地压型、干热岩型和岩浆型四大类；按温度高低可分为高温型（>150℃）、中温型（90～149℃）和低温型（<89℃）。地热能的利用方式主要有地热发电和地热直接利用两大类。不同品质的地热能可用于不同的目的。

6. 海洋能

海洋能是指蕴藏在海洋中的可再生能源，包括潮汐能、波浪能、海流能、海水温差能和海水盐差能等不同的能源形态。潮汐能、波浪能、海流能和潮流能为机械能，海水温差能为热能，海水盐差能为化学能。海洋能可以通过特定的技术和设备转换成为电能或机械能。

二、发展新能源与可再生能源的重大战略意义

不论是从经济社会走可持续发展之路和保护人类赖以生存的地球的生态环境的高度来看，还是从为世界20多亿无电、缺能人口和特殊用途解决现实的能源供应问题出发，发展新能源与可再生能源均有重大战略意义。

（1）新能源与可再生能源是人类社会未来能源的基石，是目前大量燃用的化石能源的替代能源。

目前，人类使用的能源主要来自于石油、煤炭和天然气。例如，2008年的世界能源消费结构中，石油、煤、天然气这些化石能源所占的比重仍然很高，合计高达88.1%。据统计，世界石油、天然气和煤炭的可采储量为1.3万亿t油当量，其中石油和天然气约占1/5，煤炭约占4/5。尽管今后还会有新的能源资源被发现，但按目前的世界能源探明储量和消费量计，这些能源资源仅可供全世界大约消费172年。根据目前国际上通行的能源预测方法，石油资源将在40年内枯竭，天然气资源将在60年内用光，煤炭资源也只能使用220年。如果没有新的替代能源充分发展，按目前的消耗情况估算，21世纪人类又将面临着新的能源危机。另一方面，人类大量使用化石燃料，环境污染日益严重，生态平衡惨遭破坏，直接危及人类的生存和发展。

尤其在中国，由于人口众多、人均能源资源严重不足，人均能源资源探明储量只有135t标准煤，仅相当于世界人均拥有量（264t标准煤）的51%。其中煤炭人均探明储量

为 147t，为世界人均值（208t）的 70%；石油人均探明储量 2.9t，为世界人均值的 11%；天然气人均探明储量为世界人均值的 4%；即使是水能资源，按人口平均，也低于世界人均值。

新能源与可再生能源资源丰富、分布广泛、可以再生且不污染环境，是国际社会公认的理想替代能源。根据国际权威机构的预测，到 21 世纪 60 年代，即 2060 年，全球新能源与可再生能源的比例将会发展到占世界能源构成的 50%以上。

（2）新能源与可再生能源清洁干净、污染物排放很少，是与人类赖以生存的地球的生态环境相协调的清洁能源。

化石能源的大量开发利用是造成大气和其他类型环境污染与生态破坏的主要原因之一。它们在开采、运输、加工、利用等环节都会对环境产生严重影响。它们给环境带来的问题主要有以下几方面：

1）城市大气污染。化石能源利用过程中，产生大量的 CO、SO_2、NO_x 及多种芳烃化合物，已对一些国家的城市造成了十分严重的污染，不仅导致生态系统的破坏，还会损害人体健康。欧盟每年因大气污染造成的材料破坏、农作物和森林以及人体健康损失费用超出 100 亿美元。我国大气污染造成的损失每年达 120 亿元人民币。如果考虑一次能源开采、运输和加工过程中的不良影响，则造成损失更为严重。以采煤而言，世界每采 1 万 t 煤，受伤人数为 15～30 人，破坏土地 200km^2（露天矿），排出矿坑废水达 10 万 t。

2）温室效应增强。工业革命前，每 100 万大气单位中有 280 个单位的 CO_2。由于大量化石能源的燃烧，大气中 CO_2 浓度不断增加，到 1988 年就已达到 349 个单位。大气中 CO_2 浓度增加一倍，全球平均表面温度将上升 1.5～3℃，极地温度可能上升 6～8℃。这样的温度可能导致海平面上升 20～140cm，将对全球许多国家的经济、社会产生严重影响。

3）酸雨。化石能源燃烧产生的大量 SO_2、NO_x 等污染物，通过大气传输，在一定条件下形成大面积酸雨，改变酸雨覆盖区的土壤性质，危害农作物和森林生态系统，改变湖泊水库的酸度，破坏了水生生态系统，腐蚀材料，造成重大经济损失。酸雨还导致地区气候改变，造成难以估量的后果。

全球气候变化是当前国际社会普遍关注的重大环境问题，这一问题主要是发达国家在其工业化过程中燃烧大量化石燃料产生的 CO_2 等温室气体排放所造成的。目前各种发电方式的碳排放率为：煤发电为 275，油发电为 204，天然气发电为 181，太阳能热发电为 92，太阳能光伏发电为 55，波浪发电为 41，海洋温差发电为 36，潮流发电为 35，风力发电为 20，地热发电为 11，核能发电为 8，水力发电为 60。这些数据是将各种发电方式所用原料和燃料的开采和运输、发电设备的制造、电源及网架的建设、电源的运行发电以及维护保养和废弃物排放与处理等所有循环中消费的能源按照各种发电方式在寿命期的发电量计算得出的。

由上述分析可见，新能源与可再生能源是保护人类赖以生存的地球生态环境的清洁能源；采用新能源与可再生能源逐渐减少和替代化石能源的使用，是保护生态环境、走经济社会可持续发展之路的重大措施。

（3）新能源与可再生能源是不发达国家 20 多亿无电、缺能人口和特殊用途解决供电、用能问题的现实能源。

迄今为止，世界上不发达国家还有 20 多亿人口尚未用上电，其中在中国约有 3000 多万人。由于无电，这些人口大多仍然过着贫困落后、远离现代文明的日出而作、日落而息的生活。这些地方缺乏常规能源资源，但新能源与可再生能源资源丰富，并且人口稀少、用电负荷不大，因而发展新能源与可再生能源是解决其供电和用能问题的重要途径。

有些领域，如海上航标、高山气象站、地震测报台、森林火警监视站、光缆通信中继站、微波通信中继站、边防哨所、输油输气管道阴极保护站等，在无常规电源等特殊条件下，其供电电源采用新能源与可再生能源，不消耗化石燃料，并可采取无人值守的工作方式，最为先进、安全、可靠和经济。

三、中国新能源与可再生能源发展战略

中国政府对新能源与可再生能源的发展十分重视，已出台了相关法律法规和一系列方针政策、规章制度。

1995 年 12 月，中国政府颁布的《中华人民共和国电力法》第一章“总则”中明确宣布，国家鼓励和支持利用可再生能源和清洁能源来发电。该法第六章“农村电力建设和农业用电”中进一步强调指出，农村利用太阳能、风能、地热能、生物质能和其他能源进行农村电力建设，增加农村电力供应，将得到国家的支持和鼓励。

1996 年 3 月，八届全国人大四次会议审议并通过的《中华人民共和国国民经济和社会发展“九五”计划和 2010 年远景目标纲要》，正式确立了“以电力为中心，以煤炭为基础，加强石油、天然气资源的勘探开发，积极发展新能源，改善能源结构”的能源发展方针和政策，并在“电力发展”一节论述农村能源时强调了因地制宜，开发利用小水电、风能、太阳能、地热能和生物质能的必要性。

1997 年 11 月，中国又颁布了《中华人民共和国节约能源法》。该法再次肯定了新能源对于节能减排、改善环境的重要战略作用和地位。一些地方政府也制定并出台了关于新能源和可再生能源的法律、法规和条例，使该地区新能源和可再生能源的发展依法进行，得到法律的保障。

2005 年国务院发布《国家中长期科学和技术发展规划纲要（2006—2020 年）》，把“能源”作为重点领域。

2009 年的《新能源产业振兴规划（草案）》，提出新能源发电技术到 2020 年的装机目标：风电装机 1.3 亿～1.5 亿 kW，太阳能发电装机 2000 万 kW。

胡锦涛总书记指出“大力推进节能减排，积极开发新能源，这是贯彻落实科学发展观、促进经济社会可持续发展的重大举措”。温家宝总理在人大十一届三次政府工作报告中明确指出：“要积极应对气候变化。大力开发低碳技术，推广高效节能技术，积极发展新能源和可再生能源，加强智能电网建设”。

经过近些年的快速发展，风电、太阳能等可再生能源产业在我国已经具有了良好的技术基础和生产运行经验，在国家的法律保障和政策支持下，在本世纪将会有非常广阔的发展前景。

四、中国新能源与可再生能源发展前景

中国的新能源与可再生能源经过建国 60 多年来、特别是最近 30 多年来的发展，在技术水平、应用规模和产业建设上，均取得了重大进展，奠定了良好的基础，在国民经济建

设中发挥了重要作用。从优化能源结构、保护生态环境、实施经济社会可持续发展战略的高度展望未来，中国新能源与可再生能源的发展前景美好在 21 世纪前 20 年将有大的发展，到 21 世纪中叶将有可能逐步发展成为重要的替代能源。

（1）中国拥有丰富的新能源与可再生能源资源可供开发利用。经粗略估算，在现有科技水平下，中国太阳能、风能、生物质能和水能等一年可以获得的资源量大约可相当于 46 亿 t 标准煤，为 2000 年全国一次能源总消费量 12.8 亿 t 标准煤的 3.59 倍。但目前小水电资源只开发了约 1/3；太阳能的开发利用量还不到可开发量的 1%；风能资源的开发利用量仅相当于可开发资源量的 9/10000；现代生物质能开发量只有 331 万 t 标准煤，仅相当于可开发利用资源量的 0.6%；地热能和海洋能的已开发利用量，相对于资源量来说，就更微不足道。

（2）中国对新能源与可再生能源的需求量巨大，市场广阔。中国是世界最大的发展中国家，人口众多，工业化任务远未完成。国民经济建设的发展、人民生活水平的提高、社会各项事业的进步，必将对能源的供应提出更多、更高的要求。各方面的预测表明，21 世纪中叶，新能源与可再生能源将成为中国能源供应的一支主力军。中国工程院主持进行的“中国可持续发展能源战略研究”课题估计，到 2020 年和 2050 年，可再生能源提供的能量将分别达到 4.75 亿 t 标准煤和 6.19 亿 t 标准煤，分别占一次能源需求总量的 18%和 23.1%。1998 年，国家计划委员会能源研究所完成的“中国中长期能源战略研究”认为，到 2020 年和 2030 年，新能源与可再生能源将逐步发展成为重要的替代能源。

（3）中国新能源与可再生能源的发展适逢良好的市场机遇。近年来，随着经济改革的深入和能源工业的发展，常规能源供应紧缺的状况虽然大为改观，但从总体消费水平上来说还是很低的，特别是广大农村地区，商品能源特别是优质能源如煤气、天然气和电力的供应处于短缺或较低的水平，无电人口不少，且短期内难以改变。这就为新能源与可再生能源的应用提供了良好的市场机遇。另一方面，随着能源价格体制的调整和价格的放开，常规能源的价格呈不断上扬的趋势。以 1981～1996 年为例，电力工业产品价格上涨了 56%，平均年上涨 9.8%；煤炭上涨 171%，平均年上涨 10.7%；石油制品上涨 236.1%，平均年上涨 14.7%。常规能源价格在不断上涨，而新能源与可再生能源却技术性能不断提高、经济性不断改善，因而市场竞争力不断增强，销量看好。

（4）市场巨大推动力将促进中国新能源与可再生能源的发展。改革开放以来，中国城乡居民的家庭收入迅速增加。到 2001 年底，全国城镇居民家庭人均可支配年收入由 1992 年的 2026.6 元增长为 6859.6 元；农村居民家庭人均年纯收入由 789 元增长为 2366.4 元。经济收入的增加，不仅增强了居民的经济购买能力和承受能力，而且增强了居民的消费欲望和信心，努力改善生活条件、营造舒适的生活环境，已成为他们的共同愿望。这就是太阳热水器、光伏小电源、微型风力机等新能源与可再生能源产品销量日增、备受人们欢迎的原因。同时，人们环保意识的增强和国家对环保工作的重视，也大大推动了新能源与可再生能源市场的发展。

（5）国家计委关于中国新能源与可再生能源“十二五”发展建设的初步设想提出了本着“提高经济运行质量和效益，加大结构调整力度”的方针，“十二五”新能源与可再生能源发展的目标是：“提高转换效率，降低生产成本，增大在能源结构中所占比例；新技术、新工艺有大的突破，国内外已成熟技术要实现大规模、现代化的生产，形成比较完善的生产体系和服务体系；实际使用数量要达到3.9亿t标准煤以上（包括生物质能传统利用方式的利用量），为保护环境和国民经济持续发展做出贡献。”

在“十二五”期间，国家发展和改革委员会将继续以“乘风计划”、“光明工程”、“秸秆气化示范工程”和“百县农村能源综合建设”为主线，从宏观调控的角度出发，制订新能源与可再生能源的优惠政策，规范市场竞争行为，积极组织国际交流与合作，促进国产化，努力提高新能源与可再生能源在能源工业中的比重，改善中国的能源结构，为环境保护做出贡献。

综上所述，可以预言，在21世纪，中国的新能源与可再生能源将会有更大、更快的发展。为中国的现代化建设做出更大的贡献。

第二节 太阳能光伏发电

一、太阳能资源

太阳以光辐射的形式，每秒钟向太空发射约3.74×10^{26}J的能量，即辐射功率约为3.74×10^{26}W，其中约有22亿分之一投射到地球上。到达大气层上界的太阳辐射功率约为1.73×10^{17}W，经大气反射、散射和吸收之后，能够投射到地面的有太阳辐射功率只有47%左右，约为8.1×10^{16}W。尽管如此，每年到达地球表面的太阳能仍高达1.05×10^{18}kWh，相当于1.3×10^{6}亿t标准煤，是全球能耗的上万倍。

太阳能是各种可再生能源中最重要的基本能源，其分布最广，也最容易获取。地球上的化石能源可能有使用完结的那一天，太阳能却是取之不尽，用之不竭的。如果能有效地利用太阳提供的能量，那么人类未来就不会为能源的枯竭问题担忧了。同时，太阳能还是一种清洁能源，几乎不产生公害。因此，太阳能被认为是最理想的能源。

二、太阳能发电技术

利用太阳能的方式很多，主要有太阳能发电、太阳能热利用、太阳能光化利用、太阳能生物利用和太阳能光—光利用等。

用太阳能发电，应该是未来太阳能大规模利用的主要发展方向。太阳能发电主要有太阳能热发电和太阳能光发电两种方式，其中太阳能光发电又包括光伏发电等多种形式。

1. 光伏发电

1839年，法国物理学家贝克勒尔意外地发现了光生伏打效应：将两片金属浸入电解质溶液所构成的伏打电池，在受到阳光照射时电压会突然升高。1876年，亚当斯等人又在金属和硒片上发现固态光伏效应。1941年，奥尔在硅材料上发现了光伏效应，奠定了半导体硅在太阳能光伏发电中广泛应用的基础。1954年，恰宾等人在美国贝尔实验室做出了光电转换效率为6%的实用的单晶硅太阳能电池，开创了太阳能电池研究的新纪元。

光伏效应在气体、液体和固体物质中都会发生，但是只有在固体材料中才有较高的能量转换效率。尤其是在半导体材料中，光伏效应的效率最高。能利用光伏效应产生电能的物质称为光伏材料。选用能量转换效率较高的光伏材料，制成光伏电池，就可以用于光伏发电。

2. 光感应发电

光感应发电是利用某些有机高分子团吸收太阳的光能后变成“光极化偶极子”的现象，分别把积聚在受感应的“光极化偶极子”两端的正负电荷引出，即得到光电流。因为要寻找合适的光感应高分子材料，使它们的分子团有序排列，并要在高分子团上安装极为精细的电极等步骤都具有较高的难度，因而这项技术目前还处于原理性实验阶段。

3. 光化学发电

光化学转换，是指将太阳的光辐射能转换为化学能存储，或者利用太阳光照的作用实现某些特定的化学反应过程。

将太阳的光辐射能通过某种化学反应过程转变为电能，称为光化学发电，通常是指浸泡在溶液中的半导体电极受到光照后，电极上有电流输出的现象。光化学发电一般还可细分为液结光化电池、光电解电池和光催化电池等。

（1）液结光化电池。电解液中只含有一种氧化还原物质，正、负电极之间可进行氧化还原可逆反应。在光照作用下，半导体电极与溶液间存在的界面势垒（称为液体结）分离光生电子和空穴对，并向外界提供电能，电解液主体不发生变化。

（2）光电解电池，电解液中存在两种氧化还原离子，在光照作用下发生化学变化，把光能有效地转换为化学能。

（3）光催化电池，由光能提供进行化学反应所需的活化能，光照后电解液发生化学变化。

光化学发电具有液相组分，容易制成直接储能的太阳能光化蓄电池。不过，目前光化学发电尚处于研究试验阶段。

4. 光生物发电

光生物发电通常是指叶绿素电池发电，也是一种光化学转换过程。叶绿素在光照作用下能产生电流，这是最普遍的生物现象之一。但由于叶绿素细胞不断进行新陈代谢，要做成稳定的叶绿素电池目前还比较困难。

有人参考光合作用过程，提出将多种染料涂在多孔氧化钛类半导体上构成固态仿生物光合作用电池，曾达到10%的光电转换效率。这种电池具有低成本、高效率的优点，但也有严重的光老化等问题需要解决。

三、太阳能光伏电池分类

第一代光伏电池主要基于硅晶片，采用单晶硅和多晶硅材料制成，目前仍是光伏产品市场的主流。硅元素在地壳中的储量仅次于氧，原材料相当丰富。不过，晶体硅作为光伏电池中的光伏材料，其成本较高（制作晶体硅电池的硅材料占电池成本的45%以上）。而且，硅晶体的尺寸也不能满足大面积的要求。

除了硅（包括单晶硅、多晶硅和非晶硅）以外，可用的光伏材料还有：砷化镓、磷化铟等Ⅲ—Ⅴ族化合物（砷化镓光伏电池能耐高温，在250℃的条件下光电转换性能良好，适合做高倍聚光光伏电池；但是成本高，主要材料砷化镓制备较难）、硫化镉等Ⅱ—Ⅵ族化合物、铜铟硒等多元化合物，以及某些功能高分子材料和研制中的纳米晶体材料。

按电池的结构（主要是P—N结的特点）分类，有同质结光伏电池、异质结光伏电池、肖特基结光伏电池、薄膜光伏电池、叠层光伏电池和湿式光伏电池。

（1）同质结（homojunction）电池。是在相同的半导体材料（其中含有少量的其他物质）上构成一个或多个P—N结的光伏电池。如硅P—N结、砷化镓P—N结电池，等。

（2）异质结（heterojunction）电池。是用两种不同禁带宽度的半导体材料在相接的界面上构成一个异质P—N结的光伏电池，如氧化铟锡—硅、硫化亚铜—硫化镉、砷化镓—硅异质结光伏电池等。如果这两种异质材料的晶格结构相近，界面处的晶格匹配较好，则构成异质面光伏电池，如砷化铝镓—砷化镓异质面光伏电池等。

（3）肖特基结光伏电池。是由金属和半导体接触形成一个“肖特基势垒”的光伏电池。其原理是：金属和半导体接触时，在一定条件下可产生类似于P—N结可整流接触的肖特基效应。目前已发展出金属—氧化物—半导体（MOS）、金属—绝缘体—半导体（MIS）光伏电池等，如铂—硅肖特基太阳能电池、铝—硅肖特基太阳能电池等。

（4）复合结光伏电池。是由两个或多个结形成的光伏电池。例如，由一个MIS光伏电池和一个P—N结硅电池叠合而形成高效MISNP复合结硅光伏电池，其效率已达22%；砷化铝镓—砷化镓—硅复合结电池的效率高达31%。

（5）叠层光伏电池。将两种对光波吸收能力不同的半导体材料叠在一起构成的光伏电池。鉴于波长短的光子能量大，在硅中的穿透深度小的特点，充分利用太阳光中不同波长的光，通常是让波长最短的光线被最上边的宽禁带材料电池吸收，波长较长的光线能够透射进去让下边禁带较窄的材料电池吸收，这就有可能最大限度地将光能变成电能。

（6）薄膜电池。指利用薄膜技术将很薄的半导体光电材料铺在非半导体的衬底上而构成的光伏电池。这种电池可大大地减少半导体材料的消耗（薄膜厚度以纳米计），从而大大地降低了光伏电池的成本。可用于构成薄膜光伏电池的材料有很多种，主要包括多晶硅、非晶硅、碲化镉以及CIS等，其中以多晶硅薄膜光伏电池性能较优。

（7）湿式光伏电池。是在两侧涂有光活性半导体膜的导电玻璃中间加入电解液而构成的光伏电池。这种形式的电池不但可减少半导体材料的消耗，还为建筑物和太阳能应用的一体化设计创造了条件。

四、太阳能光伏发电的特点

1. 太阳能光伏发电的主要优点

太阳能光伏发电的优点很多。从太阳能资源的角度来看，太阳能是地球上最丰富、最广泛的可再生能源，不仅总量巨大，“取之不尽、用之不竭”，而且分布广泛，获取容易，不需要开采和运输；从光伏发电系统的角度来看，很多优点是其他能源无法比拟的，这主要是因为太阳能光伏发电系统主要由电子元器件构成，不涉及机械部件。

（1）运输、安装容易。光伏组件结构简单、体积小、重量轻，因此，运输方便、安装容易、建设周期很短。而且规模可大可小，可以方便地与建筑物相结合等。又由于运输和安装都比较容易，只要是太阳能资源较好的地方就可以建设使用光伏发电，如沙漠地区。

（2）运行、维护简单。光伏电池没有移动部件，容易启动，随时使用；在光电转换过程中，光伏材料也不发生任何化学变化。因而没有机械磨损和消耗，故障率低，运行和维护都比较简单，可以实现无人值守。

（3）安全、可靠、寿命长。光伏电池没有移动部件，也不发生任何化学变化，因而运行安全，可靠性高，没有物质损耗，使用寿命长。

(4) 清洁、环境污染少。光伏电池没有移动部件，也不发生任何化学变化，因而不会产生噪音，而且无气无味，对环境的直接污染很少。在所有可再生和不可再生能源发电系统中，光伏电池对环境的负面影响可能是最小的。

但是，需要特别指出的是，晶体硅光伏电池生产前期的晶体硅片制造过程为高耗能、高污染。在某些薄膜太阳电池模块中，包含微量的有毒物质（如制造碲化镉的金属镉就有毒），因此存在着一旦发生火灾释放出这些有毒的化学物质的可能性。

如果不考虑制造过程和成本，只考虑能源的使用方便，光伏发电无疑是最理想的新能源利用技术。

2. 太阳能光伏发电的主要缺点

太阳能光伏发电未能迅速地大面积推广应用，说明它也存在一些不足。这些不足主要是由太阳能资源本身的弱点造成的。

(1) 能量分散（能量密度低）。太阳能的能量密度很低，在实际利用中要得到较大的功率，往往需要设立面积相当大的太阳能收集设备，因而占地面积大、材料用量多、结构复杂、成本增高。

(2) 能量不稳定。阳光的辐射角度随着时间不断发生变化，再加上气候、季节等因素的影响，到达地面某处的太阳直接辐射能是不稳定的，具有明显的波动性甚至随机性。这给经济、可靠的大规模的利用带来了不少困难。

(3) 能量不连续。随着昼夜的交替，到达地面的太阳直接辐射能具有不连续性。夜间没有太阳直接辐射、散射辐射也很微弱，大多数太阳能设备在夜间无法工作。为克服上述困难，就需要研究和配备储能设备，把在晴朗白昼收集的太阳能（正常使用之后的剩余部分）储存起来，供夜晚或阴雨天使用。

五、太阳能光伏发电的发展状况

自 20 世纪 50 年代出现第一块实用的单晶硅光伏电池，50 年代末光伏电池进入空间应用，60 年代末进入了地面应用，太阳能光伏发电技术已历经了半个世纪。

2004 年，光伏电池在全世界能源市场开始蓬勃发展，产业开始形成。

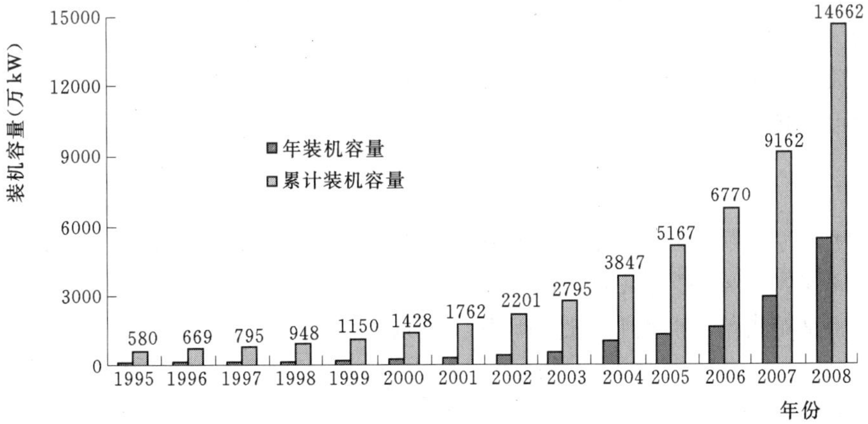

图 2-1 全球光伏发电的年装机容量及累计装机容量

（数据来源：Solar Generation V—2008，EPIA and Greenpeace，Solar Plaza）

目前，光伏电池的功率级别非常丰富，大到 100kW～10MW 的太阳能光伏电站，小到手表、计算器的电源。最好的单结硅太阳电池在实验室中的转换效率已达到 24%。多晶硅太阳电池转化效率达到 15%，砷化镓太阳电池转化效率达到 27%，在实验室中特制的砷化镓太阳电池转化效率甚至已高达 35%～36%。

光伏发电的小功率的应用已经比较普遍，而今正向大功率应用发展。

太阳能光伏发电的装机容量随着生产量的增大而逐年增加，如图 2-1 所示。

2008 年我国太阳能光伏电池年产量 2GW（200 万 kW），占全球产量的 30%以上，继续稳居世界第一。商业化晶体硅太阳能电池的效率也从三年前的 13%～14%提高到 16%～17%。

2009 年的《新能源产业振兴规划（草案）》，提出新能源发电技术到 2020 年的装机目标：太阳能发电装机 2000 万 kW。

第三节 风 力 发 电

一、风和风资源

1. 风及其描述方法

空气从高气压区域向低气压区域的自然流动称为大气运动。在气象学上，一般把空气的不规则运动称为紊流，垂直方向的大气运动称为气流，水平方向的大气运动就是风。按照形成原因，风有信风、海陆风和山谷风等几种。

风，方向多变，大小也随时随地不同。常用风向、风速、风能密度等来描述风的情况。

（1）风向。风向就是风吹来的方向。例如，大气从南向北流动形成的风，就称为南风。

（2）风速。风速就是单位时间内空气在水平方向上移动的距离。通常所说的风速，是指一段时间内的风速的算术平均值。

离地高度不同，风速也不一样。一般在几千米高度范围以内，随着高度的增加，风会逐渐增大。

（3）风能和风能密度。风中流动的空气所具有的能量（动能），称为风能。

风能可以按下式计算

$$E=\frac{1}{2}mv^2=\frac{1}{2}\rho Sv^3$$

式中：ρ 为空气密度，常温标准大气压力下，可取为 1.225kg/m^3；S 为气流通过的面积，m^2；v 为风速，m/s；E 为风能，W。

风能密度是指单位面积上流过的风能。可以用下式计算

$$W=\frac{E}{S}=\frac{1}{2}\rho v^3$$

2. 世界风力资源分布

到达地球的太阳能，大约有 2%转化为风能，但其总量仍是相当可观的。有专家估

计，地球上的风能大约是目前全世界能源总消耗量的100倍，相当于1.08万亿t煤蕴藏的能量。

据世界气象组织估计，全球大气中蕴藏的总的风能功率（即单位时间内获得的风能）约为10^{14}MW，其中可被开发利用的风能约有35亿MW。全球的风能折算为电能，相当于2.74万亿kWh，其中可利用的风能相当于200亿kWh，比地球上可开发利用的水电总量还要大10倍。

地球1.07亿km^2的陆地表面，平均风速高于5m/s（距地面10m高处）的面积约占27%。其地域分布见表2-1。

表2-1 世界风能资源分布

地 区	陆地面积（10^3km^2）	风力为3～7级地区所占比例（%）	风力为3～7级地区所占面积（10^3km^2）
北美	19339	41	7876
拉丁美洲和加勒比	18482	18	3310
西欧	4742	42	1968
东欧和独联体	23047	29	6738
中东和北非	8142	32	2566
撒哈拉以南非洲	7255	30	2209
太平洋地区	21354	20	4188
中国	9597	11	1056
中亚和南亚	4299	6	243
总计	106660	27	29143

以目前的技术水平，每平方公里的风能发电量为330kW左右，平均每年发电量的合理估计为200万kWh左右，远远超过全球能源消耗总量。

3. 中国风力资源

我国幅员辽阔，季风强盛，风能资源分布广，总量也相当丰富。据有关研究估计，全国平均风能密度约为100W/m^2，全国风能总储量约48亿MW，陆上和近海区域10m高度可开发和利用的风能资源储量约为10亿kW，其中有很好开发利用价值的陆上风资源大约有2.53亿kW，大体相当于我国水电资源技术可开发量的51.32%。

根据全国气象台风能资料的统计和计算，中国风能分区及占全国面积的百分比见表2-2所示。

表2-2 中国风能分区及占全国面积的百分比

指 标	丰富区	较丰富区	可利用区	贫乏区
年有效风能密度（W/m^2）	>200	200～150	<150～50	<50
年风速>3m/s累计小时数（h）	>5000	5000～4000	<4000～2000	<2000
年风速>6m/s累计小时数（h）	>2200	2200～1500	<1500～350	<350
占全国面积的百分比（%）	8	18	50	24

"三北"地区（东北、华北和西北）是我国内陆风能资源最好的区域。

从上述的风力资源分布情况来看，中国有相当大的地区有着丰富的风能资源，具有很大的开发利用价值。

二、风力发电机组

风能可以被转化成其他不同形式的能量，如机械能、电能、热能等，以实现提水灌溉、发电、供热、风帆助航等功能。21 世纪风能利用的主要领域是风力发电。

实现风力发电的成套设备称为风力发电系统，或者风力发电机组。

风力发电机组完成的是"风能—机械能—电能"的二级转换。风力机将风能转换成机械能，发电机将机械能转换成电能输出。因此，从功能上说，风力发电机组由两个子系统组成，即风力机及其控制系统，发电机及其控制系统。

目前世界上比较成熟的风力发电机组多采用螺旋桨型水平轴风力机。能够从外部看到的风力发电机组，主要包括三个部分，即风轮、机舱和塔架。另外，机舱底盘和塔架之间有回转体，使机舱可以水平转动。

实际上，除了外部可见的风轮、机舱、塔架以外，风力发电机组还有对风装置（也叫调向装置、偏航装置）、调速装置、传动装置、制动装置、发电机、控制器等部分，都集中放在机舱内。

小功率风力发电，过去普遍采用直流发电机，现在已逐步被交流发电机所取代。中大型风力发电机大多数均采用交流发电机。

对于容量较大的风电机组，由于风轮的转速很低，远达不到发电机发电的要求，可以通过齿轮箱的增速作用来实现。风力发电机组中的齿轮箱也叫增速箱。

自然界的风，方向多变。只有让风垂直地吹向风轮转动面，风力机才能最大限度地获得风能。为此，常见的水平轴的风力机需要配有调向系统，使风轮的旋转面经常对准风向（简称对风）。

对于小容量风力发电机组，往往在风轮后面装一个类似风向标的尾舵（也叫尾翼），实现对风功能。

对于容量较大的风力发电机组，通常配有专门的对风装置——偏航系统，一般由风向传感器和伺服电机组合而成。大型机组都采用主动偏航系统，即采用电力或液压拖动来完成对风动作的偏航方式，通常采用齿轮驱动。

风轮转速和功率随着风速的提高而增加，风速过高会导致风轮转速过高和发电机超负荷，危及风力发电机组的运行安全。限速安全机构的作用是使风轮的转速在一定得风速范围内基本保持不变。

风力发电机一般还设有专门的制动装置，当风速过高时，使风轮停转，保证风力强风下机组的安全。

机舱除了用于容纳所有机械部件，还承受所有外力。

塔架是支撑风轮和机舱的构架，目的是把风力发电装置架设在不受周围障碍物影响的高空中，其高度视地面障碍物对风速影响的情况，以及风轮的直径大小而定。现代大型风力发电机组，塔架高度有的已高达 100m。

三、风力发电的发展状况

1. 世界风电发展状况

近20年来，风电技术取得了巨大进步。1995～2006年风力发电能力以平均每年30%以上的速度增长，已经成为各种能源中增长最快的一种。欧洲的风力发电已经开始从“补充能源”朝向“战略替代能源”的方向发展。

世界风力发电量1997～2007年的发展变化如图2-2所示。目前，全球总装机容量为2亿kW左右。不过，风力发电在世界年发电总量中的比重仍然很低。

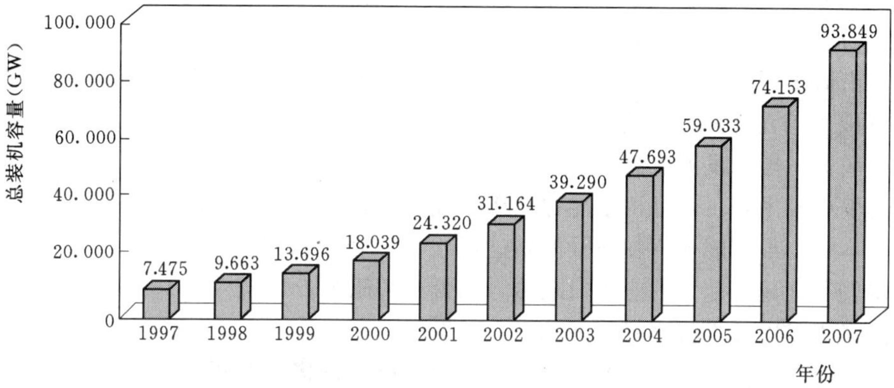

图2-2 1997～2007年世界风电总装机容量的增长趋势

(资料来源：世界风能协会2008年2月21日报告)

欧洲在开发海上风能方面走在世界前列，其中丹麦、英国、爱尔兰、瑞典和荷兰等国家发展较快。尤其是在一些人口密度较高的国家，随着陆地风力场利用殆尽，发展海上风电场已成为新的风机应用领域而受到重视。丹麦、德国、西班牙、瑞典等国家都在计划较大的海上风电场项目。目前，海上风电机组的平均单机容量在3MW左右，最大已达6MW。

美国风能协会（AWEA）认为风能在2020年将占美国能源消费的6%。在欧洲风能协会认为届时美国风电装机容量将达到250000MW。在欧洲风能协会和绿色和平组织的最新出版物《风电12》中指出，到2020年世界电力的12%将来源于风电。

2. 中国风电发展状况

我国的风力发电从20世纪80年代开始起步，到1995年以后逐步走向产业化发展阶段。

自2005年起，风电规模连续三年实现翻倍增长。即在这三年中，我国风电新增装机容量每年都增加100%，仅次于美国、西班牙，成为世界风电快速增长的市场之一。

根据国家能源局2009年公布的统计数据，截至2008年底，风电装机容量已达1217万kW，居世界第四位。提前三年超额实现了2010年500万kW的风电装机目标。

但是，风电在整个电力能源结构中所占的比重仍然很低。例如，在2007年中国的电力结构中，风电装机容量所占的比重只有0.8%，发电量的比重只有0.2%。到2008年，我国风力发电的装机容量占全国电力装机的比例有所提高，但仍然仅占全国电力装机的1.5%。

我国将在内蒙古、甘肃、河北、吉林、新疆、江苏沿海等省（自治区）建设十多个百万千瓦和七个千万千瓦风电基地。根据目前国内增长趋势，到2010年，中国总装机容量将接近0.2亿kW；预计到2020年，中国总装机容量将达到1.3亿～1.5亿kW。

目前，兆瓦级风电机组已成为风电市场中的主流机型。2006年世界风电市场统计报告表明，1997年以前兆瓦级风电机组的市场份额还不及10%，2001年则超过一半，2003年已达到70.5%，2006年高达76%。通过大型风电场特许权招标和引进技术，国产1.5MW级风电机组已批量投入运行，自主化率达到86%，降低了风电场建设和运营成本；正在研制3MW、5MW级风电机组。

中国沿海水深在2～10m的海域面积很大，而且风能资源很好，靠近我国东部主要用电负荷区域，适宜建设海上风电场。

四、风力发电的发展趋势

风力发电技术是目前可再生能源利用中技术最成熟的、最具商业化发展前景的利用方式，也是本世纪最具规模开发前景的新能源之一。合理利用风能，既可以减少环境污染，又可以减轻目前越来越大的能源短缺给人们带来的压力。

未来风力发电技术将向着以下几个方向发展：

（1）单机容量增大。主流的新增风力机的单机容量将从750kW～1.5MW向2MW甚至更大的容量发展。目前世界上单机容量最大的风机，为5WM风力发电机，海上风力发电的6MW风电机组也已研制成功。

（2）风电场规模的增大。从10MW级向100WM、1000WM级发展。

（3）从陆地向海上发展。

（4）生产制造成本降低。

（5）小风电的应用也将更加普遍。

第四节 生物质能发电技术

一、生物质和生物质能资源

1. 生物质及其来源

生物质（biomass）是指有机物中除化石燃料外的所有来源于动物、植物和微生物的物质，包括动物、植物、微生物以及由这些生命体排泄和代谢的所有有机物。

生物质是地球上存在最广泛的物质，而且可以随着生物的繁衍生长不断再生。生物质来源广泛，种类繁多。

获取生物质的途径大体上有两种情况：一是有机废弃物的回收利用；一是专门培植作为生物质来源的农林作物等。此外，某些光合成微生物也可以形成有用的生物质。

（1）农林作业和加工的废弃物。农业和林业生产中，每年都会产生大量的植物残体和加工废弃物。收割农作物时残留在农田内的秸秆（如玉米秸、高粱秸、麦秸、豆秸、稻草和棉秆等），农产品加工过程中剩余的残渣和谷壳等，都是很常见的生物质来源。森林作业和林业加工提供的生物质也很多，包括残枝、树叶等森林天然废弃物，砍伐、运输和加工过程中的枝丫、锯末、木屑和截头等森林工业废弃物，以及林业副产品的果核、果壳等。许多国家都开始利用这些林业废弃物。

（2）专门培植的农林作物。为了集中地获取大量生物质，很多国家还专门培植经济价值较高的特种树木或农作物。用作生物质能源的常见林业作物，包括白杨、悬铃木、赤杨等薪炭林树种，桉树、橡胶树、蓝珊瑚、绿玉树等能源作物，以及葡萄牙草、苜蓿等草本植物。种植树木型能源作物都是尽量选择退化荒废的土地。常用作生物质资源的农作物，例如，可制造酒精的甜高粱、玉米、甘薯、木薯、芭蕉芋，能产生糖类的甘蔗、甜菜，以及向日葵、油菜、黄豆等油料作物。

（3）动物粪便。动物粪便是从粮食、农作物秸秆、牧草等植物体转化而来的，数量也很大。例如，2000 年仅中国的畜禽粪便可获得的干物质资源就约有 3 亿 t 之多。动物粪便发酵所释放的气体也是温室气体的主要来源之一。如果不很好地处理这些排泄物，还会对水体造成污染。动物粪便的最重要的应用方式就是发酵产生沼气，在获取能量的同时，还可以解决环境污染问题。

（4）城市垃圾。城市垃圾成分比较复杂，主要包括居民生活垃圾，办公、服务业垃圾，少量建筑业垃圾和工业有机废弃物等。在有些工业发达国家，平均每个家庭每年产生 1t 以上的垃圾，含热量约有 90 亿 J。

（5）有机废水。有机废水包括工业有机废水和生活污水，其中往往也含有丰富的有机物。工业有机废水主要是酒精、酿酒、制糖、食品、制药、造纸及屠宰等行业生产过程中排出的废水。生活污水主要由城镇居民生活、商业和服务业的各种排水组成，如冷却水、洗浴排水、盥洗排水、洗衣排水、厨房排水、粪便污水等。

2. 生物质能及其特点

生物质能是指蕴藏在生物质中的能量，是直接或间接地通过绿色植物的光合作用，把太阳能转化为化学能后固定和储藏在生物体内的能量。

生物质能是地球上最古老的能源，也有可能成为未来最有希望的“绿色能源”。

地球上每年通过光合作用储存在植物的枝、茎、叶中的太阳能，含能量达 3×10^{21}J，每年生成的生物质总量达 1400 亿～1800 亿 t（干重），所蕴含的生物质能相当于目前世界耗能总量的 10 倍左右。

实际上，目前被人类利用的生物能源还不到 2%，而且利用效率也不高。尽管如此，可见，生物质能在全球整个能源系统中占有重要地位。作为是热能的来源，生物质长期以来为人类提供了最基本的燃料。在不发达地区，生物质能在能源结构中的比例较高。

生物质遍布世界各地，每个国家和地区都有某种形式的生物质。虽然生物质的密度和产量差异很大，在很多国家和地区都受到了高度重视。

作为一种能源资源，生物质能具有如下特点：

（1）可循环再生。与传统的化石燃料相比，生物质能可以随着动植物的生长和繁衍，不断再生，而且生物质的数量巨大。

（2）可存储和运输。与其他可再生能源相比，生物质能是唯一可以直接存储和运输的自然资源，便于选择适当的时间和地点使用。

（3）资源分散。能量分散、自然存在的生物质，单位数量的含能量较低，需要大量的收集。

种类繁杂、有的生物质是多种成分的混合体，例如城市垃圾和有机污水，使用时需要分类或过滤。

分布广泛，各国都有相当数量的生物质资源，没有进口或外购的依赖性。

(4) 大多来自废物。除了专门种植的能源作物以外，大多数生物质都是废弃之物，有的甚至造成严重的环境污染（例如污水和垃圾）。生物质能利用，正是将这些废弃物变为有用之物。

二、生物质能的利用形式

生物质能的利用主要是将生物质转变为可直接利用的热能、电能和可存储的燃料（常规的固态、液态和气态燃料）等。

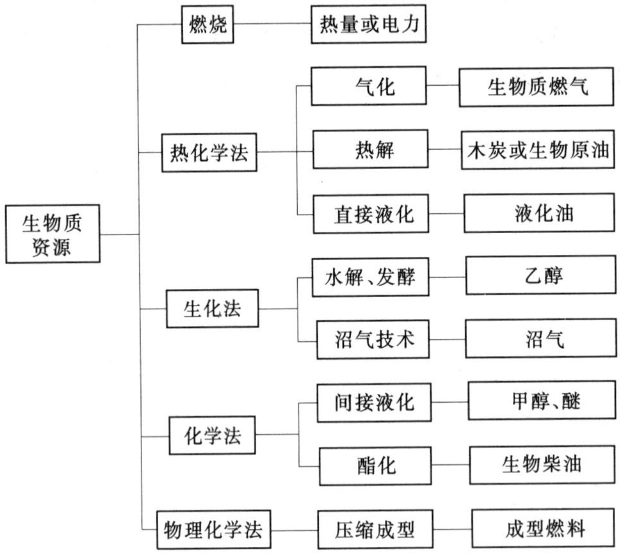

图 2-3　生物质能转化利用的途径和产品

由于生物质的组成与常规的化石燃料大体相同，其利用方式也与化石燃料类似。从原理上讲，常规能源的利用技术无需作大的改动，就可以应用于生物质能。但生物质的种类繁多，各自具有不同的属性和特点，其应用方式也趋于多样化，其利用技术可能远比化石燃料的利用更复杂。

生物质能转化利用的途径（图 2-3）主要包括燃烧、热化学法、生化法、化学法和物理化学法等，可转化为热量或电力、固体燃料（木炭或成型燃料）、液体燃料（生物柴油、甲醇、乙醇等）和气体燃料（氢气、生物质燃气和沼气等）。

通过发酵或光合微生物的作用，可将生物质中的有机物分解，获得氢气。生物制氢与传统的物理化学方法相比，有清洁、节能等许多突出的优点，是很有前途的应用方式。

三、生物质能发电技术

1. 生物质能发电的基本原理

生物质发电技术是目前生物质能利用最成熟、有效的途径之一。

生物质发电是利用生物质直接燃烧或生物质转化为某种燃料后燃烧所产生的热量发电的技术。

生物质发电的流程大致分两个阶段：一般先把各种可利用的生物原料收集起来，通过一定程序的加工处理，转变为可以高效燃烧的燃料；然后再把燃料送入锅炉中燃烧，产生高温高压蒸汽，驱动汽轮发电机组发出电能。

生物质能发电的发电环节与常规火力发电是一样的，所用的设备也没有本质区别。

生物质能发电的特殊性在于燃料的准备，因为松散、潮湿的生物质不便于作为燃料使用，而且往往热转换效率也不高，一般要对生物质进行一定的预处理，如烘干、压缩、成型等。对于不采用直接燃烧方式的生物质能发电系统，还需要通过特殊的工艺流程，实现生物质原料到气态或液态燃料的转换。

完整的生物质发电技术涉及生物质原料的收集、打包、运输、储存、预处理、燃料制备、燃烧过程的控制、灰渣利用等诸多环节。

利用生物质能发电的同时，常常还可以实现资源的综合利用。例如，生物质能燃烧所释放的热量除了送入锅炉产生驱动汽轮机工作的蒸汽，还可以直接供给人们用于取暖、做饭；生物质原料燃烧后的灰渣还可以作为农田优质肥料等。

2. 常见的生物质能发电技术

（1）生物质直接燃烧发电。生物质直接燃烧发电就是直接以经过处理的生物质为燃料，而不需转换为其他形式的燃料，用生物质燃烧所释放的热量，在锅炉中生产高压过热蒸汽，通过汽轮机的涡轮膨胀做功，驱动发电机发电。生物质直接燃烧发电的原理和发电过程与常规的火力发电是一样的，所用的设备也没有本质区别。

直接燃烧发电是最简单、最直接的生物质发电方法。最常见的生物质原料是农作物的秸秆、薪炭木材和一些农林作物的其他废弃物。由于生物质质地松散、能量密度较低，其燃烧效率和发热量都不如化石燃料，而且原料需要特殊处理，因此设备投资较高，效率较低，即便是在将来，情况也很难有明显改善。为了提高热效率，可以考虑采取各种回热、再热措施和联合循环方式。

（2）沼气发电。沼气发电就是以沼气为燃料实现的热动力发电。沼气发电系统，如图2-4所示，消化池产生的沼气经气水分离器、脱硫塔（除去硫化氢及CO_2等）净化后，进入储气柜；再经稳压器（调节气流和气压）进入沼气发动机，驱动沼气发电机发电。发电机所排出的废水和冷却水所携带的废热经热交换器回收，作为消化池料液加温热源或其他热源再加以利用。发电机发出的电能经控制设备送出。

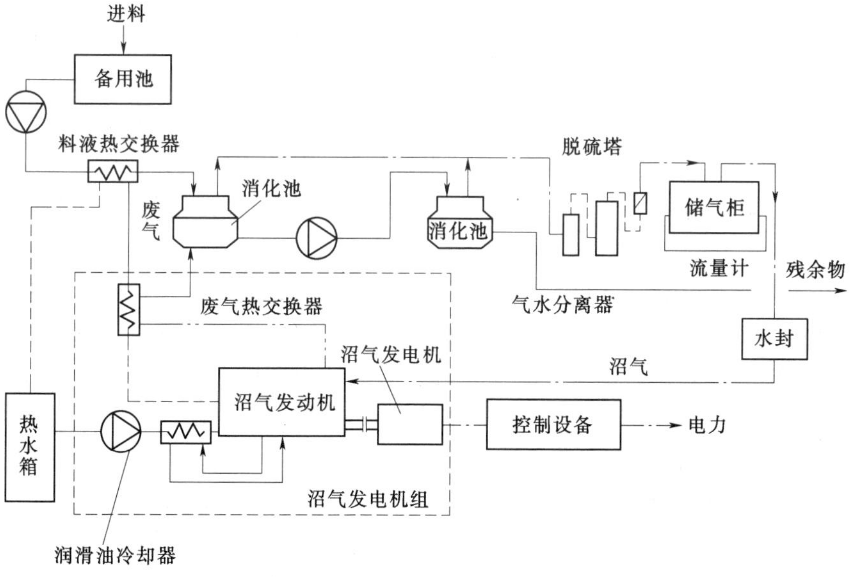

图2-4　沼气发电系统的工艺流程图

沼气发动机与普通柴油发动机一样，工作循环也包括进气、压缩、燃烧膨胀做功、排气四个基本过程。

发动机排出的余热约占燃烧热量的65%～75%，通过废气热交换器等装置回收利用，机组的能量利用率可达65%以上。废热回收装置所回收的余热可用于消化池料液升温或采暖。

(3) 垃圾发电。垃圾发电主要是从有机物废物中获取热量用于发电。从垃圾中获取热量主要有两种方式：一是垃圾经过分类处理后，直接在特制的焚烧炉内燃烧；一是填埋垃圾在密闭的环境中发酵产生沼气，再将沼气燃烧。

垃圾沼气发电的效率非常低，但发电成本低廉，仍然很有开发价值。

垃圾焚烧可以使其体积大幅度减小，并转换为无害物质。被焚烧废物的体积和重量可减少90%以上。垃圾焚烧发电，既可以有效地解决垃圾污染问题，又可以实现能源再生，作为处理垃圾最为快捷和最为有效的技术方法，近年来在国内外得到了广泛应用。

焚烧垃圾需要利用特殊的垃圾焚烧设备，有垃圾层燃焚烧系统、流化床式焚烧系统、旋转筒式焚烧炉和熔融焚烧炉等。

当然，也可以焚烧与发酵并用。一般是把各种垃圾收集后，进行分类处理。对燃烧值较高的进行高温焚烧（也彻底消灭了病源性生物和腐蚀性有机物）；对不能燃烧的有机物进行发酵、厌氧处理，最后干燥脱硫，产生沼气再燃烧。燃烧产生的热量用于发电。

(4) 生物质燃气发电。生物质燃气发电就是将生物质先转换为可燃气体，再利用这些可燃气体燃烧所释放的热量发电。

生物质燃气发电的关键设备是气化炉（或热裂解装置），一旦产生了生物质燃气，后续的发电过程和常规的火力发电以及沼气发电就没有本质区别了。

3. 生物质能发电的特点

(1) 生物质能发电的特点。

1) 适于分散建设、就地利用。与常规发电方式及风电等其他可再生能源发电相比，生物质能更适合分散建设，就近利用。生物质能转换的难度决定了转换设备的容量目前还不可能做大。生物质更接近人类生活的场所，不需外运燃料和远距离输电，可以对人类用能的需求就近满足。尤其适用于居住分散、人口稀少、用电负荷较小的农牧业区及山区。

2) 技术基础较好、建设容易。生物质的组织结构与常规的化石燃料相似，其利用方式与化石燃料类似。可以借鉴常规能源的利用技术，技术发展快。

3) 仍有碳排放，但比化石燃料少。与风电、太阳能发电等可再生能源发电方式相比，生物质能发电仍会产生碳排放，但要比常规火电厂少很多。更重要的是，由于生物质来源于CO_2（光合作用），燃烧后产生CO_2，在其自然循环周期内，并不会增加大气中的CO_2的含量。这与在亿万年前吸收了CO_2而在当今时代排放CO_2的化石燃料不同。

4) 变废为宝，更加环保。生物质能发电，除了自身产生的环境污染少之外，还可实现废物利用，顺便解决了废物、垃圾的处置问题，对环境还有清理的作用。

(2) 需要注意的问题。发展生物质能发电时，有以下问题需要引起注意：

1) 生物质能的转化设备必须安全可靠。在生物质能转化过程中和完成后，可能产生或者残存一些有毒有害的物质，如果发生泄漏或者排放不当，仍可能造成二次污染。

2）能源作物需要占用大量土地。生物质能的利用需要占用大量的土地。太阳能可以利用房顶上的空间，而风能可以利用山地或贫瘠的土地，但种植能源作物就必需利用耕地。将这些土地用来生产其他的可再生能源，有可能对减少 CO_2 的排放更好好处。

四、生物质能发电的发展状况

世界生物质发电起源于 20 世纪 70 年代。

自 1990 年以来，包括直接燃烧发电和利用先进的小型燃气轮机联合循环发电两种形式的生物质发电在欧美许多国家开始大发展。

1988 年，丹麦诞生世界上第一座秸秆生物燃烧发电厂。1992 年，英国第一家利用动物粪便的发电厂在 Suffolk 建成投产，年发电量 13MW，每年要用掉 20 万 t 来自周边农场的动物粪便。1996 年，美国可再生资源实验室已研究开发出利用纤维素废料生产酒精的技术，由美国哈斯尔工业集团公司建立了一个 1MW 稻壳发电示范工程：年处理稻壳 1.2 万 t，年发电量 800 万 kWh，年产酒精 2500t。

欧盟 15 国，2000 年全部电力的 1.5％来自于生物质能，并计划将生物质能的开发作为其实现 2010 年 22％可再生能源发电目标的主要内容。

2002 年，约翰内斯堡可持续发展世界峰会以后，由于包括生物质发电在内的生物质能利用有其自身的众多其他形式能源不可比拟的优势，全球加快推进了生物质能的开发利用。

以生物质为燃料的小型热电联产已成为瑞典和丹麦等欧洲国家的重要发电和供热方式，据资料显示，目前在丹麦、瑞典、芬兰、荷兰等欧洲国家，以农林生物质为燃料的发电厂已有 300 多座。生物质发电产业保持持续稳定的增长，主要集中在发达国家，但印度、巴西和东南亚等发展中国家也积极研发或者引进技术建设生物质直燃发电项目。

德国在利用厌氧发酵处理废弃物发电技术方面，走在了世界的前列，目前已有 1900 个厌氧发酵厂，2004 年装机 27 万 kW。

截至 2004 年，世界生物质发电装机已达 3900 万 kW，年发电量约 2000 亿 kWh，可替代 7000 万 t 标准煤，是风电、光电、地热等可再生能源发电量的总和。到 2005 年底，全世界生物质发电总装机容量约为 5000 万 kW，主要集中在北欧和美国。

2008 年，英国开始在威尔士南部塔尔波特港废弃的海港上建造全球最大的生物质能发电厂，计划发电能力为 350MW，以木屑作为发电燃料。

包括欧盟及美国在内的众多国家已经将生物质能发电列入近期或者中长期重点发展及扶植的项目。以欧盟 25 国为例，欧盟计划到 2010 年底，其生物质能利用量比 2003 年翻一番，如图 2－5 所示。

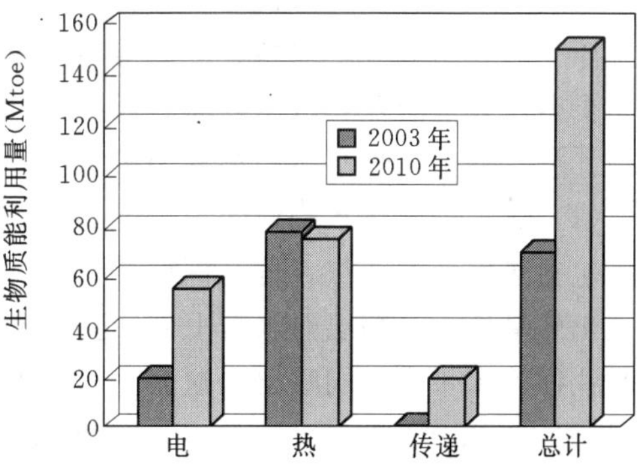

图 2－5 欧盟 25 国 2010 年生物质能利用目标
（注：Mtoe 表示百万吨油当量）

《世界生物质报告》预测，在 2004～2013 的 10 年中，将有 180 亿美元投资于生物质能源项目，包括大型生物质能火电项目（900 万 kW 的新增装机）、厌氧发酵系统和垃圾填埋气项目。

作为农业大国，我国对生物质能发电也极为重视。2003 年以来，国家先后核准批复了若干秸秆发电示范项目，并实施了生物质发电优惠上网电价等有关配套政策，从而使生物质发电，特别是秸秆发电迅速发展。截至 2007 年底，国家和各省发改委已核准生物质发电项目 87 个，总装机规模 220 万 kW，到 2008 年增加为 315 万 kW。

我国的《可再生能源中长期发展规划》确定了到 2020 年生物质发电装机 3000 万 kW 的发展目标。总的说来，生物质能发电行业有着广阔的发展前景。

第五节 地热发电技术

一、地热能及地热资源分布

1. 地热和地热能

地热能就是来自地下的热能，即地球内部的热能。地球物理学家普遍认为，地球内部的热量主要来源于地球内部放射性元素的衰变。除此之外，地球内热的来源还有潮汐摩擦热、化学反应热等，不过所占比重都不大。

地热是来自地球内部的热量，但是并非所有的地球热量都能作为能源进行利用。

地球表面的热量有一部分会散发到周围的大气中，这种现象叫大地热流。在炎热的夏季或者某些高温地区，经常看到远处的景物变得迷离蒙眬，就像隔着一层带有水痕的玻璃。据分析，地球表面每年散发到大气的热量，相当于 370 亿 t 煤燃烧所释放的热量。这种能量虽然很大，但是太过分散，目前还无法作为能源来用。

还有很多热量埋藏在地球内部的深处，开采困难，也很难被人类利用。

在某些地质因素（例如地壳内的火山活动和年轻的造山运动）的作用下，地球内部的热能会以热蒸汽、热水、干热岩等形式向某些地域聚集，集中到地面以下特定深度范围内，有些能达到开发利用的条件。

有时地球内部的热能会以传导、对流和辐射的方式传递到地面上来，表现为可见的火山爆发、间歇喷泉和温泉等形式。

2. 地热资源的类型

地热资源是指在当前技术经济和地质环境条件下，能够从地壳内开发出来的热能量和热流体中的有用成分。地热资源是集热、矿、水为一体的矿产资源。

根据在地下的存在状态，地热资源可分为热水型、蒸汽型、地压型、干热岩型和岩浆型等几类。其中，热水型和蒸汽型也常统称为水热型或热液型。

（1）热水型。热水型地热资源是存在于地热区的水从周围储热岩体中获得热量形成的，包括热水及湿蒸汽。地壳深层的静压力很大，水的沸点很高。即使温度高达 300℃，水也仍然呈液态。高温热水若上升，会因压力减小而沸腾，产生饱和蒸汽，开采或自然喷发时往往连水带汽一同喷出，这就是所谓的“湿蒸汽”。热水型地热资源，按温度可分为高温（＞150℃）、中温（90～150℃）和低温（90℃以下）三类。

（2）干蒸汽型。干蒸汽型地热资源是存在于地下的高温蒸汽。在含有高温饱和蒸汽而又封闭良好的地层，当热水排放量大于补给量的时候，就会因缺乏液态水分而形成“干蒸汽”。地热蒸汽的温度一般在200℃以上。干蒸汽几乎不含液态水分，但可能掺杂有少量的其他气体。这类地热资源的形成需要特殊的地质条件，因而资源储量少，只占全部地热资源的0.5%左右，而且地区局限性大，比较罕见，目前仅在少数几个国家发现。

(3) 地压型。地压型地热资源主要是以高压水的形式储存于地表以下2～3km深处的可渗透多孔沉积岩中，往往被不透水的岩石盖层所封闭，形成长达上千千米、宽几百千米的巨型热水体，因而承受很高的压力，一般可达几十兆帕，温度在150～260℃之间。地压水除了具有高压、高温的特点之外，还溶有大量的甲烷等碳氢化合物，每立方米地压水中的含气量可达1.5～6.0m^3（标准状态）。因此，地压型资源中的能量，包括机械能（高压）、热能（高温）和化学能（天然气）三个部分，而且在很大程度上体现为天然气的价值。

(4) 干热岩型。地壳深处的岩石层温度很高，储存着大量的热能。由于岩石中没有传热的流体介质，也不存在流体进入的通道，因而被称为“干热岩”。现阶段，干热岩型地热资源主要指埋深较浅、温度较高的有开发经济价值的热岩石。埋藏深度为2～12km，温度远远高于100℃，多在200～650℃之间。

(5) 岩浆型。在地层深处呈黏性半熔融状态或完全熔融状态的高温熔岩中，蕴藏着巨大的能量。

岩浆型地热资源约占地热资源总量的40%，其温度为600～1500℃。大多埋藏在目前钻探还比较困难的地层中。在一些多火山地区，这类资源可以在地表以下较浅的地层中找到，有时火山喷发还会把这种熔岩喷射到地面上。

目前人类开发利用的地热资源主要是地热蒸汽和地热水两大类，已经有很多的实际应用。干热岩和地压两大类资源尚处于试验阶段，开发利用很少，不过干热岩地热资源储量巨大，未来可能有大规模发展的潜力。岩浆型资源的应用还处于课题研究阶段。

3. 地热资源的储量及分布

按照合理的科学估计，地球内部所蕴含的热量约有1.25×10^{31}J。若以地球上全部煤炭燃烧时所放出的热量为基准（100%），石油的储存量约为煤炭的3%，目前可利用的核燃料的储存量约为煤炭的15%，而地热能的总储存量则为煤炭的1.7亿倍。可见地球是一个庞大的热库。

80℃的地下热水大致埋藏在2000～2500m左右的地下，地热异常区的温度可能更高。由于技术条件限制和经济性考虑，目前人类关注和利用的还主要是几千米范围内的浅层地热资源。

据估计，全世界地热资源的总量大约为1.45×10^{26}J，相当于5000万亿t（4.948×10^{15}t）标准煤燃烧时所放出的热量。仅地下10km深度范围内所包含的热量就在2.6×10^{25}J以上，而3km浅层内可利用的地热能有8.37×10^{20}J左右。

全球地热资源的分布很不平衡，但有一定的规律。从全球地质构造观点来看，大于150℃的高温地热资源带主要出现在地壳表层各大板块的边缘，即分布在地壳活动的地带，如板块的碰撞带、板块开裂部位和现代裂谷带。小于150℃的中、低温地热资源则分布于板块内部的活动断裂带、断陷谷和坳陷盆地。

在地质板块的交接处形成的地热资源丰富的地热带，称为板间地热带。特点是热源温度高，多由火山或岩浆造成。环球性的板间地热带有四个，其位置与地质板块构造的关系如图 2-6 所示。

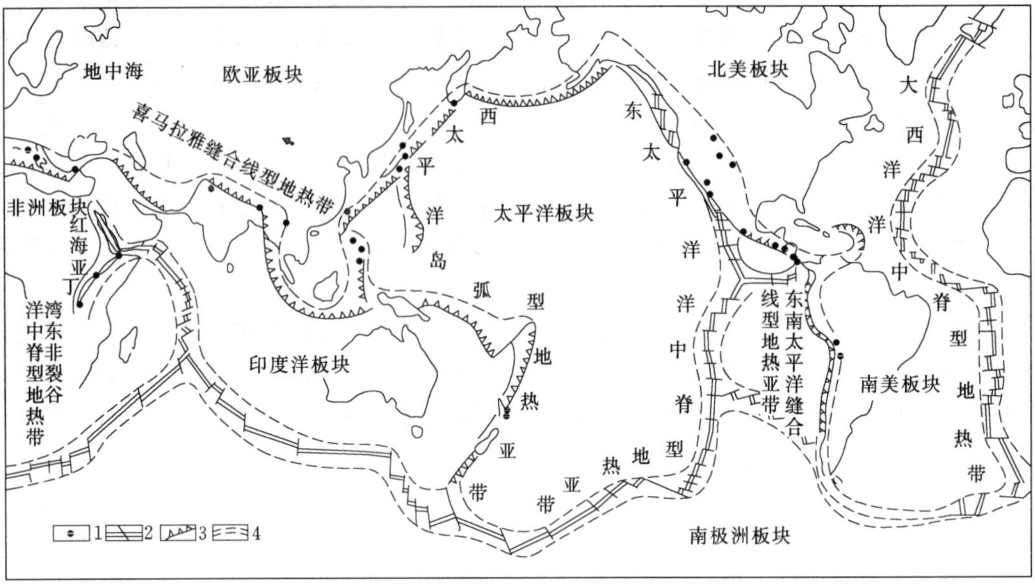

图 2-6　环球地热带的分布与板块构造的关系

1—高温地热田；2—增生的板块边界：洋脊扩张带、大陆裂谷及转换断层；3—俯冲消亡的板块边界：深海沟—火山岛弧界面、海沟—火山弧大陆边缘界面及大陆与大陆碰撞的界面；4—环球地热带

板块内部靠近板块边界的部位，在一定地质条件下也可能形成相对的高热流区，称为板内地热带。包括在板块内部地壳隆起区和沉降区内发育的中低温地热带和少量特殊原因形成的高温地热带。如中国东部的胶东半岛、辽东半岛，华北平原，以及东南沿海的某些地区。

世界上四大板块地热带中，太平洋地热带和地中海—喜马拉雅地热带都经过我国版图。我国拥有丰富的地热资源。全国地热可采储量，是已探明煤炭可采储量的 2.5 倍，其中距地表 2000m 以内储藏的地热能为 2500 亿 t 标准煤。我国是以中低温地热资源为主。可供高温发电的约 580 万 kW 以上，而可供中低温直接利用的盆地型潜在地热资源的埋藏量在 2000 亿 t 标煤当量以上。臧滇地热带是中国大陆地热活动最强烈的地带。

二、地热发电原理和技术

地热发电是以地下热水和蒸汽为动力的发电技术，是高温地热资源最主要的利用方式。

1. 地热发电的基本原理

地热发电的基本原理与常规的火力发电是相似的，都是用高温高压的蒸汽驱动汽轮机（将热能转变为机械能），带动发电机发电。所不同的是，火电厂是利用煤炭、石油、天然气等化石燃料燃烧时所产生的热量，在锅炉中把水加热成高温高压蒸汽。而地热发电不需要消耗燃料，而是直接利用地热蒸汽或利用由地热能加热其他工作流体所产生的蒸汽。

地热发电的过程就是先把地热能转变为机械能，再把机械能转变为电能的过程。

要利用地下热能，首先需要有“载热体”把地下的热能带到地面上来。目前能够被地热电站利用的载热体主要是地下的天然蒸汽和热水。地热发电的流体性质与常规的火力发电也有所差别。火电厂所用的工作流体是纯水蒸气；而地热发电所用的工作流体要么是地热蒸汽（含有硫化氢、氡气等气态杂质，这些物质通常是不允许排放到大气中的），要么是低沸点的液体工质（如异丁烷、氟利昂等）经地热加热后所形成的蒸气（一般也不能直接排放）。

此外，地热电站的蒸汽温度要比火电厂料锅炉出来的蒸汽温度低得多，因而地热蒸汽经涡轮机的转换效率较低，一般只有10%左右（火电厂涡轮机的能量转换效率一般为35%～40%），也就是说，三倍的地热蒸汽流才能产生与火电厂的蒸汽流对等的能量输出。因而地热发电的整体热效率低，对于不同类型的地热资源和汽轮发电机组，地热发电的热转换效率一般在5%～20%之间，说明地热资源提供的大部分热量都白白地浪费掉了，而没有变成电能。

地热发电一般要求地热流体的温度在150℃甚至200℃以上，这时具有相对较高的热转换效率，因而发电成本较低，经济性较好。在缺乏高温地热资源的地区，中低温（如100℃以下）的地热水也可以用来发电，只是经济性较差。

由于地热能源温度和压力低，地热发电一般采用低参数小容量机组。

经过发电利用的地热流都将重新被注入地下，这样做既能保持地下水位不变，还可以在后续的循环中再从地下取回更多的热量。

2. 地热发电系统的类型

（1）蒸汽型地热发电系统。蒸汽型地热发电是把高温地热田中的干蒸汽直接引入汽轮发电机组发电。在引入发电机组前先要把蒸汽中所含的岩屑、矿粒和水滴分离出去。蒸汽型地热发电系统又可分为背压式汽轮机发电系统和凝汽式汽轮机发电系统。

这种发电方式最为简单，但干蒸汽地热资源十分有限，而且多存在于比较深的地层，开采技术难度大，其发展有一定的局限性。

（2）热水型地下发电系统。热水型地热发电是目前地热发电的主要方式，包括纯热水和湿蒸汽两种情况，适用于分布最为广泛的中低温地热资源。低温热水层产生的热水或湿蒸汽不能直接送入汽轮机，需要通过一定的手段，把热水变成蒸汽或者利用其热量产生别的蒸汽，才能用于发电。

热水型地热发电主要有两种方式：一是闪蒸地热发电系统，也称为“减压扩容法”，就是把低温地热水引入密封容器中，通过抽气降低容器内的气压（减压），使地热水在较低的温度下（如90℃）沸腾生产蒸汽，体积膨胀的蒸汽做功（扩容），推动轮发电机发电；一是双循环地热发电，也叫低沸点工质法，是利用地下热水来加热某种低沸点工质，使其产生具有较高压力的蒸汽并送入汽轮机工作。为了提高地热资源的利用率，还可以考虑用两级双循环地热发电系统，或者采用闪蒸与双循环两级串联发电系统。

（3）联合循环地热发电系统。20世纪90年代中期，以色列奥玛特（Ormat）公司把地热蒸汽发电和地下热水发电系统整合，设计出一个新的联合循环地热发电系统。

这种系统的最大优点是：可以适用于大于150℃的高温地热流体发电，经过一次发电后的流体，在并不低于120℃的工况下，再进入双工质发电系统进行二次做功，这就充分利用了地热流体的热能，既提高了发电的效率又能将以往经过一次发电后的排放尾水进行再利用，从而大大地节约了资源。

三、地热发电的发展状况

世界地热资源潜藏量前五名的国家依次是印度尼西亚（27791MW）、美国（23000MW）、日本（20000MW）、菲律宾（6000MW）和墨西哥（6000MW）。这些地热资源最丰富的国家以及一些地热资源不是很丰富的国家，都在积极开展地热发电的研究和建设。

印度尼西亚于2003年制定了地热法，2005年策定了地热发电路线图，将地热发电开发目标定为9500MW。

美国的地热资源潜藏量居世界第二位，却是全球地热发电装机容量最大的国家。根据美国能源部公布的最新数据显示，美国目前的地热发电能力已经超过了2800MW，还拥有目前世界上最大的地热电站。

日本在1996年地热发电的装机容量就达到了530MW。2003年启用RPS法，地热发电仅限于双循环发电。地热发电建设目标是，到2010年是把地热发电的装机容量发展到2800MW，占届时全国总发电装机容量的1%。不过，在1997年亚洲的通货危机以后，地热发电市场就受到冷落，发展放缓，面临着人才分散，继承发展困难的境况。

菲律宾是环太平洋火山带上的一个国家，火山遍布全国，丰富的地热资源对于一个缺乏自产能源的国家来说也算是因祸得福。1999年，菲律宾的地热发电容量增加到1909MW，约占世界地热发电装机容量的23%，2000年的地热发电量占全国能源总量的12.94%。目前，菲律宾还有几个较大的地热发电项目在规划或实施之中。

意大利是世界上第一个利用地热发电的国家，拥有世界著名的干蒸汽田——拉德瑞罗地热田，2005年装机容量达到791MW，年发电量5340GWh。

冰岛的地热发电总量虽然无法和美国、日本、菲律宾等国相比，但地热发电在国家能源结构中所占的比重却是世界领先。1997年冰岛的一次能源消费中48.1%由地热能供应。目前这一比例甚至超过50%，如此大的地热能比例在全世界是非常罕见的。

中国、德国、澳大利亚、韩国等地热资源不算太丰富的国家也已正在大力发展地热开发。

1995年，我国利用的地热总容量达到191.5万kW，已居世界第一位。到2000年，地热利用总量超过100亿kWh（10531GWh），继续高居世界首位。但我国的地热发电规模尚小，不足30MW的装机总量，在世界上排在第15位，仍有很大的发展余地和美好前景。

第六节 潮汐能发电技术

一、潮汐能及其分布

1. 潮汐的概念

潮汐是由于太阳和月球对地球各处引力的不同所引起的海水有规律的、周期性的涨落现象。

海面升到最高位置时称为高潮；海面降到最低位置时称为低潮。高潮和低潮时的水位差称为潮差。从低潮到高潮的过程称为涨潮。到达高潮后，海面会有短时间不涨不落的现象，称为平潮，此时的潮位称为高潮高。从高潮到低潮的过程称为落潮。到达低潮后，海面也会有短时间不涨不落的现象，称为停潮。此时的潮位称为低潮高。

大海每天都会涨潮、落潮，海面的一涨一落两个过程为一个潮汐循环。相邻的两次高潮（或低潮）间隔的平均时间，称为潮汐的平均周期。

潮汐的涨落现象成因复杂，其表现也因时因地而异。按照潮水涨落的周期，潮汐可分为半日潮、全日潮和混合潮三种类型。主要看在 24h50min（天文学上称为“一个太阴日”）里有几个涨落周期。例如，半日潮在一个太阴日里海面有两涨两落（即出现两次高潮和两次低潮），半日完成一个周期。

潮汐现象在垂直方向上表现为潮位（潮汐时的水位）的升降，在水平方向上则表现为潮流（潮汐时的海水流动）的进退。因海水涨落及潮水流动所产生的动能和势能称为潮汐能。很多时候，将潮水流动所具有的动能称为潮流能，而潮汐能特指海水涨落形成的势能。

潮汐能是海洋能的一种，在全球海洋能资源总量中，潮汐能不是最多的，但却是目前经济技术条件下最为现实的一种。

2. 潮汐能的储量和分布

根据联合国教科文组织 1981 年的估计数字，全世界潮汐能的理论蕴藏量约为 30 亿 kW（3×10^9kW），是目前全球发电能力的 1.6 倍。实际上，上述能量是不可能全部取出利用的，假设只有较强的潮汐才能被利用，估计技术上允许利用的潮汐能约 1 亿 kW。

潮汐能的大小直接与潮差有关，潮差越大，能量也就越大。由于深海大洋中的潮差一般较小，潮汐能量并不大。而浅海、狭窄的海湾和某些河口区潮差较大，全世界可开发利用的潮汐能主要就集中在这样的海域。

潮差大而且地形良好的港湾河口，都是建设潮汐能电站的理想站址，如法国圣马诺湾、俄罗斯的白令海和鄂霍茨克海、我国的钱塘江，以及印度、澳大利亚、阿根廷等国的一些海岸。

我国有大面积的临海国土，岛屿众多，大陆海岸与岛屿海岸的海岸线总长 32000 多 km（其中大陆海岸线长达 1.8 万 km，岛屿海岸线长达 1.4 万 km），漫长的海岸蕴藏着十分丰富的潮汐能资源。在漫长曲折的海岸线上，港湾交错，入海河口众多，有些地区的潮差很大，具有开发利用潮汐能的良好条件。

据初步统计，全国潮汐能蕴藏量约为 2.9 亿 kW，比 10 个三峡电站还要多。年发电量可达 2750 亿 kWh，可供应一亿个城市家庭用电。

我国原水利电力部曾两次组织对我国的潮汐能资源进行了普查。《中国新能源与可再生能源 1999 白皮书》公布的资料显示我国可开发潮汐能资源装机容量达 2000 多万 kW（2.179×10^4MW），年发电量可达 600 多亿 kWh（6.24×10^8kWh）。

二、潮汐发电技术

1. 潮汐发电原理

利用潮汐势能发电的方法需要建筑较多的水工建筑，因而造价较高，但发电量较大。这种方式是潮汐发电的主流。通常所说的潮汐发电，指的就是这种方式。

潮汐发电就是利用海湾、河口等有利地形，修筑堤坝，形成与海隔开的水库，并在坝中或坝旁建造水力发电厂，通过闸门的控制在涨潮时大量蓄积海水，在落潮时泄放海水，利用潮水涨落时水库内的水位与海水之间的水位差，引水经过发电厂房，推动水轮机，再由水轮机带动发电机来发电。实际上，往往也同时利用了潮水进退所具有的动能。

除了水库蓄水方式之外，潮汐发电的原理与一般的水力发电差别不大。从能量转换的角度来看，也是先把海水涨、落潮时因水位有差别而形成的势能变为机械能，再把机械能转变为电能的过程。不过，一般的水力发电只能提供单方向的水流，而潮汐发电有可能提供两个方向的水流。

涨潮时，潮位高于水库中的水位，此时打开进水闸门，海水经闸门流入水库，冲击涡轮机带动发电机发电；落潮时，当海水的潮位低于水库中的水位，关闭进水闸门，打开排水闸门，水从水库流向大海，又从相反的方向冲击涡轮机，带动发电机发电。

潮汐电站在发电时，由于水库的水位和海洋的水位都是变化的（海洋水位因潮汐的作用而变化，水库的水位也会随着充水或排水过程发生变化）。因此，潮汐电站是在变工况下工作的，水轮发电机组和电站系统的设计要考虑变工况，低水头、大流量以及防海水腐蚀等因素，远比常规的水电站复杂，效率也低于常规水电站。

潮汐电站可建在三角洲、河口、海滩或其他的受潮汐影响的海水伸展地带，最好选在“口小肚大”的海湾上，这样只要修建一个短短的大坝，就可以围住很多海水，成为一个大水库。

潮汐能电站是综合的建设工程，主要由拦水堤坝、水闸和发电厂三部分组成。有通航要求的潮汐能电站还应设置船闸。

2. 潮汐电站的类型

按照对潮水方向变化的应对方式和建库结构，潮汐电站的典型布置型式主要有单库单向潮汐电站、单库双向潮汐电站和双库双向潮汐电站。

（1）单库单向潮汐电站。单库单向潮汐电站只建造一个水库，采用单向水轮发电机组，只利用涨潮进水或落潮放水时，水库内外的水位差发电。比较常见的是落潮发电，即在涨潮时将闸门打开，让海水充满水库；落潮时将闸门关闭，控制水库水位与潮位保持一定落差，引水流流经厂房驱动水轮发电机组发电。当然，也可采用在涨潮时充水发电、落潮时泄水的形式，不过由于涨潮发电电站利用的库容在水库的较下部，库容量没有落潮发电利用的库容量大。

单库单向电站每昼夜发电两次，停电两次，平均每天发电约 9～12h。机组结构比较简单，发电水头较大，机组效率较高。我国多数小型潮汐电站采用单向发电形式。例如，位于浙江的岳浦潮汐电站和山东的白沙口潮汐电站就是这种类型。大中型电站有时也采用单向发电形式。

（2）单库双向潮汐电站。单库双向潮汐电站就是一个水库涨潮进水和落潮放水时都进行发电。一般有两种方式：一种是设置双向发电的水轮发电机组；一种是仍采用单向发电机组，但从水工建筑上使涨潮和落潮时水流按同一方向进入和流出水轮机，从而涨潮和落潮时都能发电。

单库双向潮汐电站每昼夜发电四次，停电四次，它的发电时间长，发电量比单向的大，平均每天发电可达 16h 左右。由于兼顾正反两向发电，所以发电平均水头比单向发电的方式小，相应机组单位千瓦造价比单向发电高。由于双向机组结构复杂，设备制造和操作运行技术上要求较高，更适宜在大中型电站中采用。浙江温岭的江厦潮汐电站（1980 年建，总装机容量 3.2MW）、江苏太仓县浏河潮汐电站（1976 年建，总装机容量 150kW）等采用了这种形式。

（3）双库连续发电潮汐电站。双库连续发电潮汐电站，在海湾或河口处修建相邻的两个水库，各与外海用一个水闸相通，一个水库专门进潮（称上水库），一个水库专门出潮（称下水库），在两个水库之间设置发电厂房并相连通。

双库单向式潮汐能发电站的布置如图 2－7 所示。

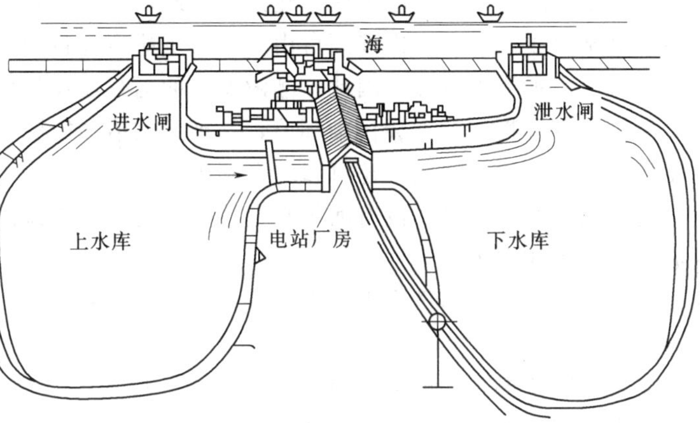

图 2－7　双库单向式潮汐能发电站的布置

涨潮时的潮位高于上库水位，上水库打开闸门进水，水位增高；此时，下水库闸关闭，水位不变。当上水库和下水库的水位达到一定落差时，开启电站闸门，水从上水库流向下水库，驱动水轮发电机组发电。过了高潮，当海面下降到与上水库的水位相等时，关闭上水库闸门。此时，上水库和下水库仍保持一定落差，可以继续发电。当潮位降落到低于下水库的水位时，打开下水库的闸门，水位随着水的外流而逐渐下降，使上水库和下水库之间仍保持一定落差，从而继续发电。海面经过低潮以后开始回升，当潮位与下水库的水位相等时，关闭下水库闸门。待海面上升到与高库水位相等时，再打开高库闸门，在这段时间内，高低库之间仍保持一定落差。

可见，在潮汐涨落中，通过控制进水闸和出水闸，可以使高水库和低水库间始终保持一定落差（与不断变化的海面水位无关），从而在水流由高水库流向低水库时连续不断地发电。

不过，由于把海湾或河口分隔成两个水库，使原来一个大水库与外海交换的水量变成两个水库之间的水量交换，因此发电利用的水量约减少了一半，发电量也将相应减少。此外，由于工程建筑物多，电站建设的工程投资也较高。这种电站的单位造价还是比较昂贵的。这种发电型式在经济上不太合算，实际应用不多。

三、潮汐发电的特点

1. 潮汐发电的优点

虽然潮汐电站与常规的河川水电站在原理上是类似的，但潮汐电站也有它独特的优点。

（1）潮汐能源可循环再生。潮汐能与内陆水能资源和其他海洋能一样，是可再生的一次能源。周而复始，用之不竭。

（2）潮汐变化有规律，发电输出没有季节性。不像河川水能资源那样，每一年甚至每个季节有较大的变化。虽然每天也可能有所变化，但没有枯水期，可长年发电。潮汐能主要受天文因素的影响，有明显的涨落周期。潮汐电站的出力在年内和年际的变化比较均匀，并且可以做出准确的长期预报，还可考虑将潮汐电站与常规水电站和抽水蓄能水电站联合运行，充分发挥潮汐电站发电容量的作用。

（3）靠近用电中心，不消耗燃料，运行费用低。潮汐资源集中分布在经济比较发电的沿海地区，一般离用电中心较近。在沿海地区兴建潮汐电站，不需远距离运输燃料，也不必远距离输送电力。电站建成以后，一次能源可由海洋大量稳定地自动供应，运行及管理仅需少量人员，甚至可以实现无人值守。因此，潮汐发电的运行成本较低。

（4）潮汐发电不排放有害物质，不会污染环境，是理想的清洁能源。

（5）潮汐电站建设不需淹地、移民，还可以综合利用。

潮汐电站建于沿海的海湾或河口，没有河川水电站建设时的土地淹没及迁移人口等问题，甚至可以促淤围垦，增加农田。

潮汐电站除发电外，还可进行围垦农田、水产养殖、蓄水灌溉等多项事业，创造很多附加价值。

水库的水位控制将低潮位提高，可增大库区航运能力。堤坝可结合桥梁和道路修建，改善交通情况。电站水库可创造或改善水产养殖条件。潮汐电站还有可能美化环境，有利于发展旅游事业。电站坝、闸工程还可起挡潮、抗浪、保岸防坍效用。电站工程还可控制、调节咸淡水进出水量，有利于提高沿岸农田灌溉、排涝、防洪标准。

2. 潮汐发电的不足

作为新兴的电力能源，目前潮汐发电也存在一些不足。

（1）发电出力有间歇性。潮汐发电要利用潮水与电站水库之间的水位差推动水轮发电机组发电。利用涨落形成的水头来发电，在一天内的出力变化可能不均匀。当潮水与水库内水位持平或者水位差很小时，就无法发电，因而存在发电的间断。采用双库或多库开发方式可以有所改进，但建设成本会增加。

一般单向潮汐电站每昼夜发电约 10h，其间停电两次。双向潮汐电站每昼夜发电约 15h，其间停电四次。潮汐的日变化周期为 24h50min，即每天推迟 50min，与系统日负荷变化不一致。因此，电力系统使用潮汐电站的出力有不便之处，潮汐电站更适合起供应电量的作用。

（2）水头低，发电效率不高。我国沿海平均潮差约 2～5m，电站平均使用水头仅约 1～3m。潮差小的地区，发电的平均水头甚至不到 1m。潮汐发电属于低水头大流量的开发形式，故发电效率不高。

（3）工程复杂，建设投资大。潮汐电站多建于河口、港湾地区，站址水深、面宽、浪大，水工建筑物尺寸宽大，施工条件比较困难，所以土建工程一次性投资较大。而且由于水头低，所需水轮发电机组台数多，直径大、用钢量多、制造工艺比较复杂，故机电投资亦较大。所以，一般认为，潮汐电站每千瓦的单位造价较高。

不过，从中国已建成的几个潮汐能发电站的实际情况来看，电站的建设投资为 2000～2500 元/kW，和当时的河川小水站的建设费也差不多。

(4) 关于泥沙淤积问题的疑虑。也曾有人认为潮汐电站的水库有泥沙淤积问题，可导致电站寿命有限。不过，对于双向发电的潮汐电站，按照正常的运行规律，水库泥沙是出多于进，不致造成淤积，只可能在局部地点因水流流路受阻而出现淤积现象，无伤大局，这些在潮汐电站的模型试验中得到了证实。法国朗斯潮汐电站运行 15 年后的总结中也并没有提到泥沙淤积问题。

四、潮汐发电的发展状况

关于潮汐发电研究已经有 100 多年的历史，最早从欧洲开始，德国和法国走在最前面。潮汐发电逐渐成为潮汐能利用的主要发展方向。

1912 年，世界上第一座潮汐能电站于在德国建成。1913 年，法国在诺德斯特兰岛和大陆之间的铁路坝上建立的潮汐电站成功地进行了潮汐发电试验。这些电站的发电成功，标志着人类利用潮汐能发电的梦想变成了现实。

到 20 世纪 60 年代以后，潮汐发电才在世界范围内有了比较快的发展，法国、苏联、英国、加拿大等国发展较快。1967 年法国建成的朗斯电站，是世界上第一座具经济价值的生产性潮汐发电站，标志着潮汐发电进入了实用阶段。

苏联、英国、美国、加拿大、瑞典、丹麦、挪威、印度等国，也都陆续研究开发潮汐发电技术，相继建成一批潮汐发电站。

实际上，第二次世界大战后，世界上许多国家都曾计划修建大型潮汐电站，但真正动工兴建的并不多。世界上正在运行的部分大型潮汐电站见表 2－3，这些电站代表着世界潮汐能开发的最高水平。

表 2－3　世界上现有的部分大型潮汐电站

国家	站址	库区面积（km^2）	平均潮差（m）	装机容量（MW）	投运时间（年）
法国	朗斯	17	8.5	240	1967
加拿大	安纳波利斯	6	7.1	20	1984
中国	江厦	2	5.1	3.2	1980
苏联	基斯拉雅	2	3.9	0.4	1968

联合国《开发论坛》曾估计，到 2000 年全世界潮汐发电可达 300 亿～600 亿 kWh，实际进展却没有这么快。预计到 2020 年，世界潮汐电站发电总量将达 120 亿～600 亿 kWh。

中国潮汐能发电也有几十年的历史了。20 世纪 50 年代中期，在我国沿海出现潮汐能利用高潮。群众自力更生、土法上马兴建了很多小型潮汐电站和一些水轮泵站。由于发电与灌溉、交通的矛盾，加上水库淤积、设备简陋等原因，那个时期建设的电站，基本都已经停运报废。

目前，中国有七座潮汐电站仍正常运行发电，总装机容量 7245kW，每年可发电 1000 多万 kWh。这七座潮汐电站分别是：浙江乐清湾的江厦潮汐试验电站、海山潮汐电站、沙山潮汐电站、山东乳山县的白沙口潮汐电站、浙江象山县岳浦潮汐电站、江苏太仓县浏河潮汐电站、福建平潭县幸福洋潮汐电站。

我国的潮差偏小，平均潮差都在 5m 以下（法国的朗斯电站平均潮差达到 8m），因而潮汐电站发电所带来的经济效益不会太高，潮汐能电站的设计必须着眼于大坝建造所带来的交通、围垦、滩涂等资源的综合利用效益上。

随着潮汐能开发利用技术的成熟和成本的降低，一些专家断言，未来无污染、廉价的能源将是永恒的潮汐。

第三章 特高压输电技术

第一节 特高压输电基础知识

自19世纪人类首次使用电能以来，随着更大输电容量和更长输电距离的需求不断增加，电力网的电压等级不断发展。100多年来，电网电压由最初的13.8kV逐步发展到20kV、35kV、66kV、110kV、134kV、220kV。20世纪50年代开始，世界上经济发达的国家进入经济快速发展时期，用电负荷持续保持快速增长，一直持续到70年代中期。用电负荷的快速增长带动了发电机制造技术向大型、特大型机组发展。以大型和特大型发电机组为基础建立的大容量和特大容量电厂，由于供电范围扩大，越来越向远离负荷中心的一次能源地区发展。大容量远距离输电的需求，使电网电压等级迅速向超高压发展；20世纪60年代末，开始进行1000kV（1100、1150kV）电压等级和1500kV电压等级特高压输电工程的可行性研究和特高压输电技术的研究和开发。

一、电压等级分类与特高压基本概念

到目前为止，中国已发展出包含380/220V、10kV、35kV、60kV、110kV、220kV、330kV、500kV、750kV交流和±500kV直流的输配电系统。根据国内外的惯例，不同电压等级可分为如下几类：

（1）低压：380V/220V。

（2）高压：10kV、35kV、60kV、110kV、220kV。

（3）超高压：330kV、500kV、750kV交流；±500kV直流。

在现有的交直流电力系统基础之上所增加的1000kV交流和±800kV直流系统称为特高压系统。所以，中国所指的特高压是1000kV及以上交流和±800kV及以上直流，目前是世界各国电力系统的最高电压等级。

二、线路的输电能力与电压等级配合

电压等级不同的交流线路输电能力一般可以用自然功率来粗略表示。当输电线路的输送功率在自然功率附近时，输电损耗最小。电力系统的输电线路功率一般选择运行在自然功率附近，以达到最优的经济性。输电线路电压等级与自然功率的关系可以用表3-1来表示。

表3-1　　输电线路电压等级与输送的自然功率关系表

电压（kV）	330	500	765	1100	1500
功率（MW）	295	885	2210	5180	9940

从表3-1可以看出：765kV电压等级线路是330kV线路输电能力的7.5倍，1100kV电压等级线路是500kV线路输电能力的5.85倍，1500kV电压等级线路是765kV线路输电能力的4.5倍。选择更高一级的电压等级，可以获得更大的输电能力。然而，如何确定

特高压电网的电压等级，并非具有随意性，必须满足一定的关系和规律。

1. 按电压等级发展规律及中国电网结构选择电压等级

根据世界各国电压等级发展的规律，相邻等级的电压比一般为 2。更高一级电压等级不能选得太低，否则会造成电磁环网多、潮流控制困难、电网损耗大等问题；也不能选太高，否则传输能力一时得不到充分利用，也会造成浪费。

目前，154kV、345kV、765kV、1500kV 级和 110kV、220kV、500kV、1000kV 级是两个国际上公认比较合理的电压等级。从中国电网结构的现状来看，除西北为 330kV 网架外，其余如东北、华北、华中、华东、南方等网架均为 500kV 电压等级的网架。中国建设特高压电网主要是以构建华中—华北坚强的同步电网为核心，在华北、华中和华东建成坚强的交流特高压网架，并逐步向周边区域延伸，与西南水电外送的特高压交直流系统一起，共同形成覆盖大电源基地和负荷中心的特高压电网。中国的特高压输电电压等级选为 1000kV，即主网架按照 110kV、220kV、500kV、1000kV 级电压等级系列发展是合适的。西北 330kV 电网范围小长度短，采用超高压 750kV 输电已经能满足要求。从目前的规划来看，还没有规划在西北地区建设特高压交流输电线路。

2. 按送电容量选择电压等级

特高压交流输电电压等级的选择往往与大电源的外送功率相关，电压越高，输送功率越大。日本 1000kV 线路的送电容量约为 5000～6000MW；美国 BPA 规划建设的线路选择额定电压为 1100kV，送电容量为 6000～8000MW；苏联因国土辽阔、能源丰富，而使得输电距离和输电容量均极大，规划在 Ekibastuz 建立数座容量为 4000MW～6000MW 的发电厂，向其欧洲部分送电，外送容量就可达上万兆瓦的规模，相应电压等级选在 1150kV。从中国目前规划的电源开发规模以及可能的送电关系来看，2020 年大区之间送电容量大多约为 6000MW，如内蒙古西部向京津唐送电约为 6000MW；在金沙江水电外送规划中，向家坝向华东送电 6400MW，可见 1000kV 电压等级是中国最佳送电方案。

3. 按空气间隙绝缘饱和特性选择电压等级

对于特高压输电电压等级的选择，空气间隙绝缘饱和特性是一个需要重点考虑的因素。因为随着电压的升高，气体介质的绝缘强度将随着距离的增加而呈现明显的非线性饱和趋势，一旦进入显著非线性饱和阶段，线路额定电压的小幅增加都需要明显增大气隙绝缘距离，这不仅导致特高压线路、设备和变电站尺寸的大幅增加，同时也增加了技术难度和总投资，而输电能力却增加不多。因此减小气隙距离，尤其是减小相间气隙距离对特高压输电线路具有重要意义。根据研究，选择 1000kV 作为中国特高压输电的额定电压等级是比较经济合理的。

综上可见，中国选择 1000kV 作为特高压电网的额定电压等级，具有很强的现实意义和经济效益。

三、特高压输电技术的特点

特高压输电技术是伴随社会经济的发展对能源需求的增大而出现的，特高压输电技术较之超高压输电技术在许多性能上具有更多的优势。特高压输电主要具有如下特点。

1. 低损耗远距离大容量输送电能

特高压输送容量大、送电距离长、线路损耗低。1000kV 交流特高压输电线路输送容量是500kV超高压输电线路的5倍，所以说特高压输电是“电力高速公路”。由于2008年年底才建成一个试验示范工程，所以，要建成特高压电网这个电力高速公路网，还需要较长时间，也必然要花费不少的人力、物力、财力，为的就是要在全国范围内方便、快捷、高效地配置能源资源。

世界各国社会和经济的发展使得电力负荷强劲地增长。在负荷中心附近就地获得能源已不再可能，而需要从远方获取。在此背景下，世界上工业发达国家在20世纪五六十年代后就出现了巨型燃料动力综合基地、巨型核电基地、巨型水电基地。这些基地距离负荷中心通常上千公里。500kV超高压输电线路的经济输送距离一般为600～800km，而1000kV特高压输电线路因为电压提高了，经济输送距离也就加大了，能达到1000～1500km甚至更长，约是500kV线路的3倍，这样就能解决远距离能源使用的问题。

降低线损是提高输电效率、节约能源的一项重要措施。在大容量、长距离送电中，其意义更大。以现有的500kV交流和±500kV直流超高压输电网，无法完成电能的大规模、远距离、低损耗输送，只能选择1000kV级特高压电网。而同等条件下的电阻损耗仅为500kV线路的1/4。同时，线路的有功功率损耗与输送的有功功率和无功功率平方成正比，与电压平方成反比，在输送相同功率情况下，提高输电线路电压能大大减小线路功率损耗，提高线路运行的经济性。

2. 节约线路走廊和变电所建设用地

建设输电线路要占用土地，建一条1000kV特高压输电线路能顶5条500kV超高压输电线路，而线路走廊所占用的土地只相当于2条500kV输电线路，单位走廊输送能力约是500kV的2～3倍；而1条1150kV输电线路的输电能力可代替5～6条500kV线路，如1150kV特高压输电线路按环境要求走廊宽度约为90m，6回500kV线路的走廊宽度约为360m，则1150kV特高压线路走廊宽度约仅为同等输送能力的500kV线路所需走廊宽度的1/4，采用特高压输电提高了走廊利用率。所以相对来说，建特高压输电线路能少占土地，意味着更高的土地利用率，这对土地资源稀缺的中东部地区来说尤其有利。与输煤相比，不仅输电线路占用土地比交通线占地少，而且将占地更多的火电厂布局在土地资源相对富余的中西部，能够为中东部地区腾出更多价值较高的土地资源开发空间。与500kV普通电压输电相比，1000kV特高压输电输送同等电量，又可节省一半的土地。随着经济的发展，征地费用在输电工程建设投资中所占的费用比例将越来越高，在人口稠密地区和林区，处理走廊所需赔偿费用有的已占总投资的30%以上。这就要求电网的规划、发展要立足于综合、长远的考虑，充分挖掘每一走廊的容量输送潜力。

以传输功率为10GW的线路为例，采用各种电压等级所需的回路数、占用走廊宽度和走廊利用率见表3-2。

表3-2　各种电压所需的走廊数和走廊利用率

标称电压（kV）	回路数	需占用走廊宽度（m）	走廊利用率（%）
330	20	900～760	13.3～15.8
500	10	600～450	20～26.7
1000	2	240～180	50～66.7

3. 提升电力输送经济性

建设特高压输电网，可大大降低其建设和运行成本，从而提高系统运行的经济性。以下主要可从设备成本、建设成本和输电成本来考虑。

（1）设备成本。美国比较了1100kV和1500kV输电设备成本，见表3-3，对于输电线路、断路器及其构架和并联电抗器，1100kV的成本均比500kV的低；而自耦变压器的成本，1100kV的与500kV的相同；只有发电机升压变压器，1100kV比500kV高40%～50%。

表3-3　　特高压与超高压设备成本比较

设　　备	容量系数比	成本比	单位容量的成本比较
输电线路	4.3～6.1	2.9～3.4	0.6～0.7
断路器及其架构	4.3～6.1	2.9～3.1	0.5～0.7
并联电抗器	5.0	4.3～4.6	0.9
发电机升压变压器	1.0	1.4～1.5	1.4～1.5
升压或降压自耦变压器	2.0～3.0	2.1～3.0	1.0

由于中国的变压器企业现已经具备研制1000kV级特高压变压器的条件，可以节省大量外汇，从而大大降低中国特高压输电的设备总成本。

（2）建设成本。苏联对本国的特高压输电工程进行线路成本比较，得出1150kV约为500kV的0.66，与美国的结果相近。苏联还根据其实践经验得出，在相同容量情况下，采用1150kV比采用500kV节省1/3的钢材、1/2的导线、1/2的施工费，节省变电站建设费10%～15%。

日本利用数学模型计算比较了1100kV与800kV输电的成本费用，在假定线路工程所占比重为68%、变电站为29.8%的情况下，认为整个工程造价前者比后者减少3%。

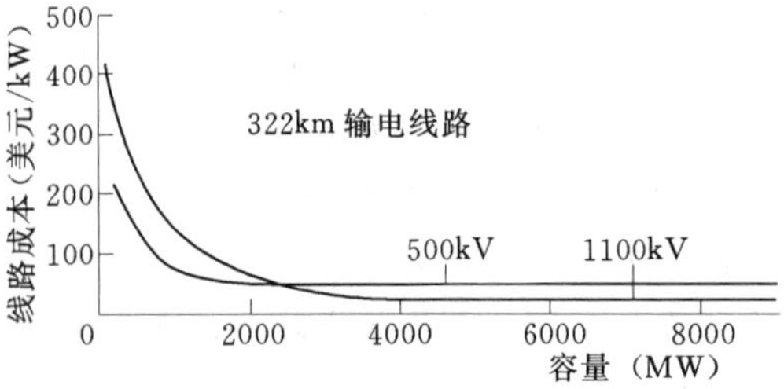

图3-1　特高压1100kV和超高压500kV的输电成本比较

（3）输电成本。图3-1所示为美国比较1100kV和500kV输电成本的结果。曲线表明，随着输送容量的增加，输电成本呈下降趋势，并在较高功率输送水平下趋于稳定。在500kV和1100kV曲线的交点处出现功率输送关系的转折，大约为2400MW，输送功率超过这一数值后，特高压输电将更为经济。

考虑线路损耗时特高压经济效益更大，输送同样容量，1100kV线路损耗仅为500kV线路的20%～50%。

中国规划和建设的特高压交流输电线路的输送容量远大于2400MW，一般单回线路的输送容量就可以达到5000～6000MW，而且线路长度也远超过322km，因此特高压输电具有明显的经济性。

综上可见，中国采用特高压输电的经济优越性是十分明显的。

4. 限制系统的短路电流

在现有500kV电力网的发展中，为了保证电网的可靠性，越来越多地采用环行网等接线形式。同时，发电机接入某电压等级电网的数目也越来越多。致使系统某处发生短路时，流过该点的短路电流将越来越大。2005～2010 年，主要负荷端系统 500kV 电网短路电流水平大部分将接近或超过 50kA。2015～2020 年，主要受端系统短路电流水平将接近或超过 63kA。短路电流超标将使现有的 500kV 断路器无法开断短路电流，从而造成重大电网事故。在此情况下，更换开断容量更大的断路器也将带来巨大的经济压力。

引入特高压输电网，将大型机组直接接入 1000kV 电网中，并在主要负荷端将 500kV 电网部分解环运行，这样可大大降低系统的短路电流水平，从而达到更好的安全性和经济性。

四、特高压交流输电与直流输电的相互关系

1. 特高压交流输电系统特点

特高压交流具有交流电网的基本特征，可以形成坚强的网架结构，理论上其规模和覆盖面是不受限制的，电力传输和交换十分灵活，可结合中途落点向沿途地区供电。采用特高压交流连接大区电网时，可以发挥水火互补调剂及区域负荷错峰的作用，互为备用，联网效益好。而直流背靠背只通过一点联网，限制了联网容量，影响联网效益的发挥。另外，特高压交流输电输送容量大，节省线路走廊和投资，具有明显的经济性。

2. 特高压直流输电系统特点

高压直流输电是 20 世纪 50 年代以来发展起来的新兴输电技术。直流输电系统克服了交流系统带来的电抗和电容问题和相关的无功补偿问题。其输送容量和距离不受同步运行稳定性的限制，能够实现电网的非同期互联，即两个不同频率的电网互联。日本南北两个电网分别为 50Hz 和 60Hz，就是通过直流电网相互联网。

(1) 特高压直流输电也具有一定的不足，主要表现为以下几点：

1) 和交流线路绝缘子相比，直流线路绝缘子积污速度快。由于中国大气环境相对较差，因线路污闪造成的高故障率较为明显。

2) 直流波形无过零点，灭弧困难。目前是通过闭锁换流器的控制脉冲信号实现开关功能的，当多条直流输电线路汇集一个地区时，一次故障可能造成多个逆变站闭锁，对系统造成重大冲击。

3) 目前大部分直流输电网络只能两点一线直通传输电能，不能中间落点，不能形成网络，不利于沿途地区的用电和电网的加强。

因此，直流输电必须依附于坚强的特交流输电网才能发挥作用，且在负荷受端电网直流落点不宜过多。

(2) 直流架空线路与交流架空线路相比，在机械结构的设计和计算方面，并没有显著差别。但在电气方面，则具有许多不同的特点，需要进行专门研究。对于特高压直流输电线路的建设，尤其需要重视以下三个方面的研究：

1) 电晕效应。直流输电线路在正常运行情况下允许导线发生一定程度的电晕放电，由此将会产生电晕损失、电场效应、无线电干扰和可听噪声等，导致直流输电的运行损耗和环境影响。特高压工程由于电压高，如果设计不当，其电晕效应可能会比超高压工程的更大。通过对特高压直流电晕特性的研究，合理选择导线型式和绝缘子串、金具组装型式，降低电晕效应，减少运行损耗和对环境的影响。

2）绝缘配合。直流输电工程的绝缘配合对工程的投资和运行水平有极大影响。由于直流输电的“静电吸尘效应”，绝缘子的积污和污闪特性与交流的有很大不同，由此引起的污秽放电比交流的更为严重，合理选择直流线路的绝缘配合对于提高运行水平非常重要。由于特高压直流输电在世界上尚属首例，国内外现有的试验数据和研究成果十分有限，因此有必要对特高压直流输电的绝缘配合问题进行深入的研究。

3）电磁环境影响。采用特高压直流输电，对于实现更大范围的资源优化配置，提高输电走廊的利用率和保护环境，无疑具有十分重要的意义。但与超高压工程相比，特高压直流输电工程具有电压高、导线大、铁塔高、单回线路走廊宽等特点，其电磁环境与±500kV直流线路的有一定差别，由此带来的环境影响必然受到社会各界的关注。同时，特高压直流工程的电磁环境与导线型式、架线高度等密切相关。因此，认真研究特高压直流输电的电磁环境影响，对于工程建设满足环境保护要求和降低造价至关重要。

3．交直流特高压的定位

特高压交流和直流输电各有优点，输电线路的建设主要考虑的是经济性，而互联线路则要将系统的稳定性放在第一位。因此，交流特高压输电定位于更高一级电压等级的网架建设和跨大区送电；而直流特高压输电定位于部分大水电基地和大煤电基地的远距离大容量外送上。特高压交流与直流输电在中国电网中的应用应是相辅相成和互为补充的，要根据具体情况区别选择。根据中国电网的现状，满足资源优化配置的需要，全国电网架可分两个层次：上层网架着眼于全国调度，由覆盖全国的1000kV电压构成，具有全局性；下层网架根据大区、省网之间互利原则采用500kV及以下交、直流电压互联。从而实现在全国总调度的宏观调控下，充分发挥大区网和省网的积极性，经济有效地进行分配和输送全国能源。

第二节 特高压输电的意义

一、中国特高压电网建设的背景和必要性

从中国情况看，加快发展特高压的任务非常紧迫。转变经济发展方式是中国“十二五”发展的主线。要转变经济发展方式，需要转变能源发展方式，转变中国过度依赖输煤的能源配置方式和就地平衡的电力发展方式，推动能源生产和利用方式的变革。尽快形成交直流协调发展、结构布局合理的特高压骨干网架，在此基础上构建起资源配置能力强、抵御风险能力强、技术装备水平先进的坚强智能电网，加快形成现代电网体系，适应各类大型能源基地集约化开发和清洁能源大规模外送消纳的要求，是转变电力发展方式的关键，是满足经济社会发展的基本需求。《中华人民共和国国民经济和社会发展第十二个五年规划纲要》中已明确指出，要“适应大规模跨区输电和新能源发电并网的要求，加快现代电网体系建设，进一步扩大西电东送规模，完善区域主干网，发展特高压等大容量、高效率、远距离先进输电技术”。

中国实施特高压电网建设的战略是根据中国目前的国情来确定的。现阶段，中国电力发展所面临的主要问题如下。

1. 电力需求供不应求，装机容量持续增长

电力工业是国民经济的先行官，要保证中国经济发展目标的实现，电力工业必须保持一定的增长速度。

近年来，全国全社会用电量已经连续4年以超过两位数的增长率增长，按2011～2020年电力弹性系数0.75，预计2020年，全社会用电量将达到6.1万亿kWh。中国电力工业目前也保持较快增长趋势，2004年的发电装机容量仅为4.4亿kW，2010年的发电装机容量已增至9.6亿kW，而2020年的发电装机预计将超过17亿kW，增长空间巨大，如图3-2所示。

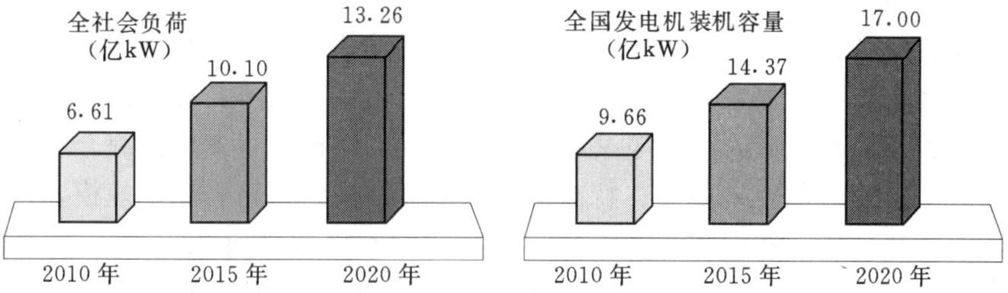

图3-2 中国社会负荷及发电机装机容量增长现状及预测

2. 能源与负荷分布不平衡

据1997年第三次全国煤田预测结果，全国煤炭资源总量为5.57万亿t。中国水力资源理论蕴藏量为6.94亿kW，技术可开发装机容量为5.42亿kW，经济可开发装机容量为4.02亿kW。由上可见，中国煤炭、水能资源比较丰富，但油、气、铀原料贫乏，如图3-3所示。水能资源和煤炭资源是中国发电能源供应的两大支柱，以煤电、水电为结构主体的电源结构在很长时间内很难改变。

然而，中国能源与负荷的分布却极不平衡。中国的煤炭储藏2/3以上煤炭资源在西北，如山西、陕西、内蒙古东部、宁夏以及新疆部分地区，中东部省份煤炭储藏量很少。中国2/3以上的经济可开发水能资源主要分布在西部地区和长江中上游、黄河上游以及西南的雅砻江、金沙江、澜沧江、雅鲁藏布江等。中国人口13亿多，大多数人口都集中在中东部地区，能源消费量大，能源资源却非常匮乏，需要大量电力供应，又没有用来发电的资源，能用来发电的煤炭、水力资源却远在上千公里之外的西部地区。能源和电力跨区域大规模输送是必然趋势，输送距离在500～2000km的尺度。要实现长距离大容量传输电能，特高压输电最有技术经济优势。

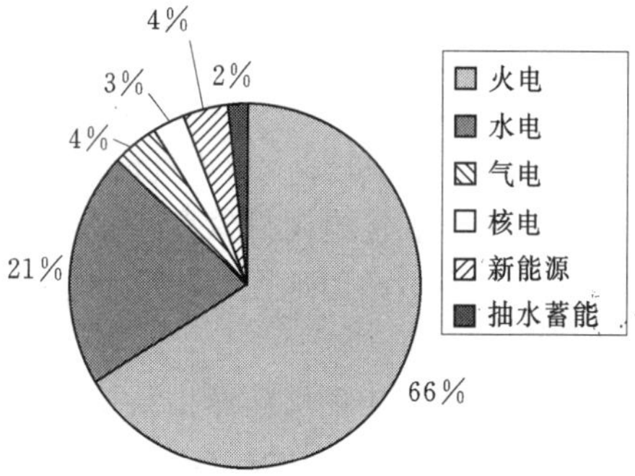

图3-3 2020年中国各种发电能源比例预测

中国输煤输电比例明显失衡，煤炭运输约占中国铁路运量的50%，其中主要是电煤。以“三西”（山西、陕西、蒙西）地区为例，2006年输煤输电比例高达20∶1。传统的大规模输煤发电模式造成煤电油运紧张局面长期存在。到2020年，煤炭发电仍占整个电力

能源的主要部分。于是，煤电必将涉及“运煤发电”和“发电输电”的问题。国家采取输煤和输电两个策略：一是采取把西部的部分煤炭通过铁路运到港口（大同—秦皇岛）再装船运到江苏、上海、广东等地，简称输煤；二是用西部的煤炭、水力资源就地发电，再通过输电线路和电网把电送到中东部地区，简称输电。

经过专家的技术经济计算比较，如果煤矿与发电厂的距离超过1000km，采取输煤策略就不大合算了。以目前中国的发展来看，选择输煤策略将占据巨大的交通运输资源，对国民经济的其他部分造成影响。据测算，由于输煤方式链条长、环节多、费用名目繁多，当前中间环节费用几乎占到东部地区煤炭到厂价的50%左右。

输电是继公路、铁路、水路、航空和管道运输之后的“第六种运输方式”，坚强智能电网将有助于构筑“输煤输电并举”国家能源综合运输体系。发展坚强智能电网可以有效减少铁路煤炭运输压力，煤炭运输中间环节，节约电力供应成本，提高能源输送效率。坚强智能电网将推动煤炭产区大型煤电基地的建设，提高煤矿伴生资源的综合利用，提高煤炭运输效率，创造显著的经济效益。特高压电网通过加大跨区跨省输电规模，提升输电比重，从而成为解决长期存在的煤电油运紧张问题的治本之道。到2020年，通过建设“输煤输电并举”的能源综合运输体系，“三西”地区输煤输电比例可望达到4∶1。据测算，2020年中国主要煤炭产区向中东部负荷中心送电规模增加2亿kW，可减少煤炭运输量约4.7亿t，可节约电力供应成本约550亿元/年。并且通过优先发展输电的能源运输方式，可以显著降低煤炭开发和运输的环境污染。输煤输电综合比较结果表明，特高压输电的经济性优于输煤；输电比输煤更有利于促进全国区域经济的协调发展、环保空间的优化利用、生态环境保护和土地资源的高效利用；输电的能源输送效率与输煤相当，输煤输电的合理分工能有效提高煤炭的能源利用和输送效率。因此，建设以特高压为基础的坚强智能电网，必须优化煤电布局，加快西部、北部煤电基地建设，构建“输煤输电并举”的能源综合输送体系。

3. 中国电力发展面临的问题

从电网的角度看，要满足翻一番的发展需求，克服能源负荷逆向分布带来的困难，目前以500kV交流和±500kV直流组成的主网架存在极大困难，表现为以下几个方面：

（1）站址和输电走廊紧张。经过20多年的改革和发展，东部发达地区用地基本饱和，电力线路和变电站用地变得很紧张。西南地区水电外送也面临着输电走廊狭小，可用地不多的情况。

（2）负荷密集地区短路电流超标。如前所述，在未来5～10年间，中国主要负荷集中地短路电流将达到或超过63kA。短路电流超标将超过现有电网断路器的开断容量，带来电力系统的安全隐患和更换断路器的巨大经济负担。

（3）电煤运输紧张。中国铁路布局与煤炭资源布局呈逆向分布，铁路运输制约煤炭供应。铁路运能不足也限制了煤炭生产企业的进一步发展和煤炭有效供应能力的大幅度提高。近两年，部分电网高峰缺电，在很大程度上是由于电煤短缺所造成的，除了价格因素外，铁路运输的瓶颈是主要原因。现今，电煤运输已占煤炭运输总量的50%以上。

（4）电网安全基础薄弱。自1989年±500kV葛洲坝—上海直流输电工程投运，实现华中—华东电网的互联以来，到2005年，全国已基本实现了各大区电网之间互联，形成了全国联网的基本框架。但各个区域电网之间的网架结构以及区域之间的联系还较为薄弱，区域交换容量有限。这很大程度上制约了电力跨大区、跨流域的水火互济作用。

（5）环保压力大。2003年以来，受全国缺电局面影响和短期利益驱动，全国范围内电站盲目投资、无序建设现象严重。当前在建电源大部分是煤电，且靠近负荷中心的项目占有很大比重中小煤电机组纷纷上马，引发电源布局混乱，加剧了煤炭供应。这种情况如果发展下去，将极大地浪费资源，对环境造成很大污染和破坏。

二、建设特高压电网的意义和目的

1. 重要意义

“十二五”是中国全面建设小康社会的关键时期，对电力工业加快发展、科学发展提出了更高要求，中国迫切需要加快发展特高压输电，满足未来经济、社会、环境可持续发展的需要。推广应用特高压交流试验示范工程的创新成果、大力弘扬特高压精神，对加快推动电网科学发展、保障国家能源安全和电力可靠供应具有重大意义。

中国的资源禀赋和基本国情决定了必须实施远距离、大规模输电，建设坚强电网，在全国范围优化配置和消纳电力。目前中国电网的骨干网架为500kV电压等级，现有500kV电网的简单扩大无法满足上述要求，并受到走廊资源和环境保护的双重“硬约束”，必须依托技术创新，转变发展方式、提高发展质量、满足发展需要。电压等级越高，研究开发的技术难度越大、安全可靠性的要求越高。特高压输电技术是国际电力工业的珠穆朗玛峰，达到了现有工业水平的极限，研究工作极具挑战和风险。20世纪60～90年代，苏联、美国、日本、意大利等国开展了特高压交流输电的前期研究，建设了试验工程和试验站，但没有成熟的技术和设备，没有成功商业运行的经验，更没有技术标准和规范。目前，国外交流输电的最高电压等级为750kV等级。

中国的特高压交流试验示范工程代表了国际高压输电技术研究和工程应用的最高水平，需要系统研究并掌握世界上一个全新电压等级从系统规划、工程设计、设备制造、施工安装、调试试验到运行维护的全套关键技术，需要在世界上首次研制电压最高、容量最大的变压器、高抗和开关等核心设备。2005年，国务院在听取国家电网公司建议发展特高压输电的汇报后，特别强调“特高压输变电技术在国际上没有商业运行业绩，中国必须走自主开发研制和设备国产化的发展道路”。

电网发展的世界性难题在中国。特高压输电核心技术既“不能买”，也“买不来”，必须立足国内、自主创新，经过艰苦努力，在世界上率先实现技术突破，实现“中国创造”和“中国引领”。特高压交流试验示范工程承载着中国几代电力人赶超世界先进水平的梦想，是中国电力工业和电工装备制造业在国际上实现从学习者、追赶者向引领者转换的历史舞台。

通过特高压建设，中国实现了核心技术、关键装备、工程建设、标准制定和工程应用五大创新突破，创造了具有鲜明时代特色的“特高压精神”，这就是忠诚报国的负责精神、实事求是的科学精神、敢为人先的创新精神、百折不挠的奋斗精神和团结合作的集体主义精神，为电网的创新发展提供了强大动力。

建设特高压电网具有如下重要意义：

（1）实现中国电网的坚强连接。建设特高压电网能把中国电网坚强地连接起来，使建在不同地点的不同发电厂（比如火电厂和水电厂之间）能互相支援和补充，实现水火互济，取得联网效益；能促进西部煤炭资源、水力资源的集约化开发，降低发电成本；变输煤为输电特高压改变了中国传统能源的输送方式，可以把中国西部丰富的水电、风电等清洁能源送到东部；能保证中东部地区不断增长的电力需求，减少在人口密集、经济发达地区建火电厂所带来的环境污染；同时也能促进西部资源密集、经济欠发达地区的经济社会和谐发展。

（2）能够实现能源与负荷的平衡。中国的能源资源和负荷中心呈逆向分布：70%以上的能源需求集中在东中部，而76%的煤炭资源分布在北部和西北部、80%的水能资源分布在西南部、风电等新能源也主要集中在北部和西北部，远离负荷中心800～3000km。

1）可为实现跨大区、跨流域水火电互济、全国范围内能源资源优化配置提供充分支持以满足中国国民经济发展的需求。

2）满足大容量、远距离、高效率、低损耗地实现“西电东送、南北互供”的要求。

3）满足中国电力市场交易灵活的要求，促进电力市场的发展。

4）具有坚强的网络功能，具有电网的可扩展性，可灵活地适应远景能源流的变化。

5）能有效解决目前500kV电网存在的因电力密度过大引起的短路电流过大、输电能力过低和安全稳定性差等系统安全问题。

6）发展特高压输电，有利于全面提升中国电网的资源优化配置能力，促进大煤电、大水电、大核电和大可再生能源基地的集约化开发利用，解决长期困扰中国的煤电运紧张难题，促进清洁能源发展，保障国家能源安全和电力可靠供应，是中国电力工业科学发展的迫切需要。

7）发展特高压输电是国家从能源和电力工业发展全局作出的重大战略决策和部署，2005年5月，特高压试验示范工程建设列入国务院《今明两年能源工作要点》；2005年12月，发展特高压输电技术列入《国家中长期科学和技术发展规划纲要》；2006年2月，特高压输变电成套设备研制列入《国务院关于加快振兴装备制造业的若干意见》；2006年10月，特高压输变电系统开发与示范列为“十一五”国家科技支撑计划项目；2007年1月，特高压输变电与电力系统安全关键技术开发和试验设施建设列入国家自主创新基础能力建设“十一五”规划；2007年6月，研究开发特高压输电技术与装备列入《中国应对气候变化国家方案》；2006年8月，国家核准建设特高压交流试验示范工程，作为中国发展特高压输电技术的依托工程。

2. 建设特高压电网的目的

发展特高压输电有利于提高能源的开发和利用效率，负荷建设资源节约型，环境友好型社会的总体战略，是保障电网安全，提高社会综合效益的重要途径。可达到如下的目的：

（1）有助于解决能源与生产力布局不均衡。发展特高压使西部水力资源和煤炭资源通过电能形式输送到东部经济发达地区。解决中西部和东部能源与生产力布局不均衡的矛盾。

（2）有助于优化电力发展方式。发展特高压能促进大煤电、大水电、大核电的集约化开发，促进电网与电源协调发展，在更大范围内有效解决煤电运输紧张的矛盾。

(3) 有助于建设节约型社会。发展特高压可节省原材料，节省占地面积、减少输电损耗，降低建设和运行成本。可减少备用装机容量，减少弃水电量，提高电力系统整体运行效率和一次能源的利用率。

(4) 有助于构建社会主义和谐社会。发展特高压，开发西部能源资源，将其资源优势转化为经济优势。东部地区通过电力外购，优化利用有限的土地资源，改善环境质量，实现经济社会和自然的和谐发展。

第三节　特高压电网新技术的应用

由于特高压电网是迄今为止最高电压的电网，具有电压高、容量大、范围广等特点。所以特高压的建设、运行、管理和维护将汇集目前国内外最为先进电力设备制造技术、控制技术、计算机与信息技术、柔性输电技术、直流输电技术和管理技术等。因篇幅有限，这里简要介绍几种与特高压电网相关的新技术。

一、特高压输电系统的过电压防止与绝缘配合

在特高压输电系统研究中，对过电压和绝缘配合的研究是其他研究课题（如特高压设备研制）的前提和基础，是能否采用特高压的关键之一。

1. 过电压的防止技术

电网中电气装置的绝缘，在运行中会受到以下各种过电压的作用：

(1) 暂时过电压。因电网操作或故障引起的，较长持续时间的工频过电压和谐振过电压。后者包括持续时间较长的工频、含有高次或低次谐波的谐振过电压。

(2) 操作过电压。因电网操作或故障引起的持续时间数毫秒、高阻尼振荡或非振荡过电压。

(3) 雷电过电压。来自电网外部、大自然的雷电放电引起的过电压。

针对不同的过电压，将采取不同防范措施。

工频过电压的大小直接影响操作过电压的大小，同时又是选择避雷器额定电压的依据。现状可供采用的限制方法有：①使用高压并联电抗路补偿特高压线路充电电容；②考虑使用可调节或可控高抗；③使用优良导体接地线（或光纤复合架空地线 OPGW）；④使用线路两端联动跳闸或过电压继电保护；⑤使用金属氧化物避雷器限制短时高幅值工频过电压；⑥选择合理的系统结构和运行方式，以降低工频过电压。

操作过电压的限制措施中，相当一部分是建立在限制工频过电压基础上。除限制工频过电压措施外，主要还考虑使用金属氧化物避雷器（MOA）、使用断路器分合闸电阻以及使用控制断路器合闸相角方法降来防范或降低分合闸过程中产生的过电压。

特高压系统防止雷电过电压通常包含两方面的工作，即线路防雷和变电站防雷。线路防雷主要是合理布置避雷线以防雷电的绕击和反击，而变电站防雷则需要合理布置避雷针、避雷线防直击雷，选用金属氧化物避雷器（MOA）是防范入侵雷电波过电压。

2. 特高压电网绝缘选择与配合

电网中电气装置的绝缘，各种电压作用下呈现出相应的绝缘强度（一般以其放电电压来表征）。而绝缘配合技术则是在考虑运行环境和过电压保护装置特性的基础上，根据电

网电气装置上可能出现的电压，科学合理地选择电网中电气装置的绝缘水平。在此过程中，应权衡设备造价、维修费用和故障损失，力求用较为合理的成本获得较好的经济效益。

随着电网电压等级的提高，特别是在特高压电网中，空气间隙的放电电压在操作过电压下呈现饱和特性，这些使得电网中电气装置的绝缘占据电网设备总投资的份额愈来愈大。而特、超高压电网因其输送容量巨大，绝缘故障后果将非常严重。因此，绝缘配合问题在特、超高压输电领域，更值得关注。

特高压电网绝缘选择与配合包含两部分内容：

(1) 特高压架空输电线路绝缘选择与配合。主要研究导线与地之间的绝缘，选择合理的绝缘子。此外，研究导线对杆塔之间的空气间隙、导线之间的空气间隙、档距中间导线对地的空气间隙和档距中间导线对地面上运输工具或传动机械间的空气间隙的绝缘以确定合理的间距及配合关系。

(2) 特高压变电站绝缘选择与配合。主要研究特高压变电站电气设备，诸如电力变压器、高压并联电抗器、电流互感器的绝缘选择与配合以及其他带电部分对接地部分之间的空气间隙和不同相的带电部分之间的空气间隙的绝缘及配合。

中国特高压电网的发展，将从远距离开始，对过电压和绝缘配合方面来说，将提出更苛刻的要求。在绝缘材料的制造、选择与配合技术以及过电压的防止技术方面都将远远超越以往的超高压技术。

二、特高压输变电设备

特高压输变电技术应用于工程的一个基本条件是需具有质量可靠、运行稳定的特高压设备。特高压输变电设备与高压和超高压输变电设备相比，具有电压高、容量大和尺寸大等特点，其制造技术相应也更复杂。以下，介绍特高压电网中几种典型设备。

1. 变压器

变压器是特高压变电站中最贵重的设备之一。考虑到它在系统中所占的重要地位，对其可靠性提出很高的要求。特高压电力变压器的特点为：①容量很大，一般三相容量都在1000MVA以上，甚至达到几千兆伏安；②绝缘水平高。基准绝缘水平（雷电冲击绝缘水平）高，一般在1950～2250kV之间或更高；③由于容量大和绝缘水平高，其重量与体积必然很大；④设计和制造时需要考虑运输的条件，一般为单相结构。

特高压电力变压器可靠性的要求高，需要考虑近年来超高压电力变压器运行中出现过的问题，如油流带电、GIS中的特快速瞬态过电压引起变压器绕组的损坏等。一般在研制中首先用1∶1的原型样品进行专门研究。在制造中采用合理的绝缘水平和成熟的新技术，以达到优良的性能和较低的造价和重量。

特高压电力变压器一般为单相结构，它的额定容量要根据系统的要求、制造厂设计和制造能力以及设备运输、现场组装的条件进行综合平衡。苏联生产了单台带油运输重480t的变压器（三相组合容量2000MVA），近年来通过结构和工改进，使设备带油运输重为390t。解决巨型设备的运输难题是特高压变压器研制的关键之一。

2. 高压并联电抗器

特、超高压线路的高压并联电抗器的主要用途如下：①并联连接于电网中用以补偿容性无功；②降低线路上的工频过电压；③中性点连接小电抗使单相接地时的潜供电流幅值降低而易于自灭，提高单相自动重合闸的成功率；④有利于消除同步电机带空载长线路时可能出现的自励磁现象。

特、超高压的架空线较长，当雷击或其他原因使单相接地时，虽然故障相的断路器断开，但是由于未断开的两相对故障相的相间耦合，在接地点还会有感应电流出现，该电流称为潜供电流。因此需要在线路上接高压并联电抗器，并在变压器中性点连接小电抗器补偿，使单相接地时的潜供电流幅值降低而易于自灭，提高单相接地自动重合闸的成功率。特高压并联电抗器，分为容量固定（非可控）的并联电抗器和容量可变化的可控并联电抗器两种。

目前，国内变压器制造的四大厂家特变电工沈阳变压器集团有限公司（简称“沈变”）、西安西电变压器有限责任公司（“西变”）、保定天威保变电气股份有限公司（简称“保变”）和特变电工衡阳变压器有限公司（简称“衡变”），可承担特高压变压器和并联电抗器的制造任务。目前，沈变、西变、保变已为特高压交流试验基地分别制造了一相1000kV，4MVA的变压器。图3-4所示为沈阳变压器厂生产的特高压变压器。

图3-4 沈阳变压器厂生产的特高压变压器

3. 开关设备

高压开关设备主要用于关合及开断高压正常电力线路，以输送及倒换电力负荷；从电力系统中退出故障设备及故障线段，保证电力系统安全、正常运行；将两段电力线路以至电力系统的两部分隔开；将已退出运行的设备或线路进行可靠接地，以保证电力线路、设备和运行维修人员的安全。因此，高压开关设备是非常重要的输配电设备。

特高压开关（电器）设备的器件主要有断路器、隔离开关和接地开关等，以及内上述产品与其他电器产品的组合产品，它们在结构上相互依托，有机地构成一个整体，以完成特高压系统正常运行的任务。

（1）断路器。断路器是特高压开关设备中最主要、最复杂的一种器件，它既能关合、承载、开断运行回路的正常电流，又能关合、承载和开断规定的过载电流（如短路电流）的开关设备。广泛用于电力系统的发电厂、变电站、开关站及用电线路上，同时承担着控制和保护双重任务。

特高压断路器的种类很多，按不同灭弧介质分类有油断路器、空气（真空）断路器、六氟化硫（SF_6）断路器等。特高压断路器通常采用 SF_6 断路器，只有在某些地区中，由于气候寒冷，SF_6 气体可能液化而采用压缩空气断路器。近年来，也有采用在 SF_6 气体中加入少量其他气体以降低液化温度，仍可采用在寒冷地区中。SF_6 断路器是用 SF_6 气体作为灭弧和绝缘介质的断路器。其特点是：工作气压较低，安全可靠性高；吹弧过程中气体在封闭系统中循环使用，不排向大气，无火灾危险等。由于 SF_6 气体有优异的灭弧和绝缘性能，SF_6 断路器具有很多优点：断口电压高、开断能力强，允许连续开断短路电流次数多，适于频繁操作，开断容性电流可以无重燃或复燃，开断感性电流可以无截流等。近年来，在高压及超高压领域中，已取代了压缩空气断路器；在特高压领域中更是最主要的断路器。

SF_6 断路器按结构形式的不同，可分为支柱绝缘子式和落地罐式两种，如图 3－5 所示。支柱绝缘子式。采用支柱绝缘子支持灭弧室对地绝缘的型式。这种型式结构简单，较为经济，但它不能附加电流互感器。落地罐式是把灭弧室装在接地的金属外壳中，进出高压回路通过高压套管来实现，其价格较高，但它能附加电流互感器，耐受地震的能力也优于支柱绝缘子式。

(a) 支柱绝缘子式　　(b) 落地罐式

图 3－5　SF_6 断路器

(2) 高速接地开关。当特高压架空线路较长，在雷击或其他原因使单相接地时，在该相的断路器断开后，由于其他两相非故障相没有断开，对断开相有强烈的电磁耦合作用，接地点还会有潜供电流。该电流程容性，所以需要在线路上接高压并联电抗器，并在中性点连接小电抗使单相接地时的潜供电流幅值降低而易于自灭，提高单相接地自动重合闸的成功率。这个电抗器也可以起补偿线路容性无功和降低线路上的工频过电压的作用。但特高压并联电抗器的造价很高，当线路不长，降低线路上的工频过电压的问题不严重，线路容性无功的补偿也可以使用价格低得多的低压电抗器时，就可以考虑使用高速接地开关来作为熄灭单相重合闸前潜供电流的措施。日本 1100kV GIS 中的高速接地开关如图 3-6 所示。

图 3-6　日本 1100kV GIS 中的高速接地开关（断路器左侧）

高速接地开关与单相重合闸的过程为：①接地发生后故障点产生故障电流；②故障相两端的断路器断开，但故障点仍存在潜供电流，它由其他相对故障相耦合产生；③故障相两端的快速接地开关闭合，将故障相接地，潜供电流熄灭；④故障相两端的快速接地开关打开；⑤故障相两端的线路断路器关合，重新送电。

由于重合闸的重合时间是在 1s 内进行的，所以潜供电流要在 1s 内熄灭，因而就需要快速接地开关具有很高的速度。

（3）特高压气体绝缘金属封闭开关设备（GIS）。将变电站的电气元件（变压器除外），如母线、断路器、隔离开关、电流互感器、电压互感器、母线接地开关、避雷器等全部（或者大部分）用接地的金属密闭容器封闭在充有高于大气压的绝缘气体 SF_6 中的成套配电装置，简称 GIS。充注的 SF_6 密度大小取决于内部灭弧性能和绝缘性能的要求。GIS 内部元件只有组合在一起并充以规定密度的 SF_6 时才能运行，不能拆开单独使用。

按照使用条件不同，GIS 还可以分为户内型和户外型。户外型 GIS 不需设置厂房可减少建设投资，但长期受到日照雨淋，夏季温升增高，冬季（特别是严寒地带）SF_6 气体可能液化。户内型 GIS 运行条件优越，但由于增加了厂房、吊车、排风等设施，建设费用增大。由于特高压的 GIS 面积和体积都很大，采用户内型 GIS 的可能性很小。

日本新榛名特高压实验场户外 GIS 如图 3-7 所示。

GIS 与常规高压电器相比，其优点是：①可以大幅度缩小占地面积；②设备带电部分全部封闭在金属外壳内，可避免高电压对环境的电磁污染；③可防止人员触电伤亡；④延长设备检修周期，一般在 10～20 年内不必解体大修；⑤设备绝缘性能不受周围大气条件影响，耐震性强，能提高运行可靠性。

对特高压来说，优点①、②、④和⑤都是非常重要的。GIS 的造价高于常规电器。在工程设计上，计及占用土地面积、施工费用等，GIS 总投资与常规电器投资的比随电压等级的提高而相对降低，这对于在特高压采用 GIS 是有利的。

图 3－7 日本新榛名特高压实验场户外 GIS

国内三大厂家（沈阳高压开关厂、西安高压开关厂和平顶山高压开关厂）均能生产 550kV SF_6 断路器、GIS 以及隔离开关设备，目前正在开发研制 800kV 产品，并研究开发 550kV 单断口断路器技术，为特高压开关设备做准备。他们是国内生产 SF_6 断路器及 GIS 的主导企业，代表了国内制造水平。

4. 避雷器

避雷器性能是变电站其他设备绝缘水平的基础。20 世纪 80 年代以来，所有高压与超高压的变电站都使用了无间隙金属氧化物避雷器（简称 MOA）。与过去的阀式（普通阀式和磁吹阀式）避雷器比较，MOA 具有保护性能好，反应速度快，通流能力大，运行安全可靠等优点。过去的阀式避雷器，在额定要求的参数下，允许的动作次数有限，而 MOA 可允许动作的次数则多得多。MOA 自开发以来，也有了许多发展，除保护性能与通流能力的优化外，使用寿命和安全方面也有了很大的改进。保护的设备从变电站发展到输电线路。保护范围从雷电过电压扩充到操作过电压。

图 3－8 中国抚顺抚瓷生产的 1000kV 避雷器

对特高压来说，由于电压很高，设备的体积和造价在很大程度上决定于绝缘水平，因此要求对避雷器的保护性能做更大的改进。同时，在限制过电压时，通过避雷器的能量与电压的平方成正比，由于电压高，也要求避雷器通流能力加大。这些对 MOA 都是个挑战，无论是苏联的特高压输电工程，还是其他几个试验工程，都努力研究改进避雷器的性能以降低设备的绝缘水平。

我国抚顺抚瓷生产的 1000kV 避雷器如图 3－8 所示。

三、灵活交流输电系统（FACTS）与可控串补技术

灵活交流输电系统（Flexible AC Transmission System，FACTS）是近年来出现的一项新技术，是现代电力系统中具有变革性的前沿课题之一。FACTS 的概念首先是由美国电力科学院（EPRI）的 N. G. Hingorani 博士于 1986 年提出的。IEEE 的 FACTS 工作组又在 1997 年冬季会议上将 FACTS 定义为：装有电力电子型或其他静止型控制器以加强可控性和增大电力传输能力的交流输电系统。FACTS 控制器是可提供一个或多个控制交流输电系统参数的电力电子型或其他静止型设备。该技术是应用电力电子学的成就和现代自动控制技术，对常规交流输电网的输电功率和潮流等实现灵活地控制调节，以提高交流输电线路的输送功率，提高电能质量和电网的稳定水平。目前，FACTS 技术基本进入“成形期”，为现代电力系统的安全、经济、可靠和优质运行提供了十分有效的手段。

FACTS 作为一项电力系统的新技术，其应用不仅指单相的控制器，而且包括以分阶段方式可单一或组合地用于控制参数有内在联系的控制器组合体。近年来，世界范围内都在大力开展其基础理论、技术和装置开发等方面的研究，因此 FACTS 家族所包含的器件种类正在不断地增加。目前已知的属于 FACTS 开发项目的具体装置约有 20 多种，其原理、性能、与系统的连接方式等也多种多样，一些已进入实际应用，一些正处于工业示范阶段，另一些尚处在设计测试阶段，还有许多现在尚未找到的方法和装置有待人们根据生产需要去创造和发明。

可控串联电容补偿技术，简称可控串补（TCSC）是目前世界上应用最广泛、最成功的串联型灵活交流输电系统（FACTS）设备。它是由常规固定串联电容器补偿发展而来。串联补偿是指在电网交流输电线路中串联电容器，利用串联电容器的容性阻抗补偿输电线的部分感性阻抗，使得发电机组间电抗减小，同步力矩增加，达到改善系统稳定性，减少功率输送引起的电压降和功角差，从而提高电力系统稳定运行水平，扩大线路输送容量，提高网络实际输送能力的目的。

与常规固定串联补偿相比，TCSC 的优点在于：①能提高系统运行的灵活性；②可以在不引发电力系统发生“次同步振荡”的风险下，增加系统的补偿度；③由于采用电子式开关操作，理论上可以没有机械磨损地无限次操作，而且可达到非常快速的控制（毫秒级）；④能非常连续平滑地连续控制潮流。这是常规机械式固定串联电容器补偿无法达到的。

到目前为止，可控串补技术是一项先进而且比较成熟的技术，它具备潮流控制、阻尼功率振荡、抑制次同步谐振和提高系统输送容量等能力，这对解决中国长距离输电和大区交流联网中存在的一些技术难题很有帮助。现在，可控串补（TCSC）越来越多地应用于中国 500kV 输电网中。在规划的 1000kV 交流特高压电网中，也将有大量的应用。推广可控串补技术，提高可控串补设备的国产化能力，不仅能提高中国电网的技术水平，而且会产生很大的经济效益。

四、电力系统广域测量技术（WAMS）

现代电力系统的主要特征是大机组、高电压、大电网，运行技术复杂、管理水平要求高。严重的扰动可能会引起大面积停电甚至全网崩溃，造成灾难性的后果。而且大电网事故从开始发生到电网崩溃，一般在几分钟甚至几秒钟即告结束。对庞大电力系

统的电压、电流、相角等状态量进行实时监控进而有效控制，是当今电力系统的一项新课题。

电力系统广域测量系统（Wide Area Measurement System，WAMS）技术是近年来随着电力系统的不断发展而兴起的一项新技术。它的兴起是主要基于现代电力系统分析与控制的两个发展需求：

（1）获取同步时钟的数据。目前的各种电力系统故障录波仪，由于不同地点之间缺乏准确的共同时间标记，记录数据只是局部有效，难以用于全系统动态特性的分析。如某一时刻电力系统发生一起故障，不同厂站仪器记录的数据所描述的故障时间不一致，导致分析人员无法判定是同一个事件还是不同的事件，所以无法利用这些数据进行综合故障分析，进而提出合理的控制措施。如何统一全电网的时标一直是困扰电力工作者的一大问题。全球定位系统（Global Position System，GPS）的出现，提供了一个很好的统一系统时标的工具。与传统方法相比，GPS具有精度高（微秒级）、范围大、不需要通道联络、不受地理和气候条件限制等优点，是电网时间统一的理想方法，在电力系统中已经有相当多的应用。

（2）广域电力系统的实时监控。随着西电东送、全国联网和电力市场的推进，电力系统的空间范围不断扩大，形成广域电力系统。广域电力系统的运行分析与控制，都是以实时的电压、电流等状态量的测量为基础的。传统的SCADA系统侧重于系统稳定状态运行情况的监测，而无法实时测量广域系统各个状态变量的相对数值及参数大小。

根据电力系统的发展需求，人们开始研究相量测量单元PMU（Phase Measurement Unit）和WAMS。PMU利用GPS时钟同步的特点，可以测量电力系统中各个厂站母线及各条线路在同一时刻上的各种状态量（电压、电流、相角等），通过GPS对时，将各个状态量统一在同一个时间坐标上。与传统远动终端装置RTU（Remote Terminal Unit）测量所不同的是，各PMU在时间上保持同步，而且可以测量相角。相角的测量是以往的测量系统所不能解决的。这样，可以获得各个节点和母线状态的相量而不仅仅是有效值，从而可以直观地了解各个状态之间的相量关系。WAMS是以PMU为基层单元采集信息，经过通信系统上传至调度中心，实现对系统的监测，构成一个系统。这里将PMU与RTU性能参数简要列出，见表3-4。

表3-4 RTU与PMU性能比较

数据来源	RTU	PMU
数据更新周期	2～4s	<1s
角度状态量	应用程序计算得	直接测量
数据同步性	不同步也不同时	同步，数据带时标
电力系统状态	静态	实时观测系统动态
动态安全分析	有，但误差大	可在线实时分析

电力系统广域测量系统（WAMS）的出现，是电力系统分析和控制研究领域的一次重要突破。它涉及电力系统的监视、控制和保护等诸多领域，将推动电力系统控制和保护利用同步相量测量实现新方法和新原理。它使调度中心的能量管理系统（EMS）功能从稳态向动态转变，给大电力系统的全局稳定和恢复控制开辟了一条新的方向。

第四节　特高压发展现状及前景

一、交流 1000kV 晋东南—南阳—荆门特高压交流试验示范工程

2011 年 12 月 16 日，在电力迎峰度冬的关键时刻，中国电力“高速路”成功扩容。由国家电网公司承建南北向的重要能源输送通道、世界上首个正式商业投运的特高压线路 1000kV 晋东南—南阳—荆门特高压交流线的扩建工程正式投运。此次扩建，将这条电力“高速路”的“车道”拓宽近一倍，至此，该线路成为目前世界上电压等级最高、技术水平最高的输变电工程，输电能力超过 500 万 kW，这座变电站按照设计能力一天可以向华中地区输送电 1 亿 kWh，那么就相当于把 6 万多 t 煤炭输送到华中地区。成为世界上运行电压最高、输电能力最强、技术水平最先进的交流输电工程。

随着扩建工程的投运，华北、华中两大区域电网的联系更加紧密，从晋东南的左权、王曲等主力电厂汇集的电量，通过特高压线路，经河南南阳，到达湖北荆门，然后通过当地 500kV 电网分配到省内各地，部分电量还送往湖南、重庆、江西等省份。山西、河南、湖北的煤电以及三峡的水电都将汇入大电网，电力交换、水火互济和节能输电等能力将显著增加，可以有效缓解煤电油运紧张局面。

线路满负荷运转后，可为湖北新增北方火电逾 500 万 kW，相当于再建了两座葛洲坝水电站。在夏季丰水期，三峡的水电也可以送往华北，不仅降低了华北的煤炭消耗，也提高了清洁能源的利用率。据了解，仅一期工程，晋东南—南阳—荆门特高压线路每年南北互济电量就高达 90 亿 kWh。二期扩容后，南阳也建立接入点，山西、河南、湖北三省电网全部互联，南北互济、水火互济的电量将会更多。

特高压号称世界输电技术领域的“珠穆朗玛峰”。在晋东南—南阳—荆门 1000kV 特高压交流试验示范项目之前，中国的电力输送等级最高只有 750kV。从 750kV 到 1000kV，不是简单的技术升级，而是对电磁、电晕、过电压及变电设备、绝缘等进行全新设计。这条世界上首条特高压交流输电工程的建设，用众多的“中国创造”实现了在特高压输电领域的“中国引领”。

1. 工程概况

1000kV 晋东南—南阳—荆门特高压交流试验示范工程于 2006 年 8 月获得国家核准，2009 年 1 月 6 日正式建成投运至今，一直保持安全稳定运行，已成为中国南北方向的一条重要能源输送通道。工程包括三站两线，北起于煤炭大省山西省长治市境内的晋东南变电站，经河南省南阳市境内的南阳开关站，南止于水电大省湖北省荆门市境内的荆门变电站，线路全长 653.8km。其中晋东南、荆门两变电站各安装一组 300 万 kVA 的特高压变压器，三站均采用 SF_6 气体绝缘全封闭组合电器，试验示范工程系统额定电压为 1000kV，最高运行电压 1100kV，自然输送功率约 500 万 kVA。全线采用单回路，导线截面为 8×500mm²，分裂间距 400mm。二期扩建工程建设内容为：在晋东南、荆门站各扩建一组 300 万 kVA 特高压变压器，南阳站扩建两组 300 万 kVA 特高压变压器，配套扩建开关等其他一、二次设备。晋东南至南阳段线路装设补偿度 40％的特高压串补，两侧各 20％，南阳至荆门段线路装设 40％的特高压串联补偿装置，集中布置于南阳侧。

经过5年两期的建设和运营，中国第一条1000kV特高压输电线路，2011年12月9日满负荷运行实验成功，具备输送500万kW电力的能力。2011年12月16日，工程16日全面投入运行。从2009年一期工程的正式送电到现在的满负荷运行，中国特高压输电技术已经由起步走向成熟，使中国在大范围优化配置能源成为可能。

中国能源的分布主要集中在西部地区，而能源的利用则集中在东部地区。传统的500kV超高压输电技术，只能传输200km、300km，而1000kV交流特高压输电技术能够传输2000km，并且传输容量提高4～5倍。通过1000kV晋东南—南阳—荆门特高压交流试验示范工程，解决了中国这种远距离大容量大规模能源输送问题，可以更好地实现"西电东送，北电南送"，使中国能源资源在全国更大范围内，得到优化配置，进一步提高华北和华中两大电网之间的电力资源优化配置能力，促进大水电、大煤电、大核电和大型可再生能源发电基地的集约化开发，实现能源大范围优化配置，促进中国现代能源综合运输体系建设，具有十分重要的意义。

尤其是对于缓解华北、华东、华中地区的电力供应紧张。是非常有好处的。山西南部几个主力电厂，发出来的电力，通过长治特高压变电站，升压到1000kV，再经过河南南阳特高压变电站，送到湖北荆门特高压变电站，然后这部分的电力，通过当地的电网送到湖北各个地区。有一部分电力，通过转送到重庆、湖南和江西。

2. 里程碑，建设目标和管理思路

2010年12月29日，取得国家核准批复。

2011年01月06日，全面开工建设。

2011年10月31日，全面竣工并通过验收。

2011年12月09日，完成系统调试和168h试运行。

2011年12月16日，正式投入商业运行。

工程建设的总体目标是：建设"安全可靠、自主创新、经济合理、环境友好、国际一流"的优质精品工程，确保具备输送500万kW电力的能力，确保2011年一次投运成功、长期安全运行。进一步提升中国的特高压交流输电技术水平和装备制造能力，进一步巩固中国在国际高压输电领域的技术优势。

工程建设的总体思路是：以集团化运作抓工程推进、集约化协调抓工程组织、精益化管理创精品工程、标准化建设构技术体系，坚持科研为先导、设计为龙头、设备为关键、建设为基础的工作方针，采用总部统筹协调、专业化和属地化相结合的管理模式，建立三级组织管理体系和制度体系，集约管控、高效有序推进工程建设。

3. 自主创新，勇攀科学技术高峰

为应对一个全新电压等级面临的一系列问题，在国家统一领导下，国家电网公司建立了政府支持、企业主导、产学研联合、社会各方参与的特高压创新工作体系，研究提出了"基础研究—工程设计—设备研制—试验验证—系统集成—工程示范"的创新路线，统筹国内各方资源，以工程应用为导向，全面开展了特高压关键技术的自主攻关。

据统计，有227个单位约5万人参与了项目论证和工程建设。其中包括10多个行业组织和咨询机构、8所高等院校、100多家科研设计、设备制造和建设运行单位，30多名院士、2000余名专家学者。这充分体现了社会主义集中力量办大事的优越性。

工程严格按照国家要求建设，全面实现了安全、质量、进度和投资控制目标，提升了电网技术水平，实现了电工装备制造的产业升级，通过了水利部、环保部、科技部、国家能源局和国家档案局的水土保持、环境保护、科研攻关、设备国产化与工程档案国家专项验收。2010 年 9 月，经上报国务院同意，国家发展和改革委员会批复了国家验收意见。工程全面通过了国家组织的验收，获得高度评价，并得到党和国家领导人的充分肯定。

工程的成功在国内外引起广泛关注。被授予第二届中国工业大奖、国家优质工程金质奖、中国标准创新贡献奖一等奖、国家重大工程标准化示范、新中国成立 60 周年百项经典暨精品工程等重要荣誉。国际大电网会议、国际电工委员会、国际电气电子工程师学会等国际组织在工程投运后给予了高度评价，认为是"世界电气工程领域具有重要意义的成功"，"为国际特高压输电技术的发展作出了重大贡献"，"无论对中国还是世界都有重要意义"，是"世界电力工业发展史上的重要里程碑"。

依托工程建设，中国自主创新，攻克了一系列技术难关，在特高压输电系统的串联补偿、过电压控制、特快速暂态过电压测量与控制、潜供电流、电磁环境、大型复杂电极操作冲击放电特性、大型电力设备抗地震、大电网运行控制技术等方面取得新突破，在世界上率先掌握了特高压大容量输电系统集成技术；立足国内，在世界上首次研制成功了特高压串补、大容量特高压开关、双柱特高压变压器等代表世界最高水平的特高压交流新设备，指标优异、性能稳定，综合国产化率超过 90%，刷新了主要输变电设备的世界纪录。

(1) 建成了代表世界最高水平的交流输电工程。

(2) 实现了特高压交流输电技术的新突破。

(3) 创造了国际高压输变电设备的新纪录。

(4) 标定了国际高压交流输电能力的新高度。

(5) 建立了特高压交流输电技术标准体系。

特高压新设备研制取得重要进展。在世界上首次研制成功特高压串补，特高压双柱变压器、升压变压器和 450 万 kVA 大容量变压器，特高压 63kA 大容量开关，特高压可控高抗以及特高压干式油气套管等设备，进一步巩固了中国在国际特高压输电领域的领先地位。特高压技术创新推动中国率先形成了一系列特高压技术标准，据悉中国已取得 450 多项自主知识产权的特高压专利技术，占领了国际高压输电领域的制高点，技术水平国际领先。为支撑科研、掌握技术规律，建设了武汉特高压交流试验基地、北京工程力学试验基地、西藏高海拔试验基地和国家电网仿真中心，改造了西安高电压、强电流试验站，升级了制造厂的试验检测能力，建成了世界上功能最完整、技术水平最先进的特高压试验研究体系，为科学研究奠定了的实证基础。通过"十一五"国家科技支撑计划"特高压输变电系统开发与示范"等 180 余项重大课题攻关，全面攻克了特高压系统的过电压深度控制、绝缘配合、无功平衡、潜供电流控制、外绝缘配置、雷电防护、电磁环境控制和大电网运行控制等关键难题，在世界上率先掌握了特高压交流输电的全套核心技术，共形成专利技术 431 项（其中发明专利 185 项），在科研攻关和工程实践的基础上，同步推进标准化建设。在世界上率先建立了由 7 大类 77 项国家标准和行业标准构成的特高压交流输电标准体系，已发布国家标准 16 项、行业标准 1 项、企业标准 73 项，中国的特高压交流标准电压被国际电工委员会、国际大电网组织推荐为国际标准电压，国际电工委员会成立了高压直流输电新技术委员会，并将秘书处设在中国，极大地提升了中国在国际电工标准制定领域的话语权。

4. 设备国产化

发展特高压，设备是关键。走在长治、南阳、荆门的特高压变电站里，到处可见天威保变、平高电气等国产电力设备厂商的字样。工程用设备全部由国内企业供货。开关采用中外联合设计、产权共享、合作生产、国内制造模式，变压器、串补和其他设备、材料供货完全立足国内，实现了自主开发、自主设计、自主制造、自主试验和自主安装调试。设备综合国产化率超过90%。

截至目前，国家电网公司在特高压领域申报专利711项，已获授权457项；编制国际标准4项，已发布国家标准16项、行业标准10项、企业标准130项。

依托工程实践，国内骨干电工设备制造企业的自主创新能力得到了进一步增强，国产设备的工艺质量水平和安全可靠性有了显著提升，在国际特高压设备制造领域形成了相对技术优势和竞争优势，综合竞争力迈上了新台阶。特高压设备已成为中国电工设备制造企业走向世界的金色名片。

与国外先进企业特别是大型跨国公司相比，国内电工装备制造业在规模、效益、管理及产品的性能和质量等方面仍有一些差距，综合竞争能力处于弱势地位，而自主创新能力和技术开发能力尤为欠缺。利用中国发展特高压输电的契机，依托特高压工程建设，集中优势力量突破高端产品核心技术，是中国电工装备制造业实现跨越式发展的重大历史机遇。国家高度重视装备制造业的振兴，特别明确特高压交流试验示范工程是中国特高压设备自主化的依托工程。

国家电网公司为此要求工程设备全部立足国内研制供货，坚持了以我为主、自主创新的国产化路线。特高压设备大都达到了设计和制造极限，常规设备的制造、运行经验不能确保对特高压设备特性的精确把握，极具挑战和风险。为成功实现设备国产化研制，国家电网公司研究提出了依托工程、业主主导、专家咨询、质量和技术全过程管控的产学研用联合创新模式，充分调用各种资源和力量，组成由专家委员会和科研、设计、制造、试验、建设、运行单位以及高校组成的常态设备研制工作体系，打破了业主与厂家、厂家与厂家之间的技术壁垒，集中力量进行开放式创新，形成了创新合力。

在国家电网公司的全面主导下，电力装备行业通力合作，大专院校和研究机构大力支持，用短短四年时间，走过了苏联和日本等国15～20年的道路并实现了全面超越，研制成功了代表世界最高水平的全套特高压设备，创造了一大批世界纪录，设备国产化率达到90%，掌握了核心技术，形成了批量生产能力，实现了国内电工装备制造的产业升级。国际上电压最高、容量最大、损耗最小的变压器和并联电抗器，技术水平最先进的气体绝缘金属封闭组合电器等高端设备均为“中国制造”。

在特高压项目带动下，国产全系列高压设备制造水平和品牌形象大幅提升，在国际国内市场竞争中形成了核心竞争力，掌握了国内市场主动权，并全面进军国际市场。依托特高压工程实践，中国输变电设备制造企业已进入从“装备中国”向“装备世界”转变、实现跨越式发展的重大战略机遇期。

5. 投资经济，运行安全

工程实际投资控制在国家批复概算之内。工程建成后，华北、华中两大电网的联系更加紧密，电力交换能力显著增加，可以更大程度地发挥电力交换、水火互济和节能输电等作用，具备良好商业运营空间。推广应用工程的创新成果，可推动大型能源基地的高效开发利用，实现全国范围的资源优化配置。电力工业自主创新能力的跨越式发展，民族装备制造业核心竞争力的形成，以及特高压输电带来的节约占地、降低损耗、保护环境等效果，将带来更为巨大的经济和社会效益。

利用世界领先的综合仿真分析系统，对特高压电网潮流及静态安全性、大扰动暂态稳定性、小扰动稳定性、抵御严重故障能力及安全稳定措施、交直流相互影响和多端直流馈入系统安全等关键问题，以及加装串补后特高压系统的过电压、潜供电流、线路断路器瞬态开断条件、次同步谐振、二次设备动作特性等进行了全面研究。实验室的仿真计算及工程系统调试和试运行结果表明，扩建工程投产后，工程安全及电网安全有充分保障，完全能够满足安全稳定导则要求。

为全面考核扩容后工程的输送能力，国家电网公司在世界上首次进行了450万kW和500万kW大负荷试验、168h大负荷试运行，其中500万kW大负荷累计试验时间达到了8h，创造了单回交流输电工程输送能力的世界纪录。该工程以华东和华中两大电网作为支撑，功率调节灵活，安全性好，适应性强，可以全面考核设备、验证性能，有利于推进电力技术自主创新。

工程投运至今最大输送功率283万kW，一般输送功率100万～250万kW，按设计预期实现了大容量送电，经受了雷雨、大风、高温、严寒等恶劣条件以及各种运行方式、运行操作和电网故障扰动的考验，未发生任何因特高压设备和系统缺陷引发的事故。

运行过程中，特高压工程沿线2000m走廊通道内先后遭受雷击5000余次，但未发生任何雷击跳闸，成功解决了国外同类工程雷击跳闸率过高难题，运行可靠性优于同走廊的500kV工程。特高压设备的在线监测和年度例行试验结果表明，设备参数与初始值完全一致，指标优异、性能稳定。

工程连接华北和华中两大电网，总装机容量达到3.7亿kW，联网系统运行稳定，潮流、电压和频率控制有效。工程与原来500kV联网方式比较，资源配置能力显著加大，系统抗扰动能力增强，事故支援能力提高，已成为中国南北方向的一条重要能源输送通道，经济社会效益十分显著。

工程具备输送500万kW电力的能力，通过了多工况投切操作、系统联网、人工接地短路、大负荷试验等39大项系统调试和168h大负荷试运行的考验，系统运行稳定、设备状态正常，各项功能和指标完全符合设计预期。

6. 节能减排，环境友好

这意味着大量运力可以节省。若晋东南—南阳—荆门特高压线路按此负荷运行24h，输送电量可达1.2亿kWh，折算成原煤约59515t，可少用载重50t的运煤车1191辆，或者可少用每节载重60t的普通列车992节。相关工程图如图3-9～图3-11所示。

截至2011年4月底，已累计送电234亿kWh，其中华北火电送华中155亿kWh，替代运送标煤500万t；华中水电送华北79亿kWh，相当于节约标煤255万t、减排二氧化

图 3-9 为特高压交流示范工程荆门变电站全景

图 3-10 1000kV 晋东南变电站

碳 694 万 t。实测输电损耗率仅为 1.7%，约为 500kV 工程的 1/3，节能降耗效果十分显著。

系统调试和试运行期间的实测结果表明，工程全线的电场强度、磁场强度、无线电干扰和可听噪声水平均满足国家批复要求，与常规 500kV 工程相当，符合预期、环境友好。

二、直流±800kV 向家坝—上海特高压直流输电示范工程

向家坝—上海±800kV 特高压直流输电示范工程是中国自主研发、自主设计和自主建设的，世界上电压等级最高、输送容量最大、送电距离最远、技术水平最先进的直流输

图 3-11　1000kV 晋东南—南阳—荆门交流试验示范扩建工程南阳站扩建工程

电工程，是中国能源领域取得的世界级创新成果，代表了当今世界高压直流输电技术的最高水平。

该工程于 2007 年 4 月 26 日核准，2010 年 7 月 8 日投入运行。工程在±500kV 超高压直流输电工程的基础上，在世界范围内率先实现了直流输电电压和电流的双提升，输电容量和送电距离的双突破，它的成功建设和投入运行，标志着国家电网全面进入特高压交直流混合电网时代。

向家坝—上海±800kV 特高压直流输电示范工程承担着金沙江下游大型水电基地的送出任务，金沙江一期的向家坝电站装机 8×80 万 kW，总容量 640 万 kW，为满足向家坝水电站电力外送需要，国家电网公司规划建设向家坝—上海±800kV 特高压直流输电示范工程。起于四川宜宾复龙换流站，止于上海奉贤换流站，途经四川、重庆、湖北、湖南、安徽、浙江、江苏、上海等八省、直辖市，四次跨越长江。线路全长 1907km。工程额定电压±800kV，额定电流 4000A，额定输送功率 640 万 kW，最大连续输送功率 720 万 kW。工程由国家电网公司负责建设，动态投资 232.74 亿元。工程已于 2010 年 7 月投运。

特高压直流输电示范工程投运后，每年可向上海输送 320 亿 kWh 的清洁电能，最大输送功率约占上海高峰负荷的 1/3，可节省原煤 1500 万 t，减排二氧化碳超过 3000 万 t。工程的成功建设系统验证了特高压直流输电的技术可行性、设备可靠性、系统安全性和环境友好性，是国家电网公司继特高压交流试验示范工程成功投产后的又一重大成果。

1. 工程建设意义

向家坝—上海±800kV 特高压直流输电示范工程的成功投运，标志着国家电网在超远距离、超大规模输电技术上取得全面突破，全面攻克了特高压交、直流两大前沿领域的世界性难题，抢占了制高点，在理论研究、工程建设、运行管理、试验能力、标准制定等各方面都走在了国际前列，为中国从电力大国走向电力科技强国奠定了坚实基础；标志着中国已经具备了生产和系统集成全套特高压直流关键设备的综合能力，显著提升了中国电工装备制造业的自主创新能力和核心竞争力，为中国电工装备制造业的产业升级和跨越发展创造了条件，是振兴民族装备业的引领工程；标志着国家电网全面进入特高压交直流电网时代，为加快中国西部地区清洁能源的大规模开发，提高非化石能源比重，形成可持续的能源供应体系，推动电力布局从就地平衡向全国乃至更大范围统筹平衡转变，从根本上解决长期存在的煤电运紧张矛盾，应对气候变化挑战奠定了坚实的基础，是迎接新能源革命的开创工程。

2. 工程主要特点

(1) 技术水平高。特高压直流输电工程额定电压±800kV，额定电流4000A，最大连续输送容量720万kW，送电距离近2000km，是世界直流输电技术的制高点；特高压直流关键设备均为首次研制，没有可供借鉴的标准和规范，需要对特高压直流工程系统方案、过电压与绝缘配合、电磁环境控制、成套设计和设备制造等方面进行全面、系统攻关。

(2) 设备研制难度大。特高压直流设备绝缘水平高，通流能力大，使用的800kV、30万kVA安级特高压换流变压器，通流能力4500A的6in晶闸管，单阀组容量180万kW的换流阀，额定电流4000A的低噪声干式平波电抗器、直流穿墙套管、直流断路器和隔离开关，基于实时操作系统的换流站控制保护系统等关键设备均为世界首创，研制难度极大，是对电力电子技术、电工技术、材料技术、高压试验技术和控制技术的极限挑战。特别是两大系列、八种型号换流变的研发，涉及电场分布技术、磁场分布技术、发热和传导计算、谐波分析、油纸兼容和电化学技术、直流电场和交流电场叠加交互作用分析等技术。每台换流变涉及上万种物料，物料供应涉及多个国家数十个制造厂，组织和管理难度极大。

(3) 建设任务繁重。特高压直流工程采用双极、每极两个12脉动换流器串联接线，输送容量、送电距离和工程量均是±500kV直流工程的两倍以上。工程共需换流变压器56台，平波电抗器20台，换流阀96个，晶闸管5794只，控制保护屏柜832面；导地线5.9万t，铁塔材料23万t，瓷绝缘子72万片，合成绝缘子2万支。线路工程途经8个省（市），56个县（市）、区，房屋拆迁总计9152户、近250万m^2，涉及大型厂矿搬迁195处。工程试验室联调项目2200项，现场分系统调试超过2万项，站系统调试147项，系统调试12大类591项。总计有26家设计单位、111家厂商、168家施工监理单位参与工程建设，组成了最大规模的建设联合体。

(4) 可靠性指标先进。特高压直流工程采用对称、模块化设计，单个换流模块故障情况下，其他换流模块仍可以继续运行，一个极故障也不影响另一极的运行，有46种运行方式，运行方式灵活。由于每个换流模块相对独立，工程设计的可靠性指标大大提升，能量不可用率不大于0.5%，双极强迫停运率不大于0.05次/年，远小于±500kV直流工程的0.1次/年。

(5) 环保指标严格。通过采用$6\times720mm^2$的大截面、多分裂导线，增加对地距离，特高压直流输电线路的电磁环境指标优于±500kV直流工程；通过采用低噪音设备、优化换流站平面布置、采用隔声屏障等措施，特高压换流站场界和周边居民敏感点噪声达到国家二类标准，昼间不大于60dB（A），夜间不大于50dB（A）。通过采用GIS等节地设备、共用接地极、优化线路路径和换流站平面布置等措施，有效减少了工程占地面积，使换流站单位面积换流容量达到±500kV直流工程的1.65倍（与三沪工程受端换流站相比），线路长度也大幅缩短；全面采用全方位高低腿、锚杆及掏挖基础施工、动力伞架线等节能环保型施工技术，工程对环境的影响完全达到并优于标准要求。

（6）经济效益显著。特高压直流工程单位走廊输电能力约为±500kV直流工程的1.5倍，单位长度单位容量线路电阻损耗约为±500kV直流工程的40%。工程总投资为232.74亿元，造价1.91元/（kW·km），比±500kV直流工程（三沪工程）造价2.16元/（kW·km）降低11.6%，具有明显的技术经济优越性；两端换流站总投资为110.38亿元，单位输送容量造价1725元/kW，相比±500kV直流工程（三沪工程）单位输送容量造价1680元/kW仅增加2.7%，基本达到同等造价水平。

3. 工程创新成就

特高压直流示范工程始终坚持“科研为先导，设计为龙头，设备是关键，建设是基础”的方针，把创新作为增强特高压直流输电技术生命力的关键，将创新意识贯彻到工程建设每个环节，取得了一大批国内外领先的创新成果，形成了世界上试验能力最强的特高压、大电网试验研究体系，培养了一大批优秀的技术和管理人才。主要创新成果如下：

（1）工程技术方案先进，率先实现直流输电电压、电流双提升。特高压直流示范工程不仅将输送电压提升至800kV，同时采用6in晶闸管技术，将额定电流提升至4000A，使工程额定输送容量达到640万kW，最大连续输送容量达到720万kW。经过艰苦的科研攻关，±800kV特高压直流输电的技术难点相继被突破，工程顺利通过严格的试验考核，系统功能和输送能力达到设计要求。而输送容量的提升，也极大地提高了工程的经济性，使单位容量单位送电距离的造价水平低于±500kV直流工程。

（2）科研成果突出，全面掌握特高压直流输电核心技术。为全面支撑关键技术研究，投资建设了世界一流的特高压直流试验基地、高海拔试验基地、杆塔试验基地、特高压直流输电工程成套设计研发（实验）中心、大电网仿真中心，拥有了世界最高参数的高电压、大电网试验和大电网仿真条件，试验研究能力达到了世界领先水平。借助这些先进的试验条件和手段，共完成重大关键技术和工程专项研究130项，研究内容全面系统，涵盖规划、系统、设计、设备、施工、调试、试验、调度、运行等，成功解决了特高压直流输电关键的技术难题，取得了一大批具有世界领先水平的技术成果，全面掌握了特高压直流输电核心技术，实现了原始创新、集成创新和引进消化吸收再创新的有机结合。目前，特高压直流输电技术已申请专利214项，已授权92项。

（3）标准化工作系统推进，完整建立特高压输电技术标准体系。在世界上首次研究形成了从系统成套、工程设计、设备制造、施工安装、调试试验到运行维护的全套技术标准和试验规范，为特高压输电的规模应用创造了条件。推动成立了IEC高压直流输电技术委员会（编号为TC115）并将秘书处设在中国，秘书处成员均为国家电网公司员工，大大增强了中国在世界高压输电领域的话语权。截至目前，共发布特高压直流技术企业标准57项、行业标准8项，立项编制国际标准4项、国家标准14项、行业标准7项，2名系统专家被推荐成为Cigre委员会直流顾问组成员，多名公司系统专家被推荐成为IEC国际标准工作组发起人或成员。

（4）勇于开展设计创新，深入优化工程实施方案。成套设计在对系统主回路、无功补偿、绝缘配合、暂态分析、主设备参数、滤波器设计、控制保护策略等进行深入研究的基础上，选取了技术经济综合指标最优的主回路方案，确定了800kV直流电压最合理的绝缘配合方案，设计出高效的直流滤波系统，在国内首次提出并采用“等值电场强度积污试验法”测量换流站污秽水平。同时，编制出完整的±800kV特高压直流系统的设备规范，打破了以往直流工程采用单一技术路线的惯例，将不同的成套技术整合到同一设计平台上，极大地推动了特高压直流工程标准化设计的进程。工程设计中引入三维设计技术，便捷地实现了阀厅设备布置及空气间隙校核。通过采用GIS设备、交流滤波器“田”字形布置、阀厅面对面布置、换流变安装广场宽度优化等措施，使换流站总平布置紧凑，配电装置功能分区明确，占地面积缩小，大大节省了土地资源。提出双换流器并联融冰理念并成功实现工程应用，通过简单的运行方式倒换即实现线路阻冰、融冰功能。采用6×720mm^{2}大截面导线、选用低噪声设备、换流变使用box-in降噪设计、围墙加装隔音屏障等方案，使工程真正实现“环境友好型”。

（5）关键设备世界首创，成功研制国际领先水平的特高压直流设备。国家电网公司全面主导研制成功了代表国际领先水平的全套特高压直流设备，经过了直流示范工程的全面严格的试验验证和考核，创造了一大批世界纪录。直流输电用6in晶闸管在世界上首次研制成功，并实现工程应用；研制的换流变压器电压等级最高、单台容量最大，换流阀单阀组容量最大，低噪声干式平波电抗器、直流穿墙套管、直流断路器和隔离开关通流能力最大，均创造了世界之最。其中，特高压换流变、换流阀等重要设备研发属于世界级技术难题，采用国内外联合研发的方式，换流变由国内外厂家联合制造供货，平波电抗器和交流设备则完全立足于国内自主研制，使设备国产化率达到67%，并使国内设备厂家依托工程掌握了特高压直流设备制造的核心技术，具备了绝大部分特高压设备批量生产的能力，推动了国内电工装备制造业的产业升级和跨越式发展，提高了民族装备制造业的核心竞争力。

（6）建设管理科学高效，广泛应用新材料、新技术和新工艺。工程采用创新的建设管理模式，坚持以集团化运作抓工程推进，以集约化协调抓工程组织，以精细化管理创精品工程，以标准化建设构技术体系。建立健全了协同高效的三级管理组织体系和科学严谨的三级管理制度体系，坚持“统一指挥、分工协作”的原则，充分发挥公司总部的管理职能和资源优势，发挥直属单位的专业管理优势，发挥属地电力公司的地方协调优势，在工程建设中收到了很好的效果。不仅工程建设质量优良，而且创造了输电工程建设速度的新纪录、新水平。自开工建设以来，仅用约10个月有效时间，即完成近2000km特高压直流线路建设任务；仅用两年半时间，即完成工程双极全部建设任务。同时，大批新材料、新技术和新工艺在工程建设中得到广泛推广，有效提升了工程建设的科技含量。线路大量应用高强钢、F形塔、原状土基础、旋挖钻机机械成孔工艺、六分裂大截面导线同步展放工艺、可拆卸式全钢瓦楞导线盘以及复合绝缘子防鸟害技术等，并开发出基于海拉瓦技术的三维可视管理信息平台，实现了线路工程数字化施工管理；换流站开展防火墙组装大模板、清水混凝土基础质量控制等多项施工技术攻关科研，“大体积混凝土基础温度控制、裂缝防治、预埋螺栓标高控制”等多项科技成果获科技创新成果奖。

(7) 调试试验全面细致，大幅提高现场调试效率。将整个调试任务分解为试验室联调试验、分系统试验、站系统试验和系统试验几个层次逐步实施。试验室联调试验是在试验室仿真一次设备的前提下，从系统角度全面检验控制保护设备的功能、性能及其接口正确性；分系统试验是在控制保护设备现场安装完成后，全面检验二次回路设计和接线的正确性。特高压直流示范工程高度重视这两个调试环节，总共历时19个多月，完成2200项试验室联调项目和20000余项分系统试验项目，为现场站系统和系统试验打下了坚实的基础。站系统和系统试验则根据工程建设进展分期实施，建成一个换流器单元即调试一个，调试时科学优化步骤以减少方式倒换，并根据奉贤站建设进度超前的实际情况，采用提前进行交叉方式试验项目的办法合理有效利用时间，147项站系统试验和591项系统试验仅用时50余天即保质保量完成，系统严格地验证了工程的功能和性能，同时创造了直流输电工程调试效率的新纪录。

(8) 人才培养成效显著，造就出一批特高压技术和管理领军队伍。工程建设注重发挥全体参建者的智慧和力量，力求为所有建设者提供一个自我发挥、自我实现和自我提升的平台，培养出了一大批站在世界电力科技前沿的技术专家，锻炼了一大批善于学习、大胆创新、勇于实践的管理人才，造就了一批特别讲政治、特别负责任、特别能创新、特别能吃苦、特别能战斗、特别能奉献的优秀队伍，为坚强智能电网发展储备了人才资源。

三、特高压前景

1. 发展前景

特高压试验示范工程成功投运，标志着特高压输电技术和建设、运行、管理取得突破，全面推动特高压电网建设已具备条件。依据国家电网公司规划，特高压已经成为未来中国坚强电网的重要组成部分。由于中国的煤电基地主要分布在陕西、蒙西、山西和新疆等地，水电主要分布在四川、云南、西藏等地，风电和太阳能也主要分布在西北部，远离中东部负荷中心，因此需要通过建设坚强电网，实施远距离、大规模输电，在全国范围优化配置能源资源。

发展特高压已纳入国民经济和社会发展第十二个五年规划纲要。展望“十二五”，中国能源供应与需求分布不均衡的问题依然存在，其中中东部地区依然是中国的电力负荷中心，预计到2015年，中东部地区用电仍占全国用电的2/3以上。而电源装机布局上，东部地区受资源和环境容量限制，新增装机将明显放缓。在装机结构上，中西部的风电、水电、太阳能等可再生能源比重将大幅上升。

以华东为例，在加快发展本地核电及风电等新能源的基础上，2020年接受外来电力的比例仍将高达30%。若扩大同步电网规模、提高电压等级，与华中、华北紧密互联，建成“三华”电网，连接各大煤电基地、大水电基地、大核电基地、大可再生能源基地和主要负荷中心，这对于建设坚强受端电网、提高受端电网接受外来电力的能力和保证能源安全具有十分重要的意义。

随着特高压技术的不断发展、成熟，中国的特高压建设正不断推进。2011年9月，中国第二个特高压交流项目——淮南—上海特高压交流工程获得国家发改委核准建设。

依据规划，“十二五”期间，国家电网公司特高压电网建设投资有望达到2700亿元，将在全国建设“三横三纵”特高压交流骨干网架，全国跨区输电比例将从目前的不到10%提高到20%。实现电力的大规模、远距离、高效率输送，构建起中国经济发展的“能源血脉”。

“十二五”期间是中国特高压电网发展的重要阶段，在特高压交流试验示范工程的基础上，将加快“三华”特高压交流同步电网建设。2015年“三华”特高压电网形成“三纵三横”，锡盟、蒙西、张北能源基地通过三个纵向特高压交流通道向“三华”地区送电，北部煤电、西南水电通过三个横向特高压交流通道向中东部负荷中心送电。“十二五”期间建成16回特高压直流，满足西南水电、“三北”地区煤电和风电基地电力送出。

“十二五”期间共新增特高压交流变电站38座、变电容量2.6亿kVA、线路2.6万km；新增特高压直流换流容量2.4亿kW、线路2.7万km。

届时，国家电网形成“三华”（华北、华中、华东）、东北、西北三个同步电网。东北电网与“三华”电网通过高岭直流背靠背、宝清—唐山和呼盟—山东实现异步联网，西北电网与“三华”电网通过灵宝直流背靠背、宁东—山东、哈密—河南等直流工程实现异步联网。

国家电网公司在“十二五”期间将建成“三纵三横”的“三华”特高压同步交流电网（东纵：锡盟—南京，中纵：张北—南昌；西纵：蒙西—长沙；北横：陕北—潍坊；中横：靖边—连云港；南横：雅安—上海）以及10回特高压直流输电工程。

2020年，在“十二五”目标网架的基础上，“三华”特高压同步电网形成“五纵六横”主网架，满足大煤电、大水电、大核电和大可再生能源基地电力输送，为中东部负荷中心大规模接受电力构筑坚强的网络平台。

2015年、2020年特高压电网规划如图3-12和图3-13所示。

2. 中国发展特高压的步骤

中国发展特高压电网，将按照“科学论证，示范先行，自主创新，扎实推进”的方针稳妥地进行。目前，已经经过科学论证阶段，已进入试验示范工程的建设时期。由于目前的某些具体工程正处于不断讨论之中，其实施方案与规划相比可能有一些变化。笔者仅以目前所检索到的资料简要阐述“十二五”和“十三五”时期中国特高压电网的发展和规划情况。

（1）“十二五”期间特高压电网的发展规划。根据规划，2010年前后，交流特高压网架将初具规模，建成北京—石家庄—豫北—南阳—荆门—长沙的南北双回路通道和南、北两个特高压交流外送通道：北通道为雅安—绵阳—万县—荆门—武汉—芜湖—杭北—上海，南通道为雅安—乐山—重庆—恩施—长沙。晋东南、陕北、蒙西煤电基地电力和四川水电注入上述通道中。华北、华中、华东通过交流特高压形成环网结构。特高压及跨区电网输电容量约6000万kW，其中特高压骨干网架输送的容量达到2260万kW。

到2015年前后，交流特高压网架在2010年基础上得到进一步拓展，并建成溪洛渡和向家坝至华东和华中、锦屏至华东、宁夏煤电基地至华东和呼盟煤电基地至沈阳的特高压直流输电工程，特高压汇集的大型水火电基地容量显著增加。特高压及跨区电网输电容量约1.5亿kW，其中特高压骨干网架输送的容量达到1亿kW。

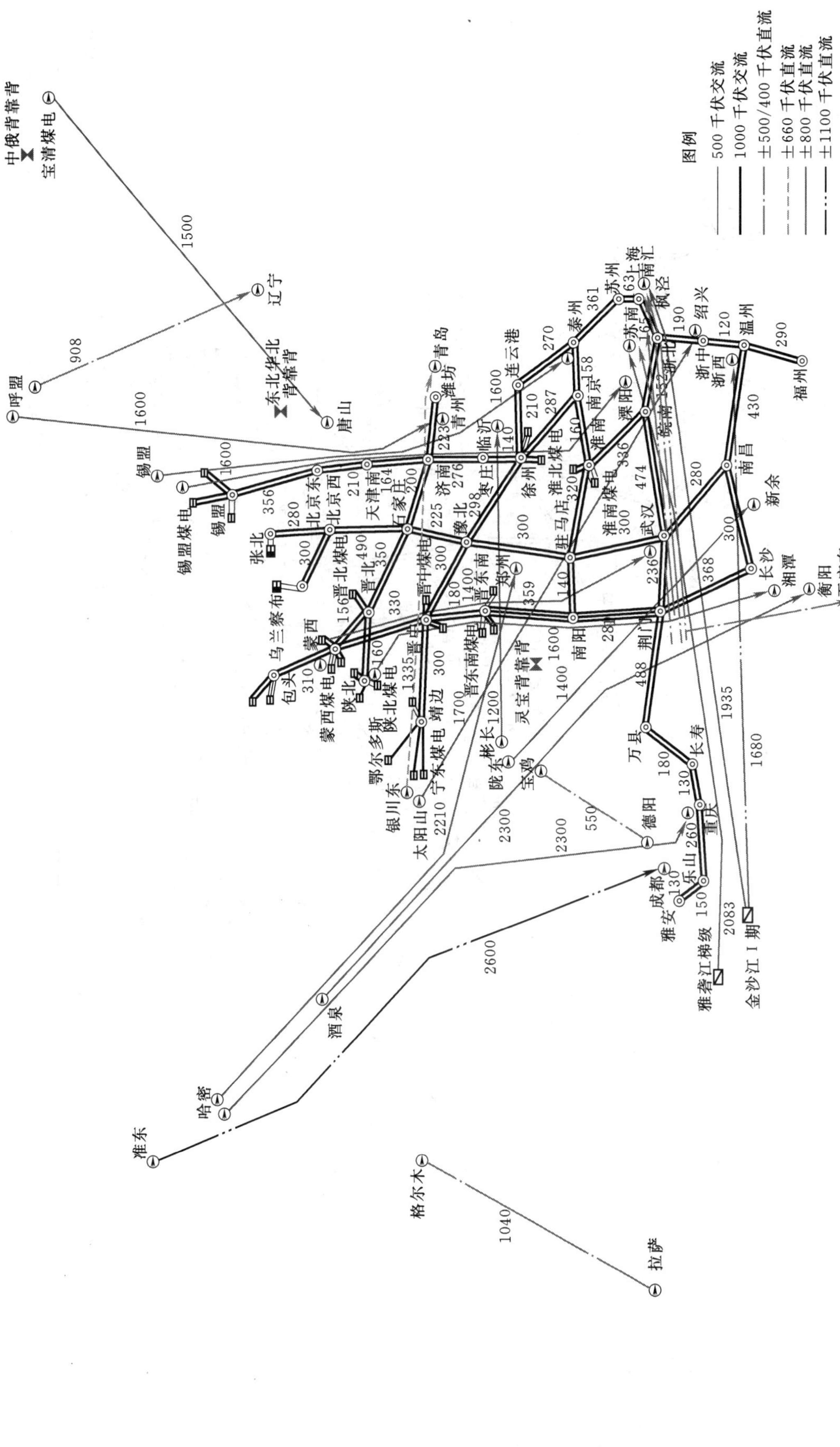

图 3-12　2015 年特高压电网规划图

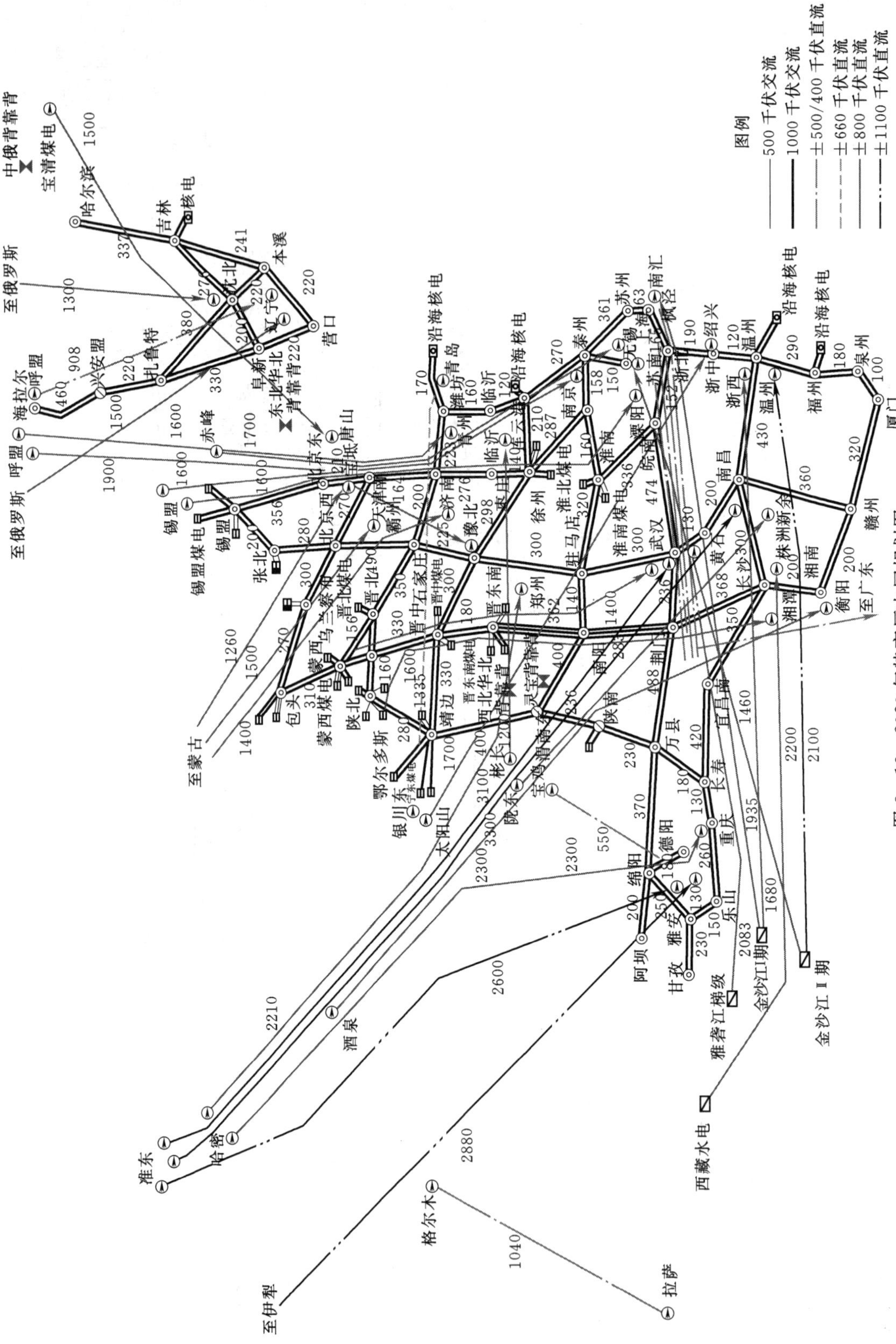

图 3-13 2020年特高压电网规划图

(2)“十二五”后特高压电网规划。2020年前后，国家电网交流特高压系统在华北、华中和华东形成比较坚强的交流特高压网架。蒙西、陕北、晋东南和内蒙锡盟煤电基地以交流特高压分散接入南北方向多条大通道上。淮南坑口电站和徐州坑口电站也接入特高压输电网架中间枢纽点上，在东部受端建设一定容量的支撑电源，主要是沿海核电。四川水电的部分容量通过百万伏级交流向华中和华东输送，形成乐山—重庆—恩施—荆门—武汉—芜湖—杭北—上海东西方向的输电通道。交流特高压输电线路将优先考虑按同塔双回路建设。

金沙江一期溪洛渡和向家坝水电站、二期乌东德和白鹤滩水电站送电华东、华中，锦屏水电站送电华东，宁夏煤电基地送电华东、呼盟煤电基地送电京津地区均采用±800kV级直流。

第四章　分布式能源与微网

分布式能源是相对于传统的集中供电方式而言的，是指将冷、热、电系统以小规模、小容量、模块化、分散式的方式布置在用户附近，可独立地输出冷、热、电能的系统。在此，主要介绍分布式电源。国际分布式能源联盟对“分布式能源”给出的定义是：能够在消费地点或离消费地点很近的地方发电，并具有以下特点：①高效地利用发电产生的废能生成热和电；②现场端的可再生能源系统；③能够利用现场废气、废热及多余压差来发电的能源循环利用系统。这些系统就称为分布式能源系统。值得注意的是，分布式能源是一种建立在用户端的能源供应方式，既可独立运行，也可并网运行，而不论规模大小、使用什么燃料或应用的技术。分布式能源按照电力是否实时使用可分为分布式发电和分布式储能。

第一节　分布式发电与储能

一、分布式发电

分布式发电（Distributed Generation，DG）是指功率在几十千瓦到几十兆瓦范围内、模块式的、分布在负荷附近的清洁环保发电设施，能够经济、高效、可靠地发电。分布式发电是区别于传统集中发电、远距离输电、大互联网络的发电形式。发电可采用可再生能源，也可采用传统燃料，如煤、天然气、水等。具体的发电技术见第二章。

二、分布式储能

分布式储能设备能源存储系统采用化学方式，诸如钒电池（VRB）或者钠硫电池（NaS），以提供长寿命电源系统，改善负荷因素提高电能质量，同时提供电压、暂态稳定性和频率的调节功能。常见的分布式储能设备如下。

1. 钠硫电池

钠硫电池是一种以金属钠为负极、硫为正极、陶瓷管为电解质隔膜的二次电池。在一定的工作度下，钠离子透过电解质隔膜与硫之间发生的可逆反应，形成能量的释放和储存。

钠硫电池是美国福特公司于1967年首先发明公布的，至今才40多年的历史。

电池通常是由正极、负极、电解质、隔膜和外壳等几部分组成。一般常规二次电池如铅酸电池、镉镍电池等都是由固体电极和液体电解质构成，而钠硫电池则与之相反，它是由熔融液态电极和固体电解质组成的，构成其负极的活性物质是熔融金属钠，正极的活性物质是硫和多硫化钠熔盐，由于硫是绝缘体，所以硫一般是填充在导电的多孔的炭或石墨毡里，固体电解质兼隔膜的是一种专门传导钠离子被称为氧化铝（Al_2O_3）的陶瓷材料，外壳则一般用不锈钢等金属材料。

钠硫电池具有许多特色之处：

(1) 比能量（即电池单位质量或单位体积所具有的有效电能量）高。其理论比能量为760Wh/kg，实际已大于1000Wh/kg，是铅酸电池的3～4倍。如日本东京电力公司（TEPCO）和NGK公司合作开发钠硫电池作为储能电池，其应用目标瞄准电站负荷调平（即起削峰平谷作用，将夜晚多余的电存储在电池里，到白天用电高峰时再从电池中释放出来）、UPS应急电源及瞬间补偿电源等，并于2002年开始进入商品化实施阶段，已建成世界上最大规模（8MW）的储能钠硫电池装置，截至2005年10月统计，年产钠硫电池容量已超过100MW，同时开始向海外输出。

(2) 可大电流、高功率放电。其放电电流密度一般可达200～300mA/cm²，并瞬时间可放出其三倍的固有能量；再一个是充放电效率高。由于采用固体电解质，所以没有通常采用液体电解质二次电池的那种自放电及副反应，充放电电流效率几乎100%。当然，钠硫电池也有不足之处，其工作温度在300～350℃，所以，电池工作时需要一定的加热保温。但采用高性能的真空绝热保温技术，可有效地解决这一问题。

钠硫电池已经成功用于削峰填谷、应急电源、风力发电等可再生能源的稳定输出以及提高电力质量等方面。目前在国外已经有上百座钠硫电池储能电站在运行，是各种先进二次电池中最为成熟和最具潜力的一种。例如，解决风电并网问题，利用储能技术把风电的间歇能量变成容易调节的能源，可用于电量和功率应用的场合，但需要降低成本。

2. 钒电池

钒电池全称为全钒氧化还原液流电池（Vanadium Redox Battery，VRB)，是一种活性物质呈循环流动液态的氧化还原电池。

与其他化学电源相比，钒电池具有明显的优越性，主要优点有功率大、容量大、效率高、寿命长、响应速度快、可瞬间充电、安全性高、成本低、选址自由度大等。

能用来调峰、调频，支持电压和暂态稳定；数小时的存储量能通过简单增加额外容器的大小来增加；弱点是电解液的低能量密度和对空间的需求；钒液流电池能够在小尺寸下提供8h的存储量。可作为大厦、机场、程控交换站备用电源；可作为太阳能等清洁发电系统的配套储能装置；为潜艇、远洋轮船提供电力以及用于电网调峰等。

3. 超级电容器

超级电容器（Super Capacitor，Ultra Capacitor)，又称为双电层电容器（Electrical Doule - Layer Capacitor)、电化学电容器（Electro chemical Capacitor，EC)，黄金电容、法拉电容，通过极化电解质来储能。它是一种电化学元件，但在其储能的过程并不发生化学反应，这种储能过程是可逆的，也正因为此超级电容器可以反复充、放电数十万次。超级电容器可以被视为悬浮在电解质中的两个无反应活性的多孔电极板，在极板上加电，正极板吸引电解质中的负离子，负极板吸引正离子，实际上形成两个容性存储层，被分离开的正离子在负极板附近，负离子在正极板附近。

超级电容器在分离出的电荷中存储能量，用于存储电荷的面积越大、分离出的电荷越密集，其电容量越大。

传统电容器的面积是导体的平板面积，为了获得较大的容量，导体材料卷制得很长，有时用特殊的组织结构来增加它的表面积。传统电容器是用绝缘材料分离它的两极板，一般为塑料薄膜、纸等，这些材料通常要求尽可能的薄。

超级电容器的面积是基于多孔炭材料，该材料的多孔结构允许其面积达到 $2000m^2/g$，通过一些措施可实现更大的表面积。超级电容器电荷分离开的距离是由被吸引到带电电极的电解质离子尺寸决定的。该距离和传统电容器薄膜材料所能实现的距离更小。这种庞大的表面积再加上非常小的电荷分离距离使得超级电容器较传统电容器而言有大得惊人的静电容量，这也是其“超级”所在。

超级电容器能像电池一样存储，能像电容器一样在几秒内释放能量，在电力系统中主要应用于电动汽车的快速启动、电网改造、户外开关、风力发电等。

4. 超导磁储能

超导磁储能装置是利用超导材料制成的线圈，由电网经变流器供电，在线圈中产生磁场而储存能量，在需要时可将此能量经逆变器进回电网或作其他用途。在电能存储过程中，与其他储能方法相比，损耗最少，如果储能线圈一直维持在超导态，则线圈中所储存的能量可以几乎是无损耗地永久储存下去，直到需要释放它为止。因此，与其他储能系统相比，超导磁储能装置具有很高的转换效率（可达 95%）和较快的反应速度（可达几毫秒）。正因为如此，超导磁储能装置不仅可用于调节电力系统的峰谷，而且可用于降低甚至消除电网的低频功率振荡从而改善电网的电压和频率特性；此外，它还可用于无功和功率因数的调节以改善系统的稳定性。目前，分布式超导磁储能装置已经被部署，用于增强传送回路的稳定性。

第二节 分布式发电对电力系统的影响

分布式发电装置主要是接在配电网上，当其与配电网并网运行时，往往会产生一些问题，同时也对整个电力系统有较大的影响。

1. 分布式发电对电能质量的影响

分布式发电（Distributed Generagion，DG）是建立在电力电子技术基础之上的，大量的电力电子转换器增加了大量的非线性负载，将会引起电网电流、电压波形发生畸变，引起电网的谐波污染。

（1）电压调整。负荷潮流变化大，使馈线上的电压幅值发生变化，调整和维持困难，调节不当时电压反而可能超标。如电力电子型电源，电压调节和控制方式与常规方式不同（有功和无功可分别单独调节）。DG 的频繁启动使配电网电压常常发生波动。对电压骤降，DG 可能有用，也可能无用，对装在 DG 母线侧的可能有用，对装在邻近母线侧的用户口可能无用。在无变化的情况下，配电馈线上所能装 DG 的多少主要取决于电压调节性能。在分布式电源为风电的情况下，电源需要从电网吸收无功，且随时波动，使电压调节变得困难。

（2）电压闪变。并网时一般不会发生闪变，孤岛运行时如果储能元件能量太小，易发生电压闪变。

（3）电压不平衡。如果使用电力电子型电源，逆变器的控制策略对网络不平衡电压会有影响。

（4）谐波畸变和直流注入。电力电子型电源易产生谐波，造成谐波污染。采用投切式

PWM 可使谐波降低。此外，如无隔离变压器而与电网直接相连，有可能向电网注入直流，使变压器和电磁元件出现磁饱和现象，并使附近机械负荷发生转矩脉动。

针对中压配电网引入 DG 后，一些重要母线的谐波电压水平发生变化，提出可以在谐波电压水平较高的母线上安装特殊滤波器来抑制谐波。还可以建立适合于大型重要负荷（包括 DG）的电能指标，它不是基于用户数量的大小，而是综合考虑系统峰荷特性和用户消费电力的断续频率。

2. 分布式发电对配电网稳定性的影响

大量 DG 在电网随机投入和退出运行加大了电力系统负荷预测的不确定性，使配电系统规划者难于准确预测负荷增长情况；配电网规划是动态规划问题，其动态属性同其维数密切相关，配电网本身节点数非常多，系统增加的大量分布式发电机节点使得在所有可能网络结构中寻找最优网络布置方案更加困难。因此，系统运行规划者必须准确评估这些影响，寻求精确的负荷预测方法和合适的优化方法，并给出 DG 最优位置和容量以保证含 DG 的配电系统运行的安全性和经济性。针对含多种类型 DG 混合联网的供电系统，如何根据各类型能源分布特征建立模型，如何在配电网中确定合理的电源结构，协调有效利用各种类型电源成为迫切需要解决的问题。国家能源政策、能源规划也直接影响了电力系统规划决策过程。

可以通过分析不同形式的 DG 设备及其安装位置和注入容量与电压指标之间的定量关系，使 DG 的规划方案能够改善配电系统的电压稳定性，最大限度地提高配网承受负荷增长的能力，从而延缓输电和配电设备的投资扩建。

3. 分布式发电对继电保护的影响

分布式电源接入配电网后，辐射式网络将变为多电源网络，潮流也不再单向地从变电站母线流向各负荷。配电网的根本性变化使得电网各种保护定值与机理发生了深刻变化。一种在分布式电源并网时的保护及自动装置配置方案，能将配电网原有的距离保护改造为允许式方向纵联保护，提高了并网变电站的供电可靠性，具有实际可行性。借助于电磁暂态计算程序（EMTP）仿真分析分布式同步电机（SG）和感应电机（IG）在配电网中对保护定值的影响。仿真结果表明，分布式电源的联网影响了故障切除时间，SG 的临界切除时间虽然大于 IG，但两者的临界切除时间都低于没有分布式电源的临界故障切除时间，这将对现有的保护整定配合产生巨大影响。故障发生时为确保保护装置正确动作，应切断电网中的 DGS。但引发了如下问题：过电流故障的切除与 DGS 的切断在时限上的配合；自动重合闸开断时间间隔内，确保 DGS 快速切断；在架空线和地下电缆的混合线路中切断 DGS，变压器空载运行，电缆对地电容与变压器△侧的线圈发生铁磁谐振，产生不规则的高电压大电流，严重威胁线路的电力器件。上述的种种问题，都将是分布式发电技术应用后，继电保护需要考虑的问题。

4. 分布式发电的电网安全管理

在欧洲的部分国家，分布式发电的装机容量占全部装机量的比重已经很高，这引发了许多系统管理上的问题，对系统的安全运行造成威胁。

风能和太阳能作为分布式能源的重要组成部分，都具有波动性和间歇性的特点，对可靠供电造成冲击。通过改进天气预报的准确性，可以更加准确地预测分布式发电的变化情况，通过合理调度减小其波动对电网的影响。通过引入多种可再生能源相结合的虚拟电厂(Virtual Power Plant，VPP)，综合考虑风电厂、光伏电厂、生物燃气热电厂、抽水蓄能电站等新能源，与先进的预报技术相结合，可以较好地调控 VPP 发电量，以满足可靠供电的要求。

为了避免在最坏情况下可能发生的问题，法国进行了考虑分布式发电情况下优化网络操作的研究，包括电压控制、发电负荷管理、网络安全分析、配电网络评估等。将目前在输电网中应用的安全监控手段（如继电保护安全评估和电网动态安全评估）引入配置有分布式电源的配电网，可以提高全网的运行可靠性。通过市场的手段动态平衡电力供需要求，可以充分利用分布式发电的灵活性，有助于保持电力供需平衡。大比重的分布式发电增加了输电线上潮流的随机性，通过在广域控制系统中相应增加对负荷的控制，可以减小停电事故发生的几率，增强系统稳定性。

随着发电量比重的逐渐增加，为了保证电力供应的安全性和经济性，分布式发电对电网灵活性和电力市场国际化提出了更高的要求。电网运营单位需要在电力的市场交易、生产、输送和需求等多个方面共同采取措施，以满足分布式发电的要求。

第三节 分布式发电对电力市场的影响

分布式发电的普及将对电力市场的走向和最后格局产生深远的影响。电力公司和用户之间将形成新型的关系。用户可以从电力公司买电，也可以用自己拥有的分布式电源向电力公司卖电或为电力公司有偿提供削峰、紧急功率支持等服务。

用户通过储能设备在满足自身电力需求并有剩余电力的情况下，向电网送电，这不仅改变了电力系统的运行方式，也改变了电力市场的供需关系。电力市场的实时价格将为供需关系的协调提供不可或缺的激励信号。另外，分布式发电大量涌现后，电网中会出现一种新的运行方式——孤岛运行模式。智能电网由许许多多、有大有小的孤岛组成，将就地的可再生能源电源和负荷结合起来进行协调控制，使可再生能源的电量就地消纳，多余电量上网远距离输送或存储，从而缓解电网调峰压力，保证电网安全稳定运行。如果主网出现故障时，具备独立运行条件的配电网自动解列；处于解列的配电网出现故障时，则更小的安全孤岛自动实现独立运行。

在输配分离的电力市场中，配电公司作为市场参与者在区域批发市场参与竞价，从批发市场购买高电压等级的电能，然后将这些电能通过配电公司自行管理的配电网络或其他输电公司的输电网络输送到终端用户。由于分布式发电的发展，配电公司面临的电力市场发生了变化，不仅可以与集中发电商签订双边合同或从批发现货市场购买电能，而且还可以从配电区域内的分布式发电商购得电能，获得服务或提供有偿服务。

分布式发电可以参与平衡市场、电能市场、配电网络管理及辅助服务市场。分布式发电参与电能市场主要是指终端用户（个人或企业）拥有发电设备，所发电量可以满足自身的基本要求，剩余电力可以卖给市场。这种交易模式的主要参与者是分布式发电商，他们发电并利用当地配电系统运行人员提供的配电网络和计量设备，将电力输出卖给电力供应商。但是，分布式能源与公共电网并联运行时，电力公司为其提供了备用支持的容量，保证其运行的稳定性，当分布式发电机组高效运行时，电网备用容量的负载率和运行效率却很低。因此，分布式发电商应向电力公司支付必要的补偿。例如，CCHP 系统（冷热电联供）与大电网之间宜实行并网但不上网，产生的电力满足基本符合要求，高峰部分由电网来补充。其定价方法应采用长期边际成本定价方法，比会计成本定价更能体现电网实际成本的增加，同时，应针对不同并网电压等级制定不同的备用费用收取额度。

第四节 微 网

分布式发电尽管优点突出，但其接入电网而引起的众多问题也往往限制了分布式发电的广泛应用。例如，分布式能源单机接入成本高、控制困难。另外，其相对于大电网来说是一个不可控源，因此大系统一般采取限制、隔离的方式来处置分布式电源，以减小其对大电网的冲击。IEEE P1547 对分布式电源的入网标准做了规定：当电力系统发生故障时，分布式电源必须马上退出运行。这就大大限制了分布式能源效能的充分发挥。为协调大电网与分布式电源间的矛盾，充分挖掘分布式能源为电网和用户所带来的价值和效益，在 21 世纪初，学者们提出了微电网（Micro Grid）的概念，简称“微网”。

微电网以系统的观点看问题，将发电机、负荷、储能装置及控制装置等结合，形成一个单一可控的单元，同时向用户提供电能和热能。微电网中的电源多为微电源，也就是含有电力电子界面的小型机组（小于 100kW），包括微型燃气轮机、燃料电池、光伏电池以及超级电容、飞轮、蓄电池等储能装置。它们接在用户侧，具有低成本、低电压、低污染等特点。微电网的概念为分布式发电的运行提供了一个全新的范例。微电网既可与大电网联网运行，也可在电网故障或需要时断开独立运行。它还具有双重角色：对大系统来说，微电网可以看作系统的一个可控元件，例如，这个元件可以被控制为一个简单的可调度负荷，可以在数秒内做出响应以满足传输系统的需求；对于用户来说，微电网可以作为一个可定制的电源，以满足用户多样化的需求。此外，紧紧围绕全系统能量需求的设计理念和向用户提供多样化电能质量的供电理念是微电网的两个重要特征。在接入问题上，微电网的入网标准只针对微电网与大电网的公共连接点，而不针对各个具体的微电源。微电网不仅解决了分布式电源的大规模接入问题，充分发挥了分布式电源的各项优势，还为用户带来了其他多方面的效益。

一、微网的概念

目前，国际上对微型电网的定义各不相同。美国电气可靠性技术解决方案联合会（CERTS—Consortium for Electric Reliability Technology Solutions）给出的定义为：微电网是一种由负荷和微型电源共同组成的系统，它可同时提供电能和热量；微电网内部的电源主要由电力电子器件负责能量的转换，并提供必需的控制；微电网相对于外部大电网表现为单一的受控单元，并可同时满足用户对电能质量和供电安全等的要求。图 4-1 所示为 CERTS 提出的微电网结构图。

欧盟微电网项目（European Commission Project Micro—GRIDS）给出的定义是：利用一次能源；使用微型电源，分为不可控、部分可控和全控三种，并可冷、热、电三联供；配有储能装置；使用电力电子装置进行能量调节。

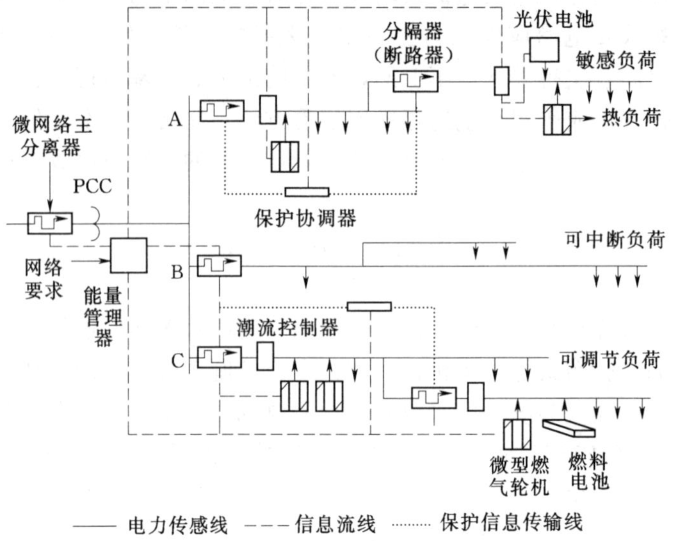

图 4-1 CERTS 提出的微网结构

美国威斯康星麦迪逊分校（University of Wisconsin—Madison）的 R. H. Lasseter 给出的概念是：微电网是一个由负载和微型电源组成的独立可控系统，对当地提供电能和热能。这种概念提供了一个新的模型来描述微电网的操作；微电网可被看做在电网中一个可控的单元，它可以在数秒钟内反应来满足外部输配电网络的需求；对用户来说，微电网可以满足他们特定的需求：增加本地可靠性，降低馈线损耗，保持本地电压，通过利用余热提供更高的效率，保证电压降的修正或者提供不间断电源。图 4-2 所示威斯康新大学新能源实验室的微电网结构图。

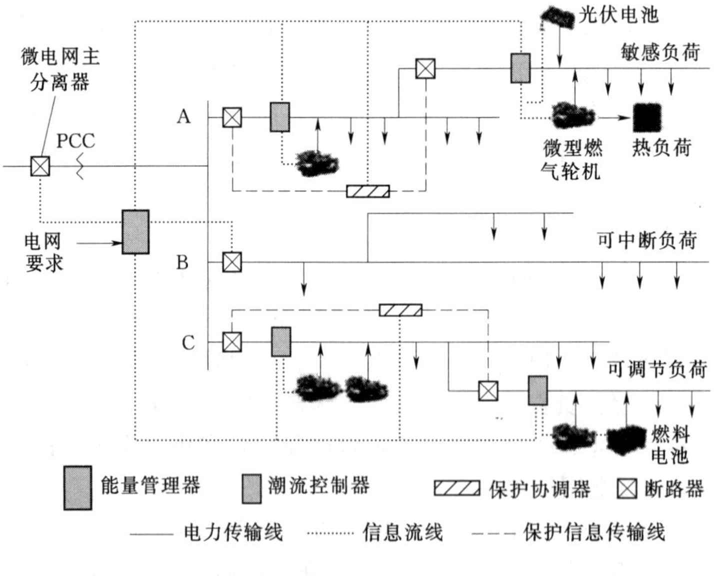

图 4-2 威斯康新大学提出的微网结构

综合以上，并结合中国电网的实际状况，可以得出微电网的定义：能量来源主要为可再生能源；发电系统类型可为微型燃气轮机（Micro—Turbine）、内燃机（Gas Engine）、燃料电池（Fuel Cell）、太阳能电池（PV Panel）、风力发电机（Wind Generator）、生物质能（Biomass Energy）等；系统容量为20kW～10MW；网内的用户配电电压等级为380V，或者包括10.5kV；如与外部电网进行能量交换，电压等级由微电网的具体应用等情况而定。微电网的用电方式可以达到以下要求。

（1）经济。能源合理梯级利用—提高能源利用效率（60%～90%）—节能，投资回报率高、降低成本和投资，就近供电，减少网损。

（2）环保。减轻环保压力（排放总量减少、减少征地及线路走廊、减少高压电磁污染）。

（3）能源。多个电源，多种燃料，可为用户同时提供多种能源（电、热、冷），解决能源危机和能源安全问题，可利用新能源（氢）和可再生能源。

（4）安全及可靠性。调峰问题（与燃气互补）、备用问题，提高供电可靠性和供电质量，防止大面积停电事故的发生，防灾害（战争、地震、恐怖活动等）。

（5）电力市场。适应电力市场发展需要。

（6）投资风险。降低大型电站建设投资风险。

（7）扶贫。解决边远地区供电困难。

二、微网的基本结构

1. 微网结构分析

图4-1中包括三条馈线A、B和C及1条负荷母线，网络整体呈辐射状结构。馈线通过主分隔装置通常是一个静态开关与配电系统相连，可实现孤网与并网运行模式间的平滑切换。该开关点即PCC所在的位置，一般选择为配电变压器的原边侧或主网与微电网的分离点。IEEE P1547标准草案规定在PCC处，微电网的各项技术指标必须满足预定的规范。负荷端的馈线电压通常是480V或更低。

图4-1展示了光伏发电、微型燃气轮机和燃料电池等微电源形式，其中一些接在热力用户附近，为当地提供热源。微电网中配置能量管理器和潮流控制器，前者可实现对整个微电网的综合分析控制，而后者可实现对微电源的就地控制。当负荷变化时，潮流控制器根据本地频率和电压信息进行潮流调节，当地微电源相应增加或减少其功率输出以保持功率平衡。

图4-1还示范了针对三类具有不同供电质量要求的负荷的个性化微电源供电方案。对于连接在馈线A上的敏感负荷，采用光伏电池供电。对于连接在馈线C上的可调节负荷，采用燃料电池和微型燃气轮机混合供电；对于连接在馈线B上的可中断负荷，没有设置专门的微电源，而直接由配电网供电。这样，对于敏感负荷和可调节负荷都是采用双电源供电模式，外部配电网故障时，馈线A、C上的静态开关会快速动作，使重要负荷与故障隔离且不间断地向其正常供电，而对于馈线B上的可中断负荷，系统则会根据网络功率平衡的需求，在必要时将其切除。

该结构初步体现了微电网的基本特征，也揭示出微电网中的关键单元：①每个微电源的接口、控制；②整个微电网的能量管理器，解决电压控制、潮流控制和解列时的负荷分配、稳定及所有运行问题；③继电保护，包括各个微电源及整个微电网的保护控制。

微电网虽然也是分散供电形式，但它绝不是对电力系统发展初期的孤立系统的简单回归。微电网采用了大量先进的现代电力技术，如快速的电力电子开关与先进的变流技术、高效的新型电源及多样化的储能装置等，而原始孤立系统根本不具有这样的技术水平。此外，微电网与大电网是有机整体，可以灵活连接、断开，其智能性与灵活性远在原始孤立系统之上。

表4-1列出了国外的微电网几种结构。

表4-1 国外微网研究比较

研究机构	建立时间	系统容量	电压等级	能　源
威斯康星大学麦迪逊分校	2001年	200kW	208V/480V	微燃机、燃料电池
芬兰 Fampere 工业大学	2005年	96kW	400V	太阳能电池、蓄电池
希腊雅典工业大学	2002年	80kW	400V	微燃机、太阳能电池、燃料电池、风机，飞轮储能
欧盟微电网实验室（葡萄牙、希腊、英国等）	2002年	210kW	400V	燃料电池、微燃机，飞轮储能、蓄电池
加拿大多伦多大学	2005年	7.5MW	13.8kV/480V	柴油/汽轮机

2. 微电源和储能分类

微电源是微电网中重要的组成部分。它反应时间在毫秒级，采集本地信息来控制微电源。微电源自身中基本的动作不需要为电源之间的联系，即每个变换器在负荷变化的情况下不用与其他电源等装置进行数据交换。控制器的基本输入量是输出功率的稳定工作点时的母线电压和功率。在时域中，电源总供给功率和负荷总需求功率都是动态变化的，并且两者并不是每时每刻都能达到供需平衡。在电源总发电功率大于负荷总需求功率时，将多余的能量储存在储能单元中；同样的，在电源总发电功率小于负荷总需求功率时，将储能单元中储能的能量以恰当的方式释放出来。如今，储能方式有许多种，各种方式的性能也是各异。需要研究根据系统稳定的需求来选择储能方式。传统电力系统的电源都是同步发电机。然而，微电源因燃料来源而各不相同，可以将供电电源分成三种基本的大类。

（1）直流电源。如燃料电池、太阳能电池、蓄电池以及储能电容器等，其并网方式如图4-3所示。

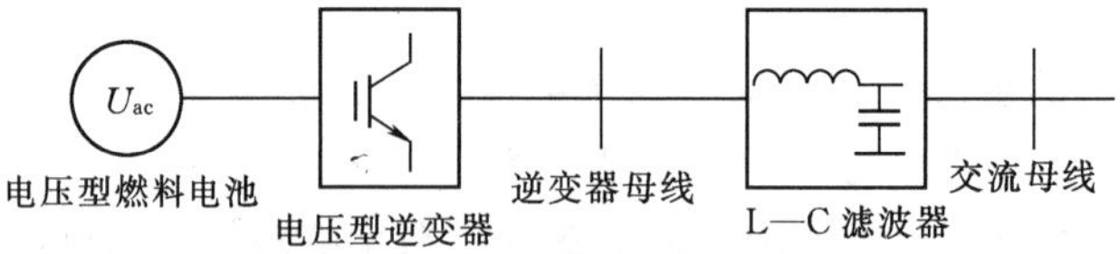

（a）燃料电池

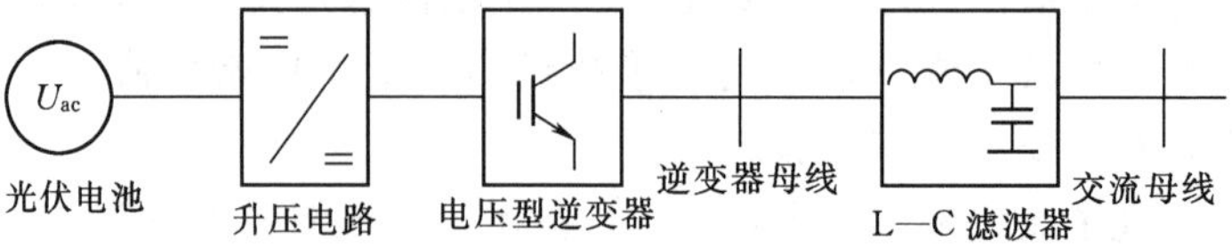

（b）太阳能电池

图4-3 直流逆变电源

(2) 交直交电源。如微轮机，其发出的交流电需要整流然后逆变，如图 4－4 所示。

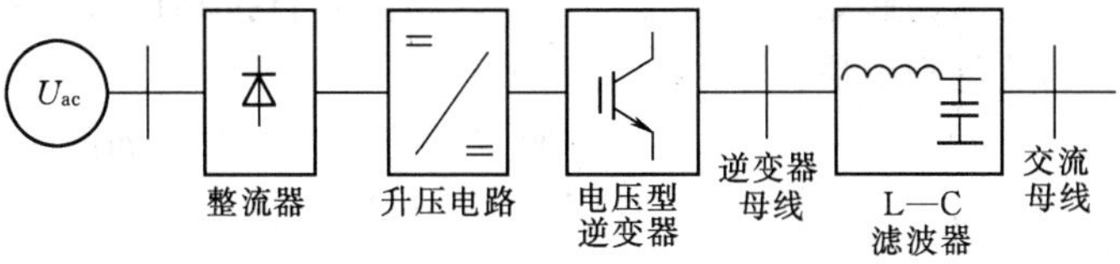

图 4－4 交直交电源

(3) 工频交流电源。如以鼠笼式感应电机为主的风力发电机和传统的小功率同步发电机。

3. 微电源控制器

第一类和第二类的电源最后可以归结为图 4－5 所示形式。输出 P 和 Q 的幅值由基本等式 (4－1)、式 (4－2) 表示。P 主要决定于功率角 δ_P（逆变器输出到负荷的角度差），而 Q 决定于逆变器输出电压 U。

$$P = \frac{3UE}{2X}\sin\delta_P \tag{4-1}$$

$$Q = \frac{3U}{2X}(U - E\cos\delta_P) \tag{4-2}$$

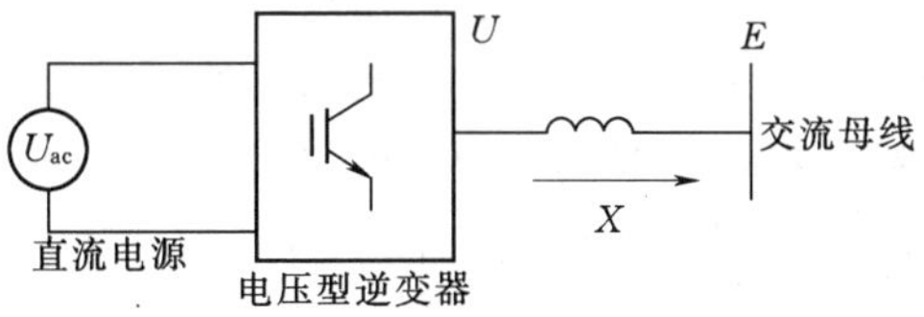

图 4－5 直流逆变并网

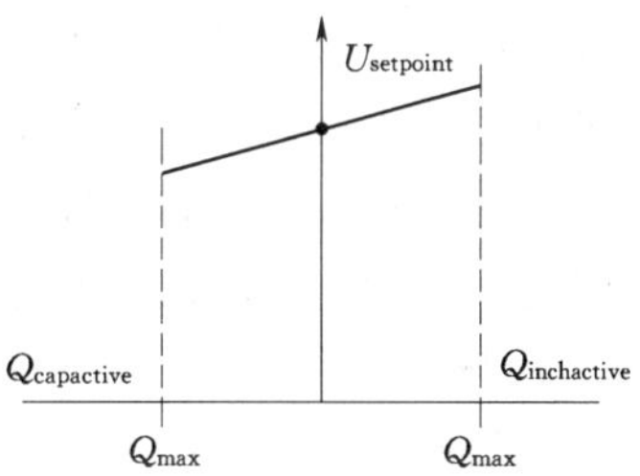

图 4－6 无功—电压调节曲线

在微电网中，由于几个微电源互连，很难对它们进行联合 P—Q 控制的。因此，各个微电源对自身的电压调节对维持可靠性和稳定性就显得有必要了。若没有本地电压调节，连有大量微电源的系统将经历电压或无功功率振荡。电压控制需要确保没有大的感性电流环流出现在电源之间，这相当于受到同步发电机的冲击。在传统电网中，发电机之间的内阻抗通常大到足以防止产生环流。而在放射性结构的微电网中，大的感性电流环流是个问题。若电压稳定点有所偏差，电流环流将超过微电源的额定值。当产生于微电源中的感性电流变成容性时，母线电压的整定值需要降低。相反的，当电流变成感性时，母线电压的设定值就要提高。这种控制策略的目标曲线如图 4－6 所示。

微电网系统有与外部电网并网和独立运行两种模式。当电网并网时，微电网内的负荷根据用户的情况从电网内部以及外部吸收能量。由于电压降落、故障、停电检修等原因造成外部电网连接中断，微电网需要从并网平滑过渡到独立运行状态。与外部电网隔离后，微电网进入独立运行模式。微电网内部的每个微电源电压相角变化导致本地频率下降。在独立运行模式下，由于微轮机和燃料电池的慢响应，负荷跟踪和欠惯性问题随之出现。储能单元的存在，会导致系统频率会有轻微减小。所以，设计成独立运行模式下的微电网系统必须提供储能单元来确保起始能量平衡。这些问题需要直接利用每个微电源独立工作时的功率—频率曲线函数得到解决。

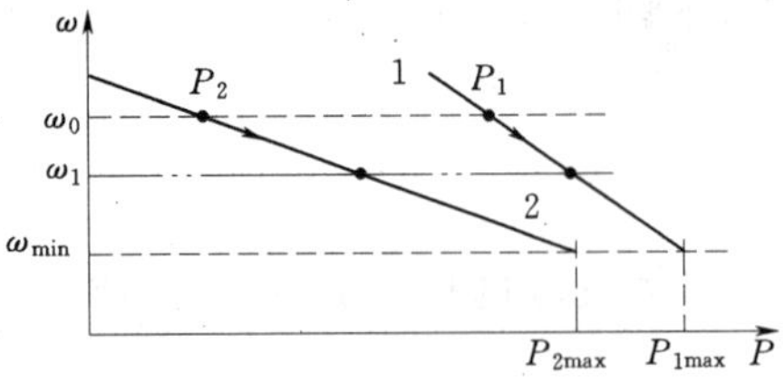

图 4-7 功率—频率控制曲线

假定有两台微电源，如图 4-7 所示。设电源分别有不同的额定值 P_{1max}、P_{2max}。在并网模式下有基频功率 P_{10}、P_{20}。曲线下降定义为确保两个系统工作在额定功率和同样的最小频率下。

当功率需求变化时，两个电源工作在不同的频率下，这导致电源之间的功角发生变化。之后，电源的频率将会朝向相对较低的同一值 ω_1 变化。

曲线 2 所代表的电源最初工作在相比曲线 1 较低的功率下。在新的出力定值上，曲线 2 已经增加了它在总的功率需求中的份额。尽管功率在几十毫秒级别时间内调节，但是频率恢复需要相对长的时间。因此，恢复功能必须包括在每个控制器中。

三、微网的关键问题

1. 微网的控制

由微电网的结构分析可看到，微电网如此灵活的运行方式与高质量的供电服务，离不开完善的稳定与控制系统。控制问题也正是微电网研究中的一个难点问题。其中一个基本的技术难点在于微电网中的微电源数目太多，很难要求一个中心控制点对整个系统做出快速反应并进行相应控制，往往一旦系统中某一控制元件故障或软件出错，就可能导致整个系统瘫痪。因此，微电网控制应该做到能够基于本地信息对电网中的事件做出自主反应。例如，对于电压跌落、故障、停电等，发电机应当利用本地信息自动转到独立运行方式，而不是像传统方式中由电网调度统一协调。

具体来讲，微电网控制应当保证：①任一微电源的接入不对系统造成影响；②自主选择运行点；③平滑地与电网并列、分离；④对有功、无功进行独立控制；⑤具有校正电压跌落和系统不平衡的能力。

目前，已有三类经典的微电网控制方法。

(1) 基于电力电子技术的"即插即用"与"对等"的控制思想。该方法根据微电网控制要求，灵活选择与传统发电机相类似的下垂特性曲线进行控制，将系统的不平衡功率动态分配给各机组承担，具有简单、可靠、易于实现的特点。但该方法没有考虑系统电压与频率的恢复问题，也就是类似传统发电机中的二次调整问题，因此，在微电网遭受严重扰动时，系统的频率质量可能无法保证。此外，该方法仅针对基于电力电子技术的微电源间的控制。

(2) 基于功率管理系统的控制。该方法采用不同控制模块对有功、无功分别进行控制，很好地满足了微电网多种控制的要求，尤其在调节功率平衡时，加入了频率恢复算法，能够很好地满足频率质量要求。另外，针对微电网中对无功的不同需求，功率管理系统采用了多种控制方法，从而大大增加了控制的灵活性并提高了控制性能。但与第 (1) 种方法类似，这种方法只讨论了基于电力电子技术的机组间的协调控制，未综合考虑它们与含调速器的常规发电机间的协调控制。

(3) 基于多代理技术的微电网控制方法。该方法将传统电力系统中的多代理技术应用于微电网控制系统。代理的自治性、反应能力、自发行为等特点，正好满足微电网分散控制的需要，提供了一个能够嵌入各种控制性能但又无需管理者经常出现的系统。但目前多代理技术在微电网中的应用多集中于协调市场交易、对能量进行管理方面，还未深入到对微电网中的频率、电压等进行控制的层面。要使多代理技术在微电网控制系统中发挥更大作用，仍有大量研究工作需要进行。

微电网控制系统的未来研究方向是：①在独立和并网种运行方式下，已有的频率、电压控制方法在微电网中的适用性校验；②不同类型微电源如基于变流器和不基于变流器可控和间歇的运行和控制；③更加先进、智能的控制策略。

2. 微网的接入标准

微电网的接入标准也是人们较为普遍关注的问题。目前，IEEE 已重新修改了分布式电源的入网标准。新标准中的 IEEE P1547.4 对分布式独立电力系统的设计、运行及接入系统导则进行了详细规定。

除上述提及的几点外，微电源也是微电网技术的研究重点。虽然燃料电池、光伏发电、储能系统等在发挥微电网节能、降耗及环保效益方面具有极大潜力，但目前这些新型电源的成本仍然较高。加快对这些电源的技术研究、降低其成本也是增强微电网竞争力、推动其发展的有利因素。

3. 微网的经济性

微电网的经济性是微电网吸引用户并能在电力系统中得以推广的关键所在。在经济运行方面，微电网虽然可以从大电网的调度原则、电能交易、资源配置原则等方面借鉴众多经验，但微电网本身的许多独特之处也使得其经济运行问题带有自身特点。

从目前研究来看，微电网的经济性研究主要体现在两方面。

(1) 微电网系统设计的研究。微电网的经济效益是多方面的，但从用户来看，其效益主要集中于能源的高效利用和环保以及个性化电能供给的安全、可靠、优质方面。优化资源配置、实现高效能源供给是体现微电网经济性的重要方面，也是微电网研究中的一项重点。目前，由美国提出的分布式电源用户侧模型（DER—CAM—Distributed Energy Resource - Customer Adoption Model）是对微电网资源结构进行经济设计的重要工具。该模型将分布式发电的安装和运行成本等与电力部门的供电费用结构进行比较，可以为用户提供供电效果佳且成本低的分布式发电技术组合以及热电联产的技术配置决策。更进一步的研究还将该模型与地理信息系统相结合，应用地理信息系统的数据信息对用户周围的地理因素进行识别和分析，采用就近组合原则形成用户群，为实现微电网良好的经济效益提供了重要的现实基础。

许多学者已将该模型应用到基于微电网的热电联供设计中，并取得了一定成果。但该模型还只是针对简单的微电网结构进行设计，仍需在微电网的发展中不断完善。

多样化的电能供给也是微电网为用户带来的另一效益。负荷电能质量分级就是其中一个范例。它体现了较为具体的利用微电网提供多种电能质量，改善系统可靠性、安全性与可用性水平的基本思想。按用户对电力供给的不同需求，负荷将被分类和细化，最终形成金字塔式的负荷结构。其中，对电能质量要求不高的多数负荷位于金字塔的底端，而对电能质量要求极高的少数负荷位于金字塔顶层。负荷电能质量的分级的确反映了微电网个性化供电的特点，但如何设计合适的微电网以实现这个复杂的分级结构仍是实际应用中的难点。

（2）经济效益的评估和量化。微电网的经济效益评估和量化是微电网吸引力的最直接表达。虽然目前已有相关学者对微电网的热电联产效益及可靠性量化指标等进行评估，但至今尚无有效方法将微电网对用户、电力部门及社会的效益全面量化。随着微电网研究的深入与成熟，微电网经济效益的不确定性必将成为阻碍其发展的重要因素。这方面的研究有待深入与加强。

四、微网对电力市场的影响

本节主要介绍基于风险的微网分布式发电备用配置决策。

受风速、光强等自然因素的影响，微电网中可再生分布式发电（Distributed Generation，DG）（包括风力发电、太阳能发电等可再生能源发电）具有高度的不确定性，由此所引发的供需不平衡问题轻则影响电能质量，重则降低对重要用户的供电可靠性，因而微电网同样也存在与大电网相类似的供电可靠性问题。

为保证微电网安全可靠经济供电，既需要研究确定性负荷需求下分布式供电策略优化，同时也需要研究随机性容量缺额事故下的备用配置策略优化。当微电网出现容量缺额事故时，对于孤岛模式下的微电网，此时可调用的备用资源包括不可再生 DG 备用（Non－Renewable Distributed Generation Reserve，NDGR）（包括燃料电池、燃气轮机等新能源发电备用）、储能装置（Energy Storing Device，ESD）（包括燃料电池、超级电容、燃气轮机等）、低电价可中断负荷（Interruptible Load with Low Price，ILL）以及高赔偿可中断负荷（Interruptible Load with High Compensation，ILH）。对于并网模式下的微电网，此时可调用的备用方式除了上述之外，还将包括大电网事故支持备用容量（Reserve Capacity of Fault Support，RCFS），因而 RCFS，NDGR，ESD，ILL 以及 ILH 都可参与微电网备用配置。

微电网备用配置过少，不能满足微电网安全可靠性要求，过多又会不必要地降低经济性，因而存在最优值。为此，从可靠性与经济性协调角度，对微电网备用配置进行优化将具有非常重要的意义。为应对微电网可再生 DG 的高度不确定性，作为微电网备用容量的购买方，配电公司如何从安全性与经济性协调角度去合理配置各类备用资源，已成为当前微电网新能源发电规划与市场运营中迫切需要解决的重要问题之一，同时也是为满足智能电网“自愈、安全、经济”技术特点与要求需要关注的重要方面。

为应对微电网中可再生 DG 的高度不确定性，完全依赖 ESD 的经济性较差，而完全依赖可中断负荷容易导致过控或欠控，因此 NDGR 应该成为微电网备用配置的主体。作为微电网一种应急可控紧急发电备用资源，优化 NDGR 配置将成为微电网备用服务决策需要研究的重要内容。然而，目前对 NDGR 的研究较多侧重于其参与微电网分布式供电，有关备用配置优化的研究主要集中在大电网，如优化发电侧备用容量（Reserve Capacity of Generation Side RCGS），ILL，对 NDGR 配置进行优化的研究较少。迄今为止，针对微电网可再生 DG 的高度不确定性，通过与 RCFS，ESD，ILLC 以及 ILHC 相协调，从风险管理角度对 NDGR 配置进行优化的研究一直被长期孤立与忽视。

本节在兼顾安全性与经济性的前提下，从风险管理角度建立优化微电网 NDGR 配置的数学模型与寻优算法，针对容量事故集对 NDGR 的最优配置进行风险决策，量化微电网运行模式、储能以及 NDGR 价格对 NDGR 配置的影响。

1. 大电网备用优化配置技术应用于微电网的可行性分析

将大电网备用优化配置技术应用于微电网，主要基于两者在备用配置方面存在以下相似之处：

（1）大电网与微电网都存在容量供需不平衡（容量缺额）问题。前者是由大电网中发电机组与系统元件故障、负荷需求的不确定性所引起，而后者则主要是由微电网中可再生 DG 的不确定性所引起。

（2）大电网与微电网配置备用方式具有一定的相似性。虽然 NDGR 是否参与微电网备用配置大多由用户自行确定，但是与电网公司预先指定一定数量的备用发电机组参与系统调峰一样，作为微电网备用容量的购买方，配电公司完全可以采用与之相类似的手段去预先配置一定数量的 NDGR 来应对微电网中可再生 DG 输出的高度不确定性。

（3）为保证大电网与微电网安全可靠运行，都需要配置备用，各自备用响应特性存在一定的相似性。大电网备用包括 RCGS，ILL 以及 ILH，而微电网备用则包括 RCFS，NDGR，ESD，ILL 以及 ILH。大电网的 RCGS 存在瞬时、快速、慢速以及冷态四种形态，而 NDGR 中的燃料电池、微型燃气轮机的响应时间分别为毫秒级与秒级，这一点非常类似于大电网中的 RCGS。

（4）大电网与微电网备用服务决策都可以通过市场竞价方式来组织管理。为了提高大电网与微电网备用服务市场公正性、抑制市场力以及激励各方参与备用的积极性，大电网中的 RCGS，ILL 以及 ILH，微电网中的 NDGR，ESD，ILL 以及 ILH 都可以通过市场竞价方式来组织处理。

（5）为使大电网与微电网各类备用之间具有可比性，都需要量化各类备用的配置成本（容量成本）与调度风险（发电风险或停电赔偿风险），即都需要引入量化观点。

（6）为兼顾安全性与经济性，都需要量化大电网中 RCGS 与微电网中 NDGR 配置不足所带来的安全风险，即都需要引入风险观点。

（7）为使大电网中 RCGS 与微电网中 NDGR 配置的经济性为最优，都需要通过与其他各类备用相协调，并以各类备用的配置成本与调度风险之和最小为目标函数，而不是仅以配置成本或调度风险为最小进行优化，即都需要引入协调与优化观点。

2. 微电网各类备用之间的互补特性

由于 RCFS、NDGR、ESD、ILL 以及 ILH 都是在容量缺额事故发生后才被执行，故从控制角度相互不具有技术互补特性，都属于事故后控制（包括紧急控制、校正控制），但相互之间具有较强的经济互补特性。为调用 RCFS、NDGR 以及 ESD，需要支付确定性的配置成本与风险性的调度风险。为中断 ILL 只需支付确定性的配置成本，无需支付风险性的调度风险。为中断 ILH，只需支付风险性的调度风险，无需支付确定性的配置成本。与电力系统稳定性预防控制与紧急控制之间的互补性相类似。

上述各类备用之间的经济互补特性给综合协调微电网各类备用、风险优化 NDGR 配置留下了空间。

如果单纯将配置 NDGR 视为孤立防御，综合配置微电网各类备用则可视为综合防御。综合防御无论是从技术还是经济层面，都要比孤立防御具有更好的性价比。

3. 微电网各类备用代价的量化

（1）NDGR 的配置成本与调度风险。按响应时间的不同，与对大电网中 RCGS 的划分相类似，NDGR 同样也可分为瞬时、快速、慢速以及冷态四种。为调用 NDGR 所付出的代价可表示为

$$C_1 = P_{\mathrm{C,D}}^{\mathrm{T}} Q_{\mathrm{C,D}} t_{\mathrm{Z}} + \sum_{m \in M} q_{\mathrm{m}} P_{\mathrm{E,D}}^{\mathrm{T}} A_{\mathrm{E,D}} T_{\mathrm{E,m}} + \sum_{m \in M} q_{\mathrm{m}} \sum_{x=q,s,c} \left[\frac{C_1(Q_{\mathrm{x,1}}) + C_3(Q_{\mathrm{x,s}})}{q_{\mathrm{m}}} + L_{\mathrm{d}}(Q_{\mathrm{x,h}}) t_{\mathrm{x}} \right] \tag{4-3}$$

式中：$P_{\mathrm{C,D}} = [P_{\mathrm{c,d,i}}, P_{\mathrm{c,d,q}}, P_{\mathrm{c,d,s}}, P_{\mathrm{c,d,c}}]^{\mathrm{T}}$ 和 $Q_{\mathrm{C,D}} = [Q_{\mathrm{c,d,i}}, Q_{\mathrm{c,d,q}}, Q_{\mathrm{c,d,s}}, Q_{\mathrm{c,d,c}}]^{\mathrm{T}}$ 分别为联合出清后的容量价格向量（已经折算到投资、运行维护等费用）与所成交的容量向量，其中下标 i、q、s、c 分别代表瞬时、快速、慢速以及冷态；$P_{\mathrm{E,D}} = [P_{\mathrm{e,d,i}}, P_{\mathrm{e,d,q}}, P_{\mathrm{e,d,s}}, P_{\mathrm{e,d,c}}]^{\mathrm{T}}$ 为电量价格向量（已经折算到燃料成本、排污费用）；$A_{\mathrm{E,D}} = diag[Q_{\mathrm{c,d,i,m}}, Q_{\mathrm{c,d,q,m}}, Q_{\mathrm{c,d,s,m}}, Q_{\mathrm{c,d,c,m}}]$，其元素为事故 m 下实际调用容量，分别满足 $Q_{\mathrm{c,d,i,m}} \leqslant Q_{\mathrm{c,d,i}}$、$Q_{\mathrm{c,d,q,m}} \leqslant Q_{\mathrm{c,d,q}}$、$Q_{\mathrm{c,d,s,m}} \leqslant Q_{\mathrm{c,d,s}}$、$Q_{\mathrm{c,d,c,m}} \leqslant Q_{\mathrm{c,d,c}}$；$Q_{\mathrm{g}} = \sum\limits_{x=i,q,s,c} Q_{\mathrm{c,d,x}}$ 为 NDGR 市场所成交的总容量；$T_{\mathrm{E,m}} = [t_{\mathrm{m}}, t_{\mathrm{m}} - t_{\mathrm{q}}, t_{\mathrm{m}} - t_{\mathrm{s}}, t_{\mathrm{m}} - t_{\mathrm{c}}]^{\mathrm{T}}$；$q_{\mathrm{m}}$ 与 t_{m} 分别为事故 m 的发生概率与持续时间；t_{q}、t_{s}、t_{c} 为各非瞬时性备用的响应滞后时间；t_{Z} 为研究时段的长度；M 为容量事故集；$C_1(Q_{\mathrm{x,1}})$、$L_{\mathrm{d}}(Q_{\mathrm{x,h}})$、$C_3(Q_{\mathrm{x,s}})$ 分别为 ILL 的电费损失、ILH 的停电赔偿费用、ESD 的储能代价，其中 $Q_{\mathrm{x,1}}$、$Q_{\mathrm{x,h}}$、$Q_{\mathrm{x,s}}$分别为响应滞后期间所中断的 ILL 与 ILH 容量、所调用的储能容量，满足 $Q_{\mathrm{x,1}} + Q_{\mathrm{x,h}} + Q_{\mathrm{x,s}} = Q_{\mathrm{x}}$。式（4－3）右边第一项、第二项分别为 NDGR 的配置成本、容量事故集下总的调度风险；第三项为非瞬时性 NDGR 在响应滞后期间所切除的负荷代价与所投入的储能代价。

（2）RCFS 的配置成本与调度风险。为调用 RCFS 所付出的代价可表示为

$$C_2 = p_{\mathrm{c}} Q_{\mathrm{Z}} t_{\mathrm{Z}} + \sum_{m \in M} p_{\mathrm{e}} Q_{\mathrm{Z,m}} t_{\mathrm{m}} \tag{4-4}$$

式中：p_{c}、p_{e}、Q_{Z}、$Q_{\mathrm{Z,m}}$为联合出清后的容量价格、电量价格、容量、事故 m 下实际所调用的容量。

式（4－4）右边第一项、第二项分别为研究时段 t_{Z} 内的配置成本与 M 下总的调度风险。

（3）ESD 的配置成本与调度风险。为投入 ESD 所付出的代价可表示为

$$C_3 = P_{\mathrm{C,S}}^{\mathrm{T}} Q_{\mathrm{C,S}} t_{\mathrm{Z}} + \sum_{m \in M} q_{\mathrm{m}} P_{\mathrm{E,S}}^{\mathrm{T}} A_{\mathrm{E,S}} t_{\mathrm{m}} \tag{4-5}$$

式中：$P_{\mathrm{C,S}} = [p_{\mathrm{c,s,1}}, \cdots, p_{\mathrm{c,s,d}}, \cdots, p_{\mathrm{c,s,D}}]^{\mathrm{T}}$ 和 $Q_{\mathrm{C,S}} = [Q_{\mathrm{c,s,1}}, \cdots, Q_{\mathrm{c,s,d}}, \cdots, Q_{\mathrm{c,s,D}}]^{\mathrm{T}}$ 分别为研究时段 t_{Z} 内 ESD 的容量价格向量（已经折算到投资、运行维打等费用）和容量向量，其元素对应于各 ESD，其中 $p_{\mathrm{c,s,d}}$是装置 d 可输出容量 $Q_{\mathrm{c,s,d}}$（满足 $Q_{\mathrm{C,S,d}}^{\min} \leqslant Q_{\mathrm{c,s,d}} \leqslant Q_{\mathrm{C,S,d}}^{\max}$）的非下降函数（极限情况下为常数），ESD 的电量价格向量（已经折算到能耗费用）$P_{\mathrm{E,S}} = [p_{\mathrm{e,s,1}}, \cdots, p_{\mathrm{e,s,d}}, \cdots, p_{\mathrm{e,s,D}}]^{\mathrm{T}}$；$A_{\mathrm{E,S}} = diag[Q_{\mathrm{c,s,1,m}}, \cdots, Q_{\mathrm{c,s,d,m}}, \cdots, Q_{\mathrm{c,s,D,m}}]$ 其元素对应于事故 m 下实际所投入的容量，满足 $Q_{\mathrm{c,s,d,m}} \leqslant Q_{\mathrm{C,S,d}}$；联合出清后的总容量 $Q_{\mathrm{S}} = \sum Q_{\mathrm{c,s,d}}$。

式（4-5）右边第一项、第二项分别为研究时段 t_Z 内的配置成本与 M 下总的调度风险。

4. ILL 的配置成本与 ILH 的调度风险

为中断 ILL 与 ILH 所付出的代价可表示为

$$C_4 = \sum_i p_i(Q_i)Q_i t_Z + \sum_{m\in M} q_m \cdot \sum_j p_j(Q_j)Q_j t_m \tag{4-6}$$

式中：$p_i(Q_i)$ 为用户 i 在 ILL 市场申报低电价可中断容量 Q_i（满足 $Q_i^{min} \leqslant Q_i \leqslant Q_i^{max}$）的折扣价格；配电公司在时段 t_Z 内向用户 i 少收的电费（简称电费损失）为 $p_i(Q_i)Q_i t_Z$；$p_j(Q_j)$ 为用户 j 在 ILH 市场申报高赔偿可中断容量 Q_j（满足 $Q_j^{min} \leqslant Q_j \leqslant Q_j^{max}$）的停电赔偿价格；配电公司在时段 t_Z 内向用户 j 的停电赔偿费用为 $C_j(Q_j) = p_j(Q_j)Q_j t_Z$。式（4-6）右边第一项、第二项分别为研究时段 t_Z 内 ILL 的配置成本与容量事故集下总的 ILH 调度风险（停电赔偿风险等于事故概率与停电赔偿费用的乘积）。

5. NDGR 的配置风险

NDGR 的配置风险为调用 RCFS、投入 ESD，为中断 ILL 与 ILH 所付出的代价之和，可表示为

$$C_{234} = C_2 + C_3 + C_4 \tag{4-7}$$

通过算例仿真分析，可以得到以下结论。

（1）基于风险的 NDGR 配置决策。在并网模式下，针对单个容量事故，图 4-8 给出了 Q_g 与 C 的关系。从图 4-8 可以看出：对于不同的容量事故，Q_g 与 C 关系曲线的相对位置不同；针对不同的容量事故，Q_g 过小或过大都不合适，而应存在最优值 $Q_{g,0}$；不同容量事故下的 $Q_{g,0}$ 与 C_{min} 并不相同。为此，在制定 NDGR 最优配置决策方案时，需要考虑 M。

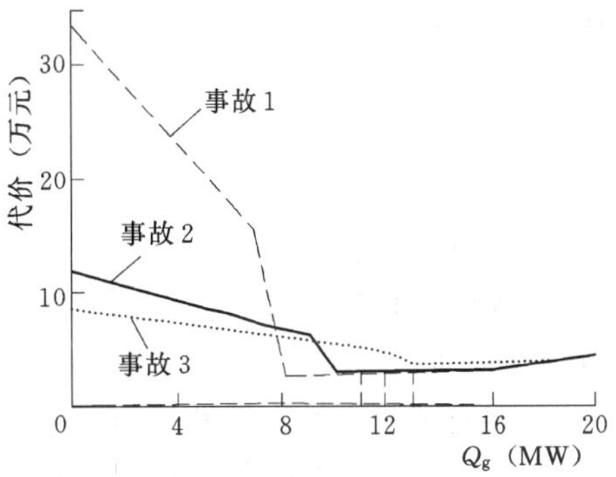

图 4-8　单一容量事故下 NDGR 的最优配置

（2）影响 NDGR 配置因素的敏感性。

1）并网模式下 $Q_{g,0}$、C_{min} 要明显小于孤岛模式情况。

2）储能参与下的 $Q_{g,0}$、C_{min} 要明显小于储能不参与情况。

3）随 NDGR 价格调价比率增加，不同容量事故下的 $Q_{g,0}$ 都将随之减少。

（3）通过仿真得到如下结论：

1）市场环境下，微电网各类备用之间存在着较强的经济互补特性，从而给协调微电网各类备用、优化 NDGR 配置留下了空间。

2）NDGR 配置过高或过低都不合适，存在最优值，且不同容量事故下的 NDGR 优化配置结果并不相同。为此，在对其配置进行风险决策时，需要考虑所有容量事故，即容量事故集。

3）针对并网模式要比针对孤岛模式、考虑储能参与要比不考虑储能参与更能提高 NDGR 配置经济性，从而验证了综合协调与全局优化的有效性。

4）这里的优化模型不但优化了 NDGR 配置，而且实现了微电网内部各类备用之间、RCFS 与微电网内部备用之间的协调。

五、微网在中国的发展

微电网的特点适应中国电力发展的需求与方向，在中国有着广阔的发展前景，具体体现在：

1. 微电网是中国发展可再生能源的有效形式

一方面，充分利用可再生能源发电对于中国调整能源结构、保护环境、开发西部、解决农村用能及边远地区用电、进行生态建设等均具有重要意义。另一方面，中国可再生能源的发展潜力十分巨大。据专家估计，中国新能源和可再生能源的可获得量是每年 7.3×10^9t 标准煤，而现在的每年开发量不足 4×10^7t 标准煤。中国制定的年可再生能源发展目标也已将可再生能源发电的装机容量定位 100GW。然而，可再生能源容量小、功率不稳定、独立向负荷提供可靠供电的能力不强以及对电网造成波动、影响系统安全稳定的缺点将是其发展中的极大障碍。如前所述，若能将负荷点附近的分布式能源发电技术、储能及电力电子控制技术等很好地结合起来构成微电网，则可再生能源将充分发挥其重要潜力。例如，对于中国未通电的偏远地区，充分利用当地风能、太阳能等新能源，设计合理的微电网结构，实现微电网供电，将是发挥中国资源优势、加快电力建设的重要举措。日本已对中国多个偏远地区和较发达市区利用新能源发展的潜力与效益进行了分析，并已在中国新疆维吾尔自治区建设了微电网工程。中国也应尽快加紧在这方面的研究与开发。

2. 微电网在提高中国电网的供电可靠性、改善电能质量方面具有重要作用

中国的经济已进入数字化时代，优质、可靠的电力供应是经济高速发展的重要保障。在大电网的脆弱性日益凸显的情况下，将地理位置接近的重要负荷组成微电网，设计合适的电路结构和控制，为这些负荷提供优质、可靠的电力，不仅可省去提高整体可靠性与电能质量所带来的不必要成本，还可减少这些重要负荷的停电经济损失，吸引更多的高新技术在中国发展。

3. 微电网对于在中国发展热电联供有极大的指导意义

目前，中国已建立了许多热电联供项目，而微电网研究中的资源配置与经济优化思想非常值得借鉴。如何就近选择合适容量的热力用户与电力用户组成微电网，并进行最佳的发电技术组合，对于中国提高能源利用效率、优化能源结构、减少环境污染等具有重要意义。

4. 微电网可起到削峰填谷的作用

微电网与大电网间灵活的并列运行方式可使微电网起到削峰填谷的作用，从而使整个电网的发电设备得以充分利用，实现经济运行。此外，对于中国已有的众多独立系统，在系统中加入基于电力电子技术的新能源并配以智能、灵活的控制方式，一方面可提高系统的智能化与自动化水平，另一方面也可为企业带来可观的经济效益。

第五章　节能管理与技术

电力需求侧管理的技术手段是通过采用当前成熟的负荷管理技术和先进节能设备，达到改变用户用电方式和提高用电效率，从而实现降低电力需求和电量消耗目的的管理手段。先进节能设备包括绿色照明、高效电动机、高效变压器、蓄能技术等。本章将从以上四方面的原理和应用及发展展开。

第一节　绿　色　照　明

一、绿色照明简介

（一）绿色照明的内涵

绿色照明是美国国家环保局于20世纪90年代初提出的概念。完整的绿色照明内涵包含高效节能、环保、安全、舒适等四项指标，不可或缺。高效节能意味着以消耗较少的电能获得足够的照明，从而明显减少电厂大气污染物的排放，达到环保的目的。安全、舒适指的是光照清晰、柔和及不产生紫外线、眩光等有害光照，不产生光污染。

（二）绿色照明内涵的理解

（1）绿色照明工程不能单纯理解为节约用电，要将其提高到节约能源、保护环境的更高层次上去。绿色照明工程提出的宗旨不是实现经济效益，而更主要的是着眼于资源的利用和环境保护。通过照明节电，从而减少发电量，即降低燃煤量（中国70%以上的发电量依赖燃煤获得），以减少二氧化硫、二氧化碳以及氮氧化合物等有害气体的排放，对于世界面临环境与发展的课题，都有深远的意义。

（2）绿色照明工程不只是传统意义的节能，而是要提高了照明质量和视觉环境条件。中国“绿色照明工程实施方案”中提出的宗旨，就是要满足对照明质量和视觉环境条件的更高要求，因此不能靠降低照明标准来实现节能，而是要充分运用现代科技手段提高照明工程设计水平和方位，提高照明器材效率来实现。

二、绿色照明的技术手段及原理

高效光源是照明节能的首要因素，必须重视推广应用高效光源：

（1）用卤钨灯取代普通照明白炽灯。

（2）用高效能荧光灯取代白炽灯。

（3）大力推广钠灯、金属卤化物灯的应用。

（4）推广发光二极管LED的应用。

这些高效光源各有其特点和优点，各有其适用场所，决非简单地用一类节能光源能代替的。根据应用场所条件不同，至少有三类高效光源应予推广使用。

1. 卤钨灯

卤钨灯是填充气体内含有部分卤族元素或卤化物的充气白炽灯。在普通白炽灯中，灯丝的高温造成钨的蒸发，蒸发的钨沉淀在玻壳上，产生灯泡玻壳发黑的现象。1959 年时，发明了卤钨灯，利用卤钨循环的原理消除了这一发黑的现象。

（1）卤钨循环原理。卤钨循环的过程是：在适当的温度条件下，从灯丝蒸发出来的钨在泡壁区域内与卤钨反应，形成挥发性的卤钨化合物。由于泡壁温度足够高，卤钨化合物呈气态，当卤钨化合物扩散到较热的灯丝周围区域时又分化为卤素和钨。释放出来的钨部分回到灯丝上，而卤素继续参与循环过程。

氟、氯、溴、碘各种卤素都能产生钨的再生循环。它们之间的主要区别是发生循环反应所需的温度以及与灯内其他物质发生作用的程度有所不同。现在大量生产各种溴钨灯和碘钨灯，某些灯中还部分采用氯作为循环剂。

（2）卤钨灯的尺寸及特点。为了使灯壁处生成的卤化物处于气态，卤钨灯的管壁温度要比普通白炽灯高得多。相应地，卤钨灯的泡壳尺寸就要小得多，必须使用耐高温的石英玻璃或硬玻璃。由于玻壳尺寸小，强度高，灯内允许的气压就高，加之工作温度高，故灯内的工作气压要比普通充气灯泡高得多。既然在卤钨灯中钨的蒸发受到更有力的抑制，同时卤钨循环消除了泡壳的发黑，灯丝工作温度和光效就可大为提高，而灯的寿命也得到相应延长。

（3）卤钨灯的分类。卤钨灯分为主电压卤钨灯（可直接接入 220V 电源）及低电压卤钨灯（需配相应的变压器）两种。可直接应用于电网电压 220V 的卤钨灯，其尺寸可小到 14mm×54mm，具有灯丝稳定性和抗震性都优异的特性，泡壳有透明和磨砂两种不同规格，内带保险丝符合 IEC A32—2 标准，灯头为 G9 型，易于连接，它的主要技术参数见表 5－1 所示。低电压卤钨灯具有相对更长的寿命，安全性能等优点。

表 5－1　　卤钨灯的技术参数

工作电压（V）	220	220	220	220
功率（W）	25	40	60	75
光通量（lm）	285	510	940	1225
寿命（h）	1500	1500	2000	2000

卤钨灯按用途分为六类：

1）照明卤钨灯。分为高压双端灯、低压单端灯和多平面冷反射低压定向照明灯三种，广泛用于商店、橱窗、展厅、家庭室内照明。

2）汽车卤钨灯。分前灯，近光灯，转弯灯，刹车灯等，如图 5－1 所示。

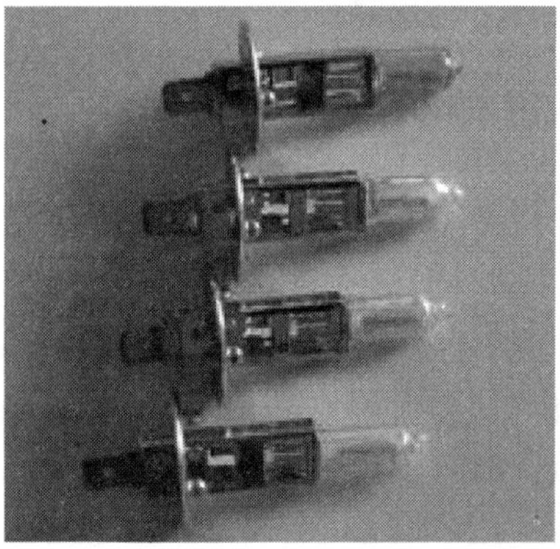

图 5－1　汽车卤钨灯

3）红外、紫外辐照卤钨灯。红外辐照卤钨灯用于加热设备和复印机上，紫外辐照卤钨灯已开始用于牙科固化粉的固化工艺。

4）摄影卤钨灯。已在舞台影视和新闻摄影照明中取代普通钨丝白炽灯。

5）仪器卤钨灯。用于现代显微镜、投影仪、幻灯以及医疗仪器等光学仪器上。

6）冷反射仪器卤钨灯。用于轻便型电影机、幻灯机、医用和工业用内窥镜、牙科手术着色固化、彩色照片扩印等光学仪器上。

近年来又推出多种节能卤钨灯新品种，如在石英泡壳上采用涂敷 TiO_2/SiO_2 红外反射层技术（IRC）制成JD型和JDR型新颖卤钨灯，通过让可见光透过，而将红外线反射回灯丝的过程，使灯的光效有30%～45%的提高，寿命达3000h。

（4）卤钨灯的适用范围。

1）照度要求较高、显色性较好或要求调光的场所，如体育馆、大会堂、宴会厅等。其色温尤其适用于彩色电视的演播室照明。由于它的工作温度较高，不适于多尘、易燃、爆炸危险、腐蚀性环境场所以及有振动的场所等。石英聚光卤钨灯用于拍摄电影、电视及舞台照明的聚光灯具或回光灯具中。

2）照明开闭频繁，需要迅速点亮，需要调光或需要避免对测试设备产生高频干扰的地方和屏蔽室等。

3）需要正确识别色彩，照度要求较高或进行长时间紧张视力工作的场所。

2. 高效能荧光灯

（1）直管型荧光灯。这种荧光灯属双端荧光灯。常见标称功率有4W、6W、8W、12W、15W、20W、30W、36W、40W、65W、80W、85W和125W。管径用T5、T8、T10、T12。灯头用G5、G13。目前较多采用T5和T8。T5显色指数大于30，显色性好，对色彩丰富的物品及环境有比较理想的照明效果，光衰小，寿命长，平均寿命达10000h。适用于服装、百货、超级市场、食品、水果、图片、展示窗等色彩绚丽的场合使用。T8色光、亮度、节能、寿命都较佳，适合宾馆、办公室、商店、医院、图书馆及家庭等色彩朴素但要求亮度高的场合使用。

为了方便安装、降低成本和安全起见，许多直管形荧光灯的镇流器都安装在支架内，构成自镇流型荧光灯。

荧光灯管管径越细，光效越高，节电效果越好，管径越细，启辉点燃电压越高，对镇流器技术性能要求越高。

（2）自镇流单端荧光灯。自镇流单端荧光灯是一种节能型荧光灯，荧光灯的灯管、镇流器和灯头紧密地连成一体（镇流器放在灯头内），除了破坏性打击，无法把它们拆卸，故被称为“紧凑型”荧光灯。由于无须外加镇流器，驱动电路也在镇流器内，故这种荧光灯也是自镇流荧光灯和内启动荧光灯。整个灯通过E27等灯头直接与供电网连接，可方便地直接取代白炽灯。

从荧光灯的发光机制可见，荧光粉对荧光灯的质量起关键作用。这种荧光灯大都使用稀土元素三基色荧光粉，它是将能够发出人眼敏感的红、绿、蓝三色光的荧光粉氧化钇（发红光）、多铝酸镁（发绿光）和多铝酸镁钡（发蓝光）按一定比例混合而成，它的发光效率高（平均光效在80lm/W以上，约为白炽灯的五倍），色温为2500K～6500K，显色指数在85左右，用它作荧光灯的原料可大大节省能源，因而具有节能功能。但稀土元素三基色荧光粉也有其缺点，其最大缺点就是价格昂贵。

荧光灯管实际光效高低，与所采用的镇流器技术性能和镇流器与荧光灯管匹配程度等技术要素有直接关系。

传统电感镇流器（以下用符号“LB”）和节能型电感镇流器（符号“SELB”）、电子镇流器（符号“EB”）的性能比较见表5-2。EB按标准又分为H级和L级。

表5-2 直管荧光灯（36W为例）几种镇流器性能比较

镇流器类型	镇流器功率（W）	灯管光效比	系统能效比	重量比	电磁干扰	谐波含量（%）	功率因数	灯电流波峰比	使用寿命（年）	频闪	噪声	调光	价格
LB	9	1	1	1	无	<10	0.5	1.58～1.62	10～20	有	有	否	低
SELB	4.5～5.5	1	0.92	1.5	无	<10	0.5	1.5～1.55	15～20	有	小	否	中
EB（H）	3.5	1.1	0.8	0.3～0.4	允许	<40	>0.9	<1.7	3～5	无	无	可	较高
EB（L）	3.5	1.1	0.8	0.4～0.5	允许	<20	>0.98	1.4～1.5	8～10	无	无	可	高

注 1. 表中镇流器功耗、谐波含量、使用寿命为参考值，各企业产品差别较大。
2. LB、SELB的功率因数可补偿到0.9以上。

三、钠灯、金属卤化物灯

1. 钠灯

钠灯利用钠蒸气放电产生可见光的电光源。

钠灯又分低压钠灯和高压钠灯。低压钠灯的工作蒸气压不超过几帕。低压钠灯的放电辐射非常接近人眼视觉曲线的最高值，故其发光效率极高，成为各种电光源中发光效率最高的节能型光源。高压钠灯（见图5-2）的工作蒸气压大于0.01MPa。高压钠灯是针对低压钠灯单色性太强，显色性很差，放电管过长等缺点而研制的。高压钠灯又分普通型（标准型）、改进型、高显色型。

图5-2 高压钠灯

钠灯是一种高强度气体放电灯泡。由于气体放电灯泡的负阻特性，如果把灯泡单独接到电网中去，其工作状态是不稳定的，随着放电过程继续，它必将导致电路中电流无限上升，最后直至灯光或电路中的零部件被过流烧毁。在恒定电源条件下，为了保证灯泡稳定地工作，电路中必须串联一具有正阻特性的电路元件来平衡这种负阻特性，稳定工作电流，该元件称为镇流器或限流器。电阻器、电容器、电感器等均有限流作用。

电阻性镇流器体积小，价格便宜，与高压钠灯配套使用会发生启动困难的现象，工作时电阻产生很高的热量，需有较大的散热空间、消耗功率很大，将会使电路总照明效率下降。它一般在直流电路中使用，在交流电路中使用灯光有明显所闪烁现象。

低压钠灯辐射单色黄光，显色性一般，适用于照度要求高但对显色性无要求的照明场所，如高速公路、高架铁路、公路、隧道、桥梁、港口、堤岸、货场、建筑物标记以及各类建筑物安全防盗照明。由于黄色光透雾性强，该灯也适宜于多雾区域的照明。因此，太阳能低压钠灯系统是应用于太阳能照明领域的最佳选择。

2. 金属卤化物灯

金属卤化物灯（图 5-3）又简称金卤灯，由交流电源供电，在汞和稀有金属的卤化物混合蒸气中产生电弧放电发光的放电灯。金属卤化物灯是在高压汞灯基础上添加各种金属卤化物制成的第三代光源。照明采用钪钠型金属卤化物灯，具有发光效率高、显色性能好、寿命长等特点，是一种接近日光色的节能新光源。它兼有荧光灯、高压汞灯、高压钠灯的优点，克服了这些灯的缺陷，但其缺点是灯内的填充物中有汞，汞是有毒物质，制灯注汞时，处理不慎，会造成对生产环境污染，有损工人的身体健康，电弧管排气时，有微量的汞蒸气排出，若处理不当，会直接排入大气，当使用的灯破损时，皆会对环境造成污染。

金属卤化物灯适用于要求照度高、显色性好的场所，如体育馆、美术馆、展览馆等。采用混光照明的方法可以获得高光效，光色也可得到改善，适用于路灯照明，繁华街道照明。投光灯或高杆照明，高杆照明可设置在立交桥、广场、车站、码头等处。

图 5-3　金属卤化物灯

有高挂条件并需要大面积照明的场所宜采用金属卤化物灯。当气体放电灯供电电压瞬间波动下降较大时，灯管会自行熄灭，这对某些熄灭后不能马上再启动的光源尤其要注意。应考虑一定的安全系数，使电网瞬间电压变化不低于某一允许值。气体放电灯多采用电感镇流器，功率因数均小于 1。在大面积采用气体放电灯照明时，为节省有色金属并提高设备利用率，应考虑补偿以提高功率因数，一般采用集中补偿的方法比较方便。在选择导线截面和照明变压器容量时，不仅要计算光源所消耗的电功率，而且应计入镇流器的损耗功率。

四、发光二极管 LED

发光二极管（图 5-4）简称为 LED。由镓（Ga）与砷（AS）、磷（P）的化合物制成的二极管，当电子与空穴复合时能辐射出可见光，因而可以用来制成发光二极管。在电路及仪器中作为指示灯，或者组成文字或数字显示。磷砷化镓二极管发红光，磷化镓二极管发绿光，碳化硅二极管发黄光。

图 5-4　发光二极管

发光二极管与普通二极管一样是由一个 PN 结组成，也具有单向导电性。当给发光二极管加上正向电压后，从 P 区注入 N 区的空穴和由 N 区注入 P 区的电子，在 PN 结附近数微米内分别与 N 区的电子和 P 区的空穴复合，产生自发辐射的荧光。不同的半导体材料中电子和空穴所处的能量状态不同。当电子和空穴复合时释放出的能量多少不同，释放出的能量越多，则发出的光的波长越短。常用的是发红光、绿光或黄光的二极管。

发光二极管的反向击穿电压约5V。它的正向伏安特性曲线很陡，使用时必须串联限流电阻以控制通过管子的电流。限流电阻 R 可用下式计算：

$$R=(E-U_F)/I_F$$

式中：E 为电源电压；U_F 为LED的正向压降；I_F 为LED的一般工作电流。

发光二极管作为光源的特点是：①LED使用低压电源，供电电压在6～24V之间，根据产品不同而异，所以它是一个比使用高压电源更安全的电源，特别适用于公共场所；②消耗能量较同光效的白炽灯减少80%；③体积很小，所以可以制备成各种形状的器件，并且适合于易变的环境；④稳定性好，响应时间快，白炽灯的响应时间为毫秒级，LED灯的响应时间为纳秒级；⑤无有害金属汞，不会造成环境污染。

五、几种高效光源的比较

1. 采用高效节能照明灯具和灯用电气附件

高效照明器材是照明节能的重要基础，但照明器材不只是光源，光源是首要因素，已经为人们认识，但不唯一，灯具和电气附件（如镇流器）的效率对于照明节能的影响是不可忽视的。

（1）灯具的选择。应选用配光合理、反射效率高、耐久性好的反射式灯具；选用与光源、电气附件协调配套的灯具。

照明设计中，应选择既满足使用功能和照明质量的要求，又便于安装维护、长期运行费用低的灯具，具体应考虑以下几个方面：

1）光学特性，如配光、眩光控制。

2）经济性，如灯具效率、初始投资及长期运行费用等。

3）特殊的环境条件，如有火灾危险、爆炸危险的环境，有灰尘、潮湿、振动和化学腐蚀的环境。

4）灯具外形尚应与建筑物相协调。

5）灯具光通维持率高，这取决于反射器形状和材料、出光口大小、漫射罩或格栅形状和材料、透光罩材料抗老化、防静电性能及维修性能。

6）符合环境条件的IP等级。

灯具产品中，高效优质产品比低质产品的效率可以高出50%～100%，足见其节能效果。

（2）灯用电气附件的选择。灯用电气附件则宜用节能电感镇流器和电子镇流器取代传统的高能耗电感镇流器。

按《建筑照明设计标准》规定，直管荧光灯应配用电子镇流器或节能型电感镇流器；高压钠灯、金卤灯应配节能型电感镇流器。总之，不能再采用传统的功耗大的普通电感镇流器。

2. 采用各种照明节能的控制设备或器件：

（1）光传感器。

（2）热辐射传感器。

（3）超声传感器。

(4) 时间程序控制。

(5) 直接或遥控调光。

这些照明节能的控制设备或器件能使照明设备在无需求时自动中断工作，不用人工开关控制，做到随用随开，大大地起到了节能的作用。

3. 采用正确合理的照明工程设计

高效的器材是重要的物质基础，但是还应有正确合理的照明工程设计。设计是统管全局的，对能否实施绿色照明要求起着决定作用；此外，运行维护管理也有不少忽视的作用，没有这一因素，照明节能的实施也不完整。

绿色照明旨在改善提高人们工作、学习、生活的条件和质量，因此设计人员必须很好地领会绿色照明的要求和掌握国家有关照明设计规范使之满足要求。

六、照明器材的发展

光源是能量转换成光的器件，是实施绿色照明的核心。过去一个世纪，世界光源产品发展迅速，近 20 年，中国也在加速追赶世界潮流。预计未来一二十年，将会有更大的发展，从所了解的情况分析，主要发展趋势有以下几方面：

(1) 进一步提高光源的性能和技术参数。

1) 提高发光效率。预计气体放电灯光效将普遍超过 100lm/W，HID 灯将更高，白炽光源将通过多种技术革新进一步提高光效。

2) 提高显色性能。多数光源的显色指数将超过 80，荧光灯将普遍使用三基色荧光粉。

3) 提高使用寿命。气体放电灯将超过 10000h，将有多种更长寿命的新光源出现。

(2) 光源产品将有更好的环境保护效果和视觉效果。

1) 21 世纪将更重视环境保护，将研究更多措施减少污染，如研制少汞和无汞的放电灯，缩小荧光灯管管径和改进荧光粉涂覆工艺，以降低荧光粉用量。

2) 进一步发展高频荧光灯和直流荧光灯，提高发光稳定性，消除频闪效应，降低电磁辐射，消除噪声，以改善环境效果和视觉效果。

(3) 光源进一步向紧凑和小型方向发展。研制管径更细的荧光灯和多种形式的紧凑型荧光灯，以降低制灯材料用量，特别是有害物质的耗量；同时，提高光源的光效，降低灯具尺寸，提高灯具效率。

(4) 广泛应用电子技术。电子技术飞速发展，已广泛应用于各个领域，在光源和配套电器制造中也开创了新路。今后还将发展更多的高频放电灯、直流荧光灯、高频感应灯、微波灯等寿命更长、显色性更好、光效更高的光源提供使用。

预计未来一二十年，LED 将进一步提高光效，降低成本，有可能成为一种新型照明光源，将引起照明领域的巨大变革，对绿色照明实施产生重大影响。

(5) 利用太阳能。太阳能是最清洁而又取之不尽的能源，21 世纪将按绿色照明的要求，作出积极的研究和推广应用，包括更小尺寸、更高效率的太阳能电池和相关的高效光源，将在环保要求高、取得电能不便等场所优先应用。

(6) 灯具应随光源的发展而研制新的品种，适应新光源的需要。

第二节 高效电动机

企业大量使用着电动机，但原来老型号的电动机存在耗能高、效率低、温升高、过载能力小等缺陷，浪费电能严重。为了节约用电，提高电动机的运行效率，应尽可能地使机械负载在各种运行状态下所需要的电能与电动机所输入的电能相平衡，中国于2002年1月1日发布，于2002年8月1日实施的《中小型三相异步电动机能效限定值及节能评价值》，其中主要规定了电动机能效限定值和节能电动机的评价。

高效电动机是指通用标准型电动机具有高效率的电动机。高效电动机从设计、材料和工艺上采取措施，如采用合理的定子、转子槽数，风扇参数和正弦绕组等措施，降低损耗，效率可提高2%～8%，平均提高4%。

一、电动机能效限定值定义

在标准规定测试条件下，所允许电动机效率最低的保证值，即电动机的效率（%）应不低于表5-3的规定。此值是强制性执行的，满足不了这个规定值是不可生产和使用的。

表5-3 电动机能效限定值

额定功率（kW）	效率（%）			额定功率（kW）	效率（%）		
	2极	4极	6极		2极	4极	6极
0.55		71.0	65.0	30	91.4	91.4	91.5
0.75	75.0	73.0	69.0	37	92.0	92.0	92.0
1.1	76.2	76.2	72.0	45	92.5	92.5	92.5
1.5	78.5	78.5	76.0	55	93.0	93.0	92.8
2.2	81.0	81.0	79.0	75	93.6	93.6	93.5
3	82.6	82.6	81.0	90	93.9	93.9	93.8
4	84.2	84.2	82.0	110	94.0	94.5	94.0
5.5	85.7	85.7	81.0	132	94.5	94.8	94.2
7.5	87.0	87.0	86.0	160	94.6	94.9	94.5
11	88.4	88.4	87.5	200	94.8	94.9	94.5
15	89.4	89.4	89.0	250	95.2	95.2	94.5
18.5	90.0	90.0	90.0	315	95.4	95.2	—
22	90.5	90.5	90.0				

二、节能电动机评价

（1）基本要求。电动机的一般性能、安全性能、防爆性能以及噪声和振动要求应分别符合相关标准。

（2）节能评价值定义。在标准规定测试条件下，节能电动机效率应达到的最低保证值。即电动机的效率应不低于表5-4的规定。

表 5－4　电动机节能评价值

额定功率（kW）	效率（%）			额定功率（kW）	效率（%）		
	2 极	4 极	6 极		2 极	4 极	6 极
0.55		80.7	75.4	30	92.9	93.2	92.5
0.75	77.5	82.3	77.7	37	93.3	93.6	93.0
1.1	82.8	83.8	79.9	45	93.7	93.9	93.5
1.5	84.1	85.0	81.5	55	94.0	91.2	93.8
2.2	85.6	86.4	83.4	75	94.6	94.7	94.2
3	86.7	87.4	84.9	90	95.0	95.0	94.5
4	87.6	88.3	86.1	110	95.0	95.4	95.0
5.5	88.6	89.2	87.4	132	95.4	95.4	95.0
7.5	89.5	90.1	89.0	160	95.4	95.4	95.0
11	90.5	91.0	90.0	200	95.4	95.4	95.0
15	91.3	91.8	91.0	250	95.8	95.8	95.0
18.5	91.8	92.2	91.5	315	95.8	95.8	—
22	92.2	92.6	92.0				

（3）杂散损耗。电动机杂散损耗应不大于表 5－5 中所规定的要求。

表 5－5　杂散损耗限值

电动机额定功率（kW）	负荷杂散损耗占输入功率的比值（%）	电动机额定功率（kW）	负荷杂散损耗占输入功率的比值（%）
0.55	2.5	30	1.8
0.75	2.5	37	1.7
1.1	2.5	45	1.7
1.5	2.4	55	1.6
2.2	2.3	75	1.6
3	2.3	90	1.5
4	2.2	110	1.5
5.5	2.1	132	1.4
7.5	2.1	160	1.4
11	2.0	200	1.3
15	1.9	250	1.3
18.5	1.9	315	1.3
22	1.8		

（4）功率因数。电动机的功率因数应符合相关产品标准规定的数值。

目前达到上述（1）～（4）条款规定的电动机基本上可视为节能电动机。

三、中国高效节能电动机

中国国内目前广泛使用的主要有 Y 和 Y2 两个低压异步电动机系列。Y 系列是 20 世纪80年代初全国统一设计的产品，功率范围从0.55～250kW，机座中心高为80～315mm，共12个机座。Y2系列是20世纪90年代中期统一设计的新一代产品，功率从0.12～315kW，机座中心高为63～355mm，共15个机座。Y系列和Y2系列电动机比老型号的JO2系列从设计、选材及制造工艺等方面均应用了许多节电措施，电动机效率得到很大的提高，也有效地节约了电能。

Y系列高效节能电动机的特点：

(1) Y系列电动机的性能较JO2系列电动机优良，功率因数和效率较高。Y系列电动机的加权平均效率已达到88.263%，比JO2系列效率提高0.415%。

Y系列电动机启动性能好，启动转矩约为额定转矩的两倍，比JO2系列提高30%，相当于高启动转矩的电动机。

Y系列电动机比JO2系列适当增大定子和转子绕组的导线截面积，减少了铜损耗；适当增大了铁芯量，减少了铁芯损耗；适当调整了气隙，缩小了风扇尺寸，减少了轴承摩擦，降低厂机械损耗；采用了热冲击及高级铁芯材料，减少了杂散损耗。

(2) Y系列电动机比JO2系列电动机体积减小约15%，质量减轻12%，结构坚固，外形美观。

(3) Y系列电动机采用B级绝缘材料（JO2系列为E级绝缘材料），使电动机允许温升高，所以电动机运行较可靠，且噪声小、寿命长、经久耐用。

(4) 符合国家标准，便于配套使用。Y系列电动机为一般用途的高效节能电动机，可以用来拖动没有特殊要求的各种机械负载设备，但不能用作长期满载运行的电动机。

在Y系列基础上，中国又研制出YX系列高效节能异步电动机，其效率比Y系列平均提高3%，且铜量平均增加24%，硅钢片量增加13.4%。YX系列适用于负载率高，且使用时间长的场所。应用YX系列电动机虽对制造厂来说增加了原材料消耗，对企业来讲增加了投资费用，但从整体来说还是提高了社会经济效益。

目前，Y系列和YX系列电动机的标称容量规格有0.55kW、0.75kW、1.1kW、1.5kW、2.2kW、3kW、4kW、5.5kW、7.5kW、11kW、15kW、18.5kW、22kW、30kW、37kW、45kW、55kW、75kW、90kW。这些数据既是电动机的标称容量值，又是作为典型负载值。

中国推广应用的部分高效节能电动机的主要性能参数，见表5-6。

表5-6　　部分高效节能电动机的主要性能参数

产品名称	主要技术参数	技术经济效益	可代替的老产品型号
Y系列三相异步电动机	全系列共65个规格，11个机座号、19个功率等级，0.55～90kW，与老产品JO2比较：效率提高0.413%，启动转矩提高30%，体积缩小15%，质量减轻12%	以年产1600万kW计，全部代替JO2系列，每年可以节电1.4亿kWh	JO2、JO3
YX系列三相高效异步电动机	已试制出4个规格，2个机座号；与JO2比较；效率提高3.2%～3.5%，达到国际标准，启动转矩提高20%	每台75kW计，每年可以节电1.27万kWh	JO2、JO3、JY

续表

产品名称	主要技术参数	技术经济效益	可代替的老产品型号
YB系列防爆型三相异步电动机	全系列共65个规格，11个机座号，全系列效率为88.265%，较JO2提高0.413%；启动转矩平均值为1.96倍，较BJO2提高33%		JB、BJO2
冶全起重电机LZRYZ系列	共43个规格，11个机座号，与JZR2、JZ2比较：效率提高1.87%，功率因数提高9.35%	以年产43万kW计，全部代替老产品，每年可以节电150万kWh	JZR2、JZ、JZ2、JZB、JZRGB

第三节 高效变压器

一、简介

高效变压器是指在满足运行可靠性和经济性要求的前提下，通过采用新材料、新结构、新工艺等技术手段降低变压器空载损耗和负载损耗，使变压器在运行中消耗较少能源，达到节约能源的目的。欧美国家大力应用高效变压器：在美国，标准配电变压器的能效为96%～98.5%，高效配电变压器的能效为98%～99%以上；在欧洲，变压器按能效水平划分为非晶合金、超高能效、高能效、正常能效等不同标准类型。在中国，变压器型号中含有性能水平代号，反映了变压器的损耗水平。目前性能水平代号包括8、9、10、11型以及运用于非晶合金铁芯配电变压器的15型等。对不同电压等级和类型的变压器，国家标准规定了变压器的基础空载损耗和负载损耗：不同性能水平变压器的空载和负载损耗在此基础上有规定程度的降低。如10kV油浸式电力变压器，11型产品的空载损耗在标准规定损耗的基础上下降30%，负载损耗下降15%；110kV变压器，10型产品的空载损耗比标准规定损耗下降15%，负载损耗下降15%。

节约能源和使用环保节能产品是中国的基本国策。从20世纪80年代初期开始，随着晶粒取向优质冷轧硅钢片铁芯材料取代热轧硅钢片，7型系列低损耗变压器逐步取代了高能耗和较高能耗变压器。至90年代末期，随着冷轧硅钢片材料性能的提高以及新工艺、新技术的应用，7型系列产品也被作为高能耗产品，由9型系列产品取而代之。目前，随着技术的进步，高效变压器成熟的产品包括S11型油浸式配电变压器；10型油浸式电力变压器；10型干式变压器。上述产品均具备应用条件。

铁芯损耗的控制，变压器损耗中的空载损耗，即铁损，主要发生在变压器铁芯叠片内，主要是因交变的磁力线通过铁芯产生磁滞及涡流而带来的损耗。

使用非晶态磁性材料制作的变压器，其铁损仅为硅钢变压器的1/5，铁损大幅度降低。

1. 高效变压器应用目标与原则

（1）在城网以及防火要求较高的场合，使用10型及以上干式变压器。

（2）油浸式配电变压器使用11型产品。

（3）电力变压器使用10型及以上产品。

（4）要开展节能新材料在变压器制造中的应用，条件成熟时使用油浸式非晶含金铁芯变压器。

2. 高效变压器应用注意事项

（1）应用高效变压器，可靠性是第一位的，其他性能指标（如噪声、温升、机械强度等）也要得到保证。

（2）应用高效变压器的目的是降低变压器运行损耗以节约能源，因此，高效变压器的先进性体现在性能参数的先进性，损耗指标不但要适当低，而且要适合相应的负载率。

（3）高效变压器的应用要把握现有条件和制造水平，把握其技术发展方向，对新一代产品的技术寿命要有前瞻性。产品换代也是有代价的，应避免频繁换代。

二、S11 高效变压器

1. 节能原理

S11 变压器卷铁芯打破了传统的叠片式铁芯结构，其铁芯材料采用高导磁取向冷轧硅钢片卷绕成封闭形，硅钢片中无对接缝，铁芯卷制后经退火处理，能彻底消除内应力，磁路各点分布无高磁区存在，故空载损耗和励磁电流均可大幅下降。S11 型变压器与同容量新 S9 型相比空载损耗下降 30%，空载励磁电流下降 70%，噪声下降 10dB 以上，变压器采用全密封结构，取消了储油柜，由于油与空气接触的途径被隔绝，绝缘不易受潮，老化程度大幅下降，变压器的可靠性和使用寿命大大提高。

30～800kVA、10kV 级卷芯无励磁调压全密封型变压器技术参数见表 5－7。

表 5－7　　30～800kVA、10kV 级卷铁芯无励磁调压全密封型变压器技术参数表

<table>
<tr><th rowspan="2">产品型号</th><th rowspan="2">额定容量（kVA）</th><th colspan="3">电压组合</th><th rowspan="2">连接组标号</th><th rowspan="2">空载损耗（W）</th><th rowspan="2">负载损耗（W）</th><th rowspan="2">空载电流（%）</th><th rowspan="2">阻抗电压（%）</th><th rowspan="2">外形尺寸长×宽×高（mm×mm×mm）</th><th rowspan="2">轨距（mm）</th></tr>
<tr><th>高压（kV）</th><th>高压分接线范围（%）</th><th>低压（kV）</th></tr>
<tr><td>S11—M. R—30/10</td><td>30</td><td rowspan="14">6、6.3、10、10.5、11</td><td rowspan="14">±5%</td><td rowspan="14">0.4</td><td rowspan="14">Yyn0</td><td>98</td><td>600</td><td>0.5</td><td rowspan="12">4</td><td>1020×610×890</td><td>400</td></tr>
<tr><td>S11—M. R—50/10</td><td>50</td><td>133</td><td>870</td><td>0.5</td><td>1080×670×910</td><td>400</td></tr>
<tr><td>S11—M. R—63/10</td><td>63</td><td>154</td><td>1040</td><td>0.5</td><td>1140×680×980</td><td>400</td></tr>
<tr><td>S11—M. R—80/10</td><td>80</td><td>175</td><td>1250</td><td>0.4</td><td>1160×700×1000</td><td>550</td></tr>
<tr><td>S11—M. R—100/10</td><td>100</td><td>203</td><td>1500</td><td>0.4</td><td>1190×730×1040</td><td>550</td></tr>
<tr><td>S11—M. R—125/10</td><td>125</td><td>238</td><td>1800</td><td>0.4</td><td>1220×740×1100</td><td>550</td></tr>
<tr><td>S11—M. R—160/10</td><td>160</td><td>273</td><td>2200</td><td>0.3</td><td>1240×740×1120</td><td>550</td></tr>
<tr><td>S11—M. R—200/10</td><td>200</td><td>329</td><td>2600</td><td>0.3</td><td>1270×760×1180</td><td>550</td></tr>
<tr><td>S11—M. R—250/10</td><td>250</td><td>399</td><td>3050</td><td>0.3</td><td>1360×790×1210</td><td>550</td></tr>
<tr><td>S11—M. R—315/10</td><td>315</td><td>476</td><td>3650</td><td>0.3</td><td>1400×820×1240</td><td>550</td></tr>
<tr><td>S11—M. R—400/10</td><td>400</td><td>597</td><td>4300</td><td>0.3</td><td>1490×850×1270</td><td>660</td></tr>
<tr><td>S11—M. R—500/10</td><td>500</td><td>679</td><td>5150</td><td>0.3</td><td>1560×860×1438</td><td>660</td></tr>
<tr><td>S11—M. R—630/10</td><td>630</td><td>805</td><td>6200</td><td>0.3</td><td rowspan="2">4.5</td><td>1620×900×1560</td><td>820</td></tr>
<tr><td>S11—M. R—800/10</td><td>800</td><td>980</td><td>7500</td><td>0.3</td><td>1710×940×1590</td><td>820</td></tr>
</table>

2. 技术特点

S11 型变压器卷铁芯变压器是一种低噪音环保型、高效节能的配电变压器，与传统叠片式变压器（S9 变压器）相比较，有以下七个显著特点：

(1) 硅钢片连续卷制，铁芯无接缝，大大减少了磁阻，空载电流减少了 60%～80%，提高了功率因数，降低了电网线损，改善了电网的供电品质。

(2) 连续卷绕充分利用了硅钢片的取向性，空载损耗降低 20%～35%。

(3) 卷铁芯经退火工艺后，其导磁性能可恢复到机加工前的原有水平。

(4) 卷铁芯结构成自然紧固状态，无需夹件紧固，避免了因铁芯加紧力所带来的铁芯性能恶化，损耗增加。

(5) 卷铁芯自身是一个无接缝的整体，且结构紧凑，在运行时的噪音水平降低到 30～45dB，保护了环境。因此，很适合于建筑物内和生活区安装使用。

(6) 卷铁芯节约加工材料，硅钢片无横剪工序，边角废料少，材料利用率比 S9 型叠铁芯变压器高，在同容量下，铁芯重量大约下降 10%左右，节约了原材料，性能价格比有较大提高。

(7) 卷铁芯生产加工机械化程度高，生产效率比叠片铁芯生产率提高约两倍。

卷铁芯变压器的缺点：一是铁芯退火工艺要求较高；二是铁芯卷绕和线圈绕制需要专用设备；三是铁芯和绕组维修较困难。

3. 适用对象

由于 S11 卷铁芯变压器的加工工艺比较复杂，因此现在生产的容量还比较小，一般在 800kVA 及以下容量，少数变压器厂能制造 1250～1600kVA，因此其适用范围为工矿企业及小区的配电变压器。

三、非晶态高效变压器

1. 节能原理

最早用于变压器铁芯的材料是易于磁化和退磁的软熟铁，变压器铁芯是由铁线制成，而不是由整块铁构成，为了克服磁回路中由周期性磁化所产生的磁阻损失和铁芯由于受交变磁通切割而产生的涡流，用线束制作的铁芯可有效减少涡流路径的截面积。在 20 世纪初，经研究发现在铁中加入少量的硅或铝可大大降低磁路损耗，增大磁导率，且使电阻率增大，涡流损耗降低。经多次改进，方用 0.35mm 厚的硅钢片来代替铁线制作变压器铁芯。

近年来，世界各国都在积极研究生产节能材料，变压器的铁芯材料已发展到现在最新的节能材料——非晶态磁性材料 2605S2，非晶合金铁芯变压器便应运而生。使用 2605S2 制作的变压器，其铁损仅为硅钢变压器的 1/5，铁损大幅度降低。利用铁、硼、硅、碳四种元素合成的非晶态合金，经特高温熔炼而后急冷再经旋转喷制而成的非晶态带状薄膜，经过磁化而成为变压器铁芯卷材，非晶态合金因为其磁化功率小、磁滞损耗小、填充系数小、磁畴伸缩大、对应力敏感等特性而被称为跨世纪的新型功能材料，以其高效、低损耗、高导磁等优异的物理性能广泛用于电子、电力行业。

在电力行业中，采用非晶态合金作为铁芯材料的配电变压器，其空载损耗可比同容量的硅钢芯变压器降低 60%～80%。

2. 技术特点

(1) 非晶合铁芯片厚度极薄，只有20～30μm，填充系数较低，约为0.82。

(2) 非晶合金铁芯许用磁密低，单相变压器一般1.3～1.4T，三相变压器一般取1.25～1.35T。因此，产品设计受材料限制比较高。

(3) 非晶合金的硬度是硅钢片的五倍，加工剪切很困难，一般变压器制造厂只能利用成型铁芯制造非晶合金变压器。

(4) 非晶合金铁芯材料对机械应力非常敏感，无论是张引力还是弯曲应力都会影响其磁性能。因此，在变压器器身结构上应考虑尽量减少铁芯受力。

(5) 非晶合金的磁畴伸缩程度比硅钢片高约10%，而且不宜过度夹紧，因此，非晶合金变压器的噪声比硅钢片铁芯变压器高。

3. 适用对象

由于非晶态变压器的制作工艺限制，变压器容量还比较小，一般变压器容量不超过1600kVA，因此，非晶态变压器目前仅作为配电变压器适用于工矿企业、农村电网、配电系统，还不能作为电力变压器使用在输变电系统的电力变压器。

第四节 蓄 能 技 术

蓄冷（蓄冰）、蓄热技术是移峰填谷措施之一，即可以降低峰荷，提高低谷负荷，平滑负荷曲线，提高负荷率，降低电力负荷需求，减少发电机组投资和稳定电网运行。蓄冷（蓄冰）、蓄热技术，也称储冷、储热技术。

一、蓄冷技术

蓄冷技术是一种正在使用的成熟技术。集中式空调采用蓄冷技术是移峰填谷的有效手段，它是在后夜负荷低谷时段制冷并把冰或水等蓄冷介质储存起来，在白天或前夜电网负荷高峰时段把冷量释放出来转换为空调冷气，达到移峰填谷的目的。它特别适用于商业、服务业、工业以及居民楼区的集中空调。例如，大型商厦、贸易中心、酒楼宾馆、公寓、写字楼、娱乐中心、影剧院、体育馆、健身房、大型住宅区以及大面积使用空调的电子、医药、纺织、化工、精密仪器制造、食品加工、服装等生产企业。

储存天然形成的冷水或冰，人为地进行房间的降温是很早就采用的空调方式，但随着电动机械制冷技术的发展，制冷机组成本的大幅度降低，以及现代建筑空调负荷和工业用冷负荷需求的急剧增加，即时性制冷、供冷的方式已基本取代了原有的天然蓄冷供冷方式。

在蓄冷技术发展的初期，人们把主要注意力集中于对水蓄冷技术的研究和应用，但由于其蓄冷槽体积大、占用面积多和蓄冷效率低等较难以解决的弱点，在近几年来，冰蓄冷技术再度引起人们的注意，并发展了利用其他相变材料进行蓄冷。

1. 蓄冷技术的分类

蓄冷技术有很多具体的形式，可以按照蓄冷进行的原理、蓄冷持续的时间和蓄冷使用的材料进行简单的分类。

(1) 按照蓄冷进行的原理分类。在介质吸热或放热过程中，必然会引起介质的温度或物态发生变化。蓄冷就是利用工质状态变化过程中所具有的显热、潜热效应或化学反应中的反应热来进行冷量的储存。实现蓄冷的原理主要有显热蓄冷、潜热蓄冷和热化学蓄冷。

(2) 按照蓄冷持续时间进行分类。主要有昼夜蓄冷和季节性蓄冷两种类型。

1) 昼夜蓄冷是将电动制冷机组在夜间低谷期运行制取的冷量，以显热或潜热的形式将冷量储存起来并用于次日白天高峰期的冷量需求。

2) 季节性蓄冷是在冬季将形成的冷量（以冰或冷水的形式）储存在特定的容器或地下蓄水层中，在夏季再将其释放出来供应用户的冷负荷需求。

(3) 按照用于蓄冷的介质进行分类。有水蓄冷、冰蓄冷、其他相变蓄冷材料蓄冷等。

在季节性蓄冷中，多采用水或冰来进行。在昼夜蓄冷中，根据具体要求可以采用使用水作为蓄冷介质的显热蓄冷或利用冰和共晶盐作为蓄冷介质的潜热蓄冷。简单分类情况如图 5-5 所示。

2. 各种蓄冷方式及其系统组成简介

(1) 水蓄冷。水蓄冷是利用价格低廉、使用方便的水作为蓄冷介质，利用水的显热进行冷量储存的。它具有初投资少、系统简单、维修方便、技术要求低、可以使用常规空调制冷系统，以及在冬季可以用于蓄热等特点。水蓄冷技术适用于对现有常规制冷系统的扩容或改造，可以实现在不增加或少增加制冷机组容量的情况下，提高供冷能力。另外，水蓄冷系统可以利用消防水池、蓄水设施或建筑物地下室作为蓄冷容器，这样可以降低水蓄冷系统的初投资，进一步提高系统应用的经济性。

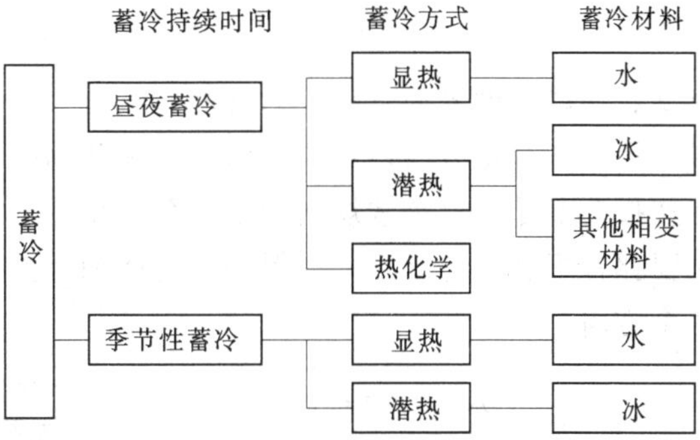

图 5-5　蓄冷分类

为了提高蓄冷格的蓄冷效果，防止负荷回来的热水与储存冷水间的混合，蓄冷槽的结构形式可以采用多种方法，如多蓄水罐方法、迷宫法、隔膜法、自然分层方法。在这些方法中，自然分层水蓄冷技术应用得较为普遍。

图 5-6 所示的是简单自然分层水蓄冷空调系统的基本构成。

(2) 冰蓄冷。冰蓄冷就是将水制成冰的方式，利用冰的相变潜热进行冷量的储存。由于冰蓄冷除可以利用一定温差的水显热外，主要利用的是 335kJ/kg 的相变潜热。因此，与水蓄冷相比，储存同样多的冷量，冰蓄冷所需的体积将比水蓄冷所需的体积小得多。当然，蓄冷槽内的水并不是全部冻结成冰。为此，常使用制冰串 IPF 来表示蓄冰槽中冰所占的体积份额。图 5-7 所示为在不同的制冰率下冰蓄冷槽体积与水蓄冷槽体积之比的变化情况。可以看出，$IPF=10\%$时，冰蓄冷槽的体积只是水蓄冷槽的体积的 30%。这种特点促进了冰蓄冷槽与制冷机一体机化机组的发展。冰蓄冷系统的技术水平要求较高，它必须使用蒸发温度低的制冷机组，要求制冷剂的蒸发压力较低，所以压缩机能耗高；而且冰蓄冷系统的设计和控制比水蓄冷系统复杂得多。图 5-8 所示为制冷剂在管内直接膨胀制冷的管外蓄冰系统。

值得注意的是：当空调系统采用蓄冰和低温送风相结合的形式后，由于输送冷水温度

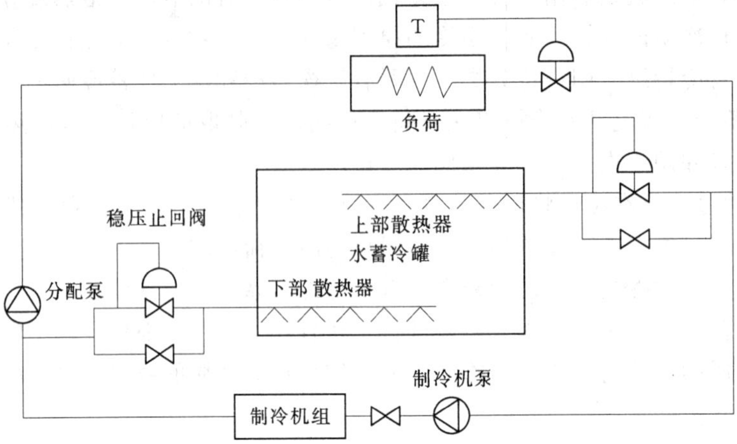

图 5-6 简单自然分层水蓄冷空调系统构成示意图

降低、送风温度降低，系统的管网和盘管、整个风道系统，以及水泵、冷却塔等辅机在材料、尺寸和容量方面，均要比水蓄冷和共晶盐蓄冷系统要小，系统相结合的蓄冷供冷方式在初投资上是可以和常规制冷空调系统相竞争的，且在分时计费的电价结构下，其运行费用要比常规制冷空调系统低得多。蓄冰和低温送风系统相结合已成为建筑空调技术发展的一个方向。

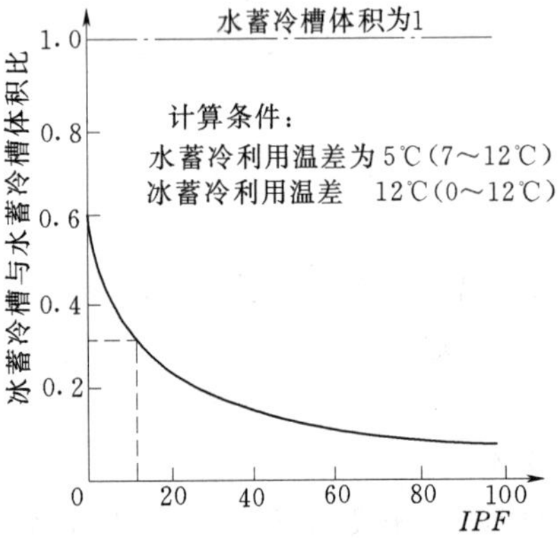

图 5-7 冷蓄冷槽体积之比与 *IPF* 的关系图及直接蒸发式管外蓄冰系统图

（3）共晶盐蓄冷系统。共晶盐蓄冷（也称之为优态盐蓄冷）是利用固液相变特性蓄冷的另一种形式。蓄冷介质主要是由无机盐、水、促凝剂和稳定剂组成的混合物。目前应用较广泛的是相变温度约为 8～9℃ 的共晶盐蓄冷材料，其相变潜热约为 95kJ/kg。在蓄冷系统中，这些蓄冷介质多置在板状、球状或其他形状的密封件中，再放置于蓄冷箱中。系统组成情况如图 5-9 所示。一般地讲，其蓄冷槽的体积比冰蓄冷槽大，比水蓄冷槽小。其主要优越性在于它的相变温度较高，可以克服冰蓄冷要求很低的蒸发温度的弱点，并可以使用普通的空调冷水机组。

（4）气体水合物蓄冷。在一定温度和压力下，水能在某些气体分子周围形成坚实的包络状结晶体，在水合物结晶时释放出固化相变热。大多数制冷剂蒸气与水作用时能在 5～12℃条件下形成水合物，而且结晶相变热较大，应用此原理构成的系统如图 5-10 所示。

气体水合物蓄冷是一新兴的空调蓄冷技术，它不仅蓄冷温度与空调工况相吻合，蓄冷密度高，而且蓄冷—释冷时的传热效率高，特别是直接接触释冷系统。但此方法还有一系列问题有待解决，如制冷剂蒸气夹带水分的清除，防止水合物膨胀堵塞等，目前该技术还有待完善。

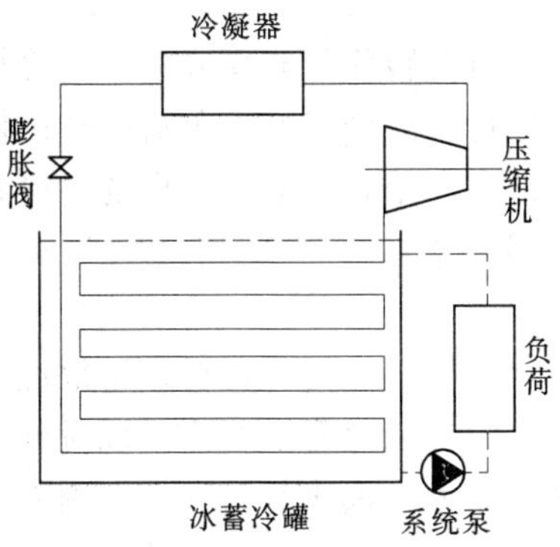

图 5-8 直接蒸发式管外蓄冰系统示意图

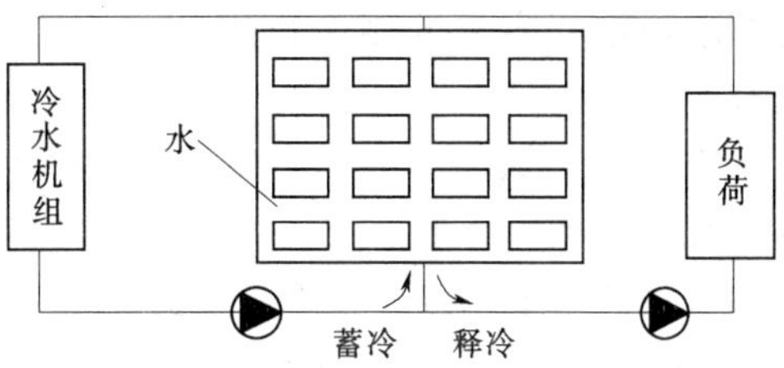

图 5-9 共晶盐蓄冷系统示意图

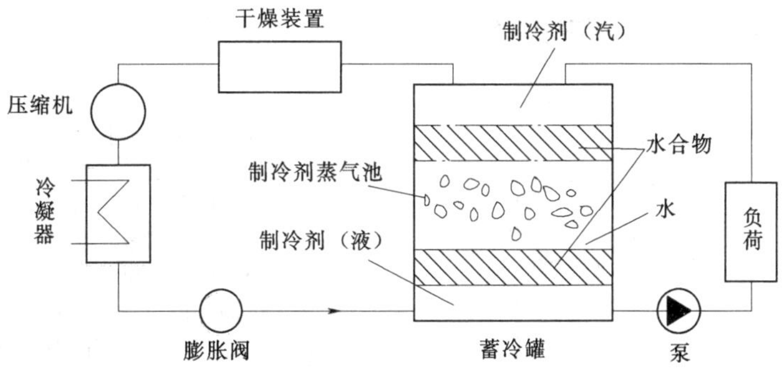

图 5-10 直接接触水合物蓄冷系统构成示意图

3. 主要蓄冷方式的比较

在蓄冷技术的应用中，主要应用的蓄冷方式有水蓄冷、冰蓄冷和共晶盐蓄冷。三种方式各有利弊，可以根据具体情况分析选用。

4. 蓄冷系统的蓄冷策略和运行模式

采用蓄冷技术可以使制冷设备的运行和冷负荷的供应在时间上相分离，使得其运行具有较大的灵活性。从经济性角度考虑，蓄冷系统蓄冷策略的选择也关系到蓄冷系统设备的选型和蓄冷槽容积的大小。蓄冷系统的蓄冷策略主要有：

（1）分量蓄冷策略。高峰期的冷负荷部分由蓄冷来满足；其余部分由制冷机组实时运行直接提供。该策略又可进一步分成均衡负荷和限定需求策略。

1）均衡负荷。制冷机组全天 24h 满负荷或接近满负荷运行。当冷负荷低于制冷机组生产的冷量时，多余的部分储存起来；当待负荷超过制冷机组容量时，附加的需求由蓄冷来满足。该策略运用时，制冷机组容量和蓄冷量均可较小。它特别适合于高峰冷负荷大大高于平均负荷的场合。

2）限定需求。在高峰期，电力公司对一些用户提出了限电要求，用户必须将制冷机组在较低的容量下运行。这种蓄冷策略需要安装调控设备，如需求电度表，来向用户提供控制需求的信号。与均衡负荷策略相比，这种策略具有一定的移峰能力，而制冷机组容量较大。

（2）全量蓄冷策略。也称为移峰策略，它将整个高峰的负荷转移至非高峰期。制冷机组在非高峰期（低谷和平峰期）全负荷运行，在高峰期不运行。高峰期的冷负荷完全由储存的蓄冷量供应；在白天用电高峰期，只有一些附属输送设备使用高峰电。这样的蓄冷系统要求用较大容量的制冷机组和较大的蓄冷量。该策略较适合于高峰期持续时间短的场合。

图 5-11 表示了一个 9000m² 商业建筑的空调负荷、制冷机运行负荷，在采用常规空调系统和在采用分量蓄冷与全量蓄冷策略时的变化情况。它同时也说明了蓄冷系统对制冷机组容量的要求，以及蓄冷系统运行所实现的“移峰填谷”能力。该建筑物全日空调需求量为 6120kWh，高峰负荷为 660kW，在常规空调系统中，需要容量为 660kW 的制冷机组来满足高峰期的冷负荷需求。若使用分量蓄冷均衡负荷策略，需要容量为 255kW 的制冷机组。而全量蓄冷策略则需要容量为 360kW 的制冷机组。分量蓄冷限定需求策略制冷机

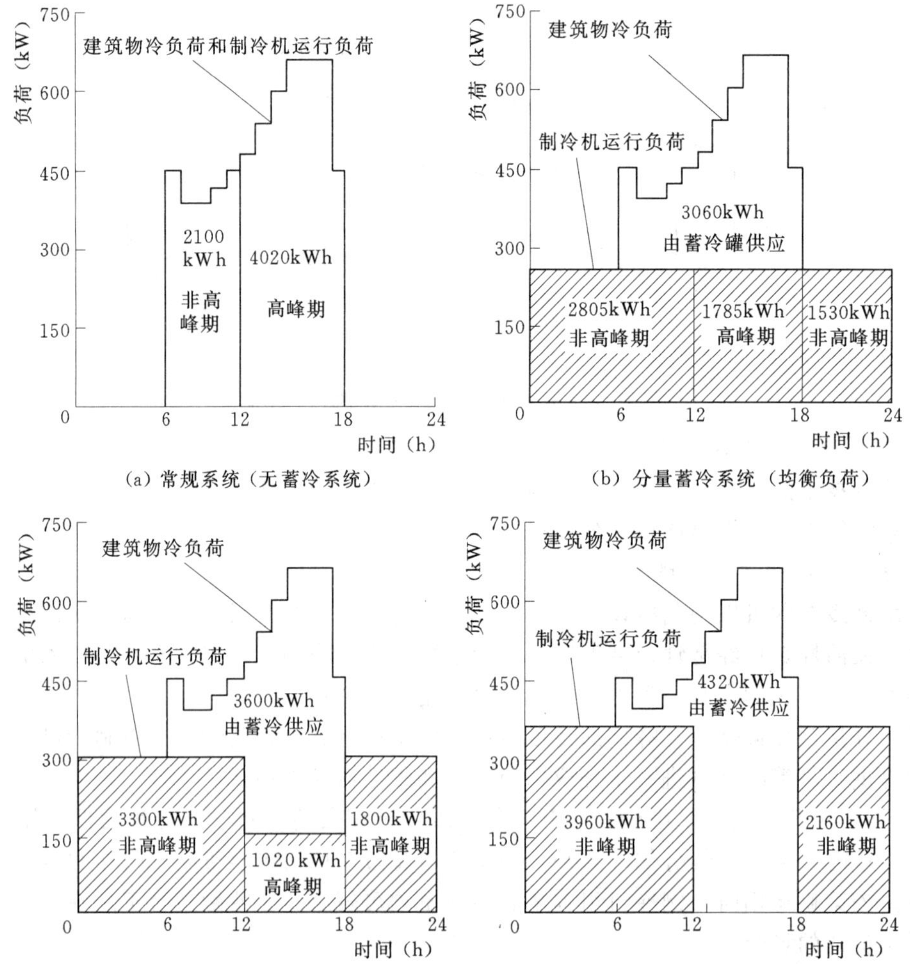

(a) 常规系统（无蓄冷系统）
(b) 分量蓄冷系统（均衡负荷）
(c) 分量蓄冷系统（限定需求）
(d) 全量蓄冷系统

图 5-11 不同蓄冷下制冷机运行负荷的比较

组容量介于两者之间，在本例中约为 300kW，高峰期的负荷只有非高峰期的 48.6%。

可以看出，制冷机组容量要求的顺序从大到小依次为常规制冷系统、全量蓄冷系统、分量蓄冷（限定负荷）、分量蓄冷（均衡负荷）。"移峰填谷"能力以全量蓄冷系统为最大。

从经济性角度考虑，全量蓄冷系统适合于下列场合：①冷负荷高峰期持续时间短的尖峰负荷；②高峰冷负荷和高峰电负荷重叠时间短；③电网公司对"移峰填谷"提供特殊奖励；④高峰电价很高。

一般情况下，分量蓄冷系统的经济性较好，应用得较为广泛。尽管其"移峰填谷"的能力不如全量蓄冷系统那么高，但其初投资相对较低，其中，分量蓄冷均衡负荷系统的初投资最小。从系统组成、设备投资、系统运行可靠性和运行费用等方面进行综合考虑，一般情况下分量蓄冷式运行模式更容易被用户接受。

从运行角度考虑，蓄冷系统的运行比较灵活，可以有多种变化，概括下来，有如下五种运行模式：

1）蓄冷运行。制冷机组运行直接向蓄冷槽内蓄冷。

2）供应负荷与蓄冷槽蓄冷同时进行。在冷负荷要求不大时，制冷机组满负荷运行供应冷负荷，剩余冷量用于向蓄冷槽蓄冷。

3）蓄冷槽释冷运行全部移荷。制冷机组不运行，由蓄冷槽释冷满足冷负荷要求，如图 5－12（c）所示。

4）蓄冷槽释冷运行部分移荷。在蓄冷槽释冷供应用户负荷时，制冷机组也同时运行，共同满足用户的总需求。这种模式还可以分成三种形式：①并行供冷方式如图 5－12（d1）所示，适用于水蓄冷系统。②蓄冷槽上游形式如图 5－12（d2）所示，蓄冷槽处于

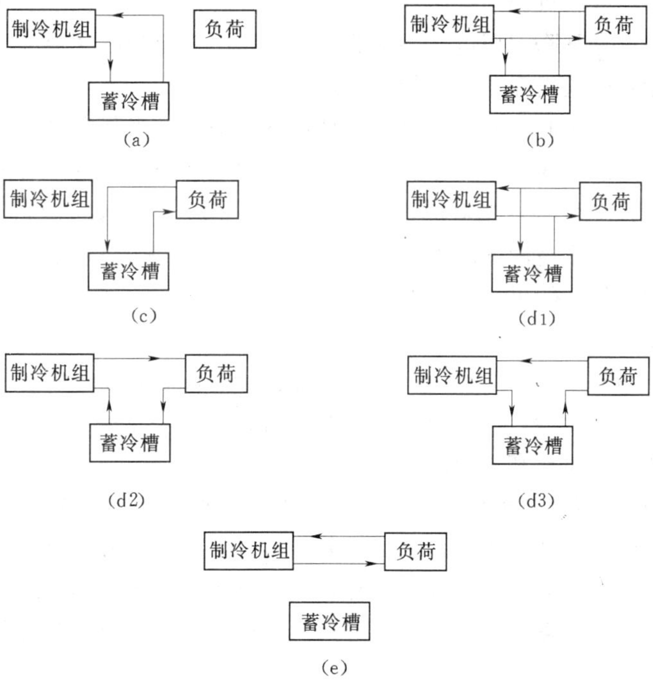

图 5－12　蓄冷系统的运行模式

冷水机组上游，从负荷回来的水先经蓄冷槽冷却，当蓄冷量能够满足负荷时，制冷机组不运行，只有当蓄冷量不能满足负荷时，机组才运行补充。由于制冷机组必须工作在较低的温度，所以冷水机组的效率较低。这种形式称为蓄冷优先。主要用于冰蓄冷系统。③蓄冷槽下游形式如图 5-12（d3）所示，也称为机组优先，适用于使用冰蓄冷的低温系统，由于冷水机组工作在较高的温度，所以其效率较良。

5）直接满足负荷模式。制冷机组运行直接满足负荷要求。

在很多情况下，制冷设备包括多台制冷机，特别是当制冷系统由冷水机组和冷冻机组或吸收式制冷机组所组成的情况。需要根据冷负荷情况和电价结果，仔细考虑在不同的时间段内进行制冷机组的组合运行。

5. 蓄冷技术的应用范围

蓄冷技术的应用领域十分广泛，特别是在对原有空调系统、供（制）冷系统改造方面具有巨大的潜力。蓄冷技术的应用领域包括：

（1）暖通空调。在城市大中型商业建筑、宾馆、饭店、银行、办公大楼中，中央空调应用得十分普遍。这些建筑的夏季空调负荷相当大，冷负荷又主要集中在白天工作时间内。它们的高峰期基本上是在午后，这与电网供电高峰期相同，所以，它们是应用蓄冷的主要领域。另外，体育馆、影剧院以及采用区域集中空调的居民小区也都可以应用蓄冷空调。

（2）工艺性用冷行业。在食品的冷冻、冷藏、加工和保鲜以及制药、啤酒等行业，产品的批量生产所需的冷负荷数量大、持续时间短。应用蓄冷技术可保证工艺性用冷的可靠性，减轻冷负荷需求与电力供应间的矛盾。

（3）其他。如燃气轮机调峰电站，它在夏季白天高峰期运行。由于环境温度高，空气密度下降，其发电量会下降。用电低谷期的蓄冷可以用来冷却燃气轮机入口空气温度，这样可以提高燃气轮发电机组在调峰运行时的效率。

在考虑应用蓄冷技术时要考察项目是否具备下列条件，当其中之一满足时，可以考虑应用蓄冷技术：①大冷负荷与平均负荷相差很多；②电网公司的电价结构中包含较高的增容费用，较大的峰谷电价差，或对应用蓄冷有特殊的奖励措施；③现有冷却系统需要扩建；④具有现成的可用于蓄冷的结构，如水池、地下室等；⑤当地电力资源有限；⑥希望拥有备用或富裕的冷量；⑦可以使用低温送风系统。

6. 应用蓄冷技术的效益

蓄冷技术的应用对于电力生产部门和用户都会产生良好的经济效益和社会效益，并可以实现整个能源系统的节能，产生较好的环保作用。

（1）对电力建设、生产和供应的作用。

1）缓解电力建设需求的增长速度。要满足用户的负荷要求、确保电力的供应，按照常规方法，必须不断进行新电站的建设，这务必具有充足的物力和财力。蓄冷技术的应用是建设新电站的一种替代方法，其投资比建设新电站的投资额要少很多，且建设周期短、见效快。通过有效地移峰填谷，可以缓解对电力建设需求的压力，充分利用现有机组装机容量来满足用户的需求。

2）缓解电力生产和供应的紧张状况，提高发电站的效率。应用蓄冷技术来实现用户侧的“移峰填谷”，既可以降低电力生产高峰期的电力需求，也可以提高低谷期的负荷水平。这样既满足缓解白天用电高峰期发电机组调峰运行的紧张状况的要求，又达到稳定电厂机组负荷水平、改善机组的运行状况的目的。发电机组在稳定、高效、耗能少的经济负荷下远行，能够降低那些运行不稳定、耗能高、效益差的调峰机组的容量或缩短它们的运行时间，达到全面节能的目的。

3）提高电力生产的环保水平。对于采用核电站带基本负荷或水电比重大的地区，可以通过应用蓄冷技术进行移峰填谷，减少白天高峰期燃煤电站运行的数量，减少烟尘和二氧化碳的排放。

（2）对用户的作用。

1）减少制冷机容量和设备投资，提高系统制冷、供冷运行的可靠性。为了满足用冷高峰期的需求，按常规方法，制冷机组的设计容量必须是最大的用冷负荷，但高峰负荷运行时间很短，制冷机多数时间是在20％～40％的容量范围内工作，利用效率低。采用蓄冷技术可以运用容量较小制冷机组的长期运行来满足用户负荷要求，从而减少制冷机组的初投资。蓄冷系统的初投资增加可以在运行费用的降低上得到补偿。在对供冷系统进行技术改造时采用蓄冷技术，可以充分利用原有制冷设备，提高供冷能力。对一些用冷时间短、用冷量相当大的工艺加工冷负荷来说，采用了蓄冷技术之后，不仅大大地减少了制冷机容量，而且避免了高峰限电的影响，提高制冷系统供冷的可靠性。从运行控制角度来看，常规供冷系统制冷机组的运行负荷必须随冷负荷的变化而变化；而蓄冷系统实现了制冷和用冷的分离，制冷机组能在最佳设计工况下稳定运行，这样不仅效率高，而且运行可靠。

2）减少运行费用。为了减少用户负荷快速增长对电力生产的压力，电力部门普遍制定了征收增容费用的措施，故用户制冷机组容量的减少可降低相应的增容费用。同时，电力部门也制定了具有较大峰谷电价差的分时电价制度，用户制冷机组在夜间用电低谷期运行，可以减少可观的运行费用，获取较大的经济效益。

3）提高工作空间的环境质量。蓄冷系统制冷机容量的减少也降低了其运行噪音水平，减少了对隔音设备的要求和所需要的投资。有研究结果表明，对于应用冰蓄冷和低温送风的空调系统，可以通过降低使用区域内的相对湿度而改善高的干球温度环境的舒适程度。大量实测证明：常规空调与低温送风空调两种环境的舒适效果等同，而且对于办公室等类轻度活动人员而言，低温送风系统的室内环境舒适感要优于常规送风系统。而且，低温送风系统较小的空气处理设备也减少了空调区域内噪音的释放。

4）实现制冷空调系统的节能。蓄冷系统可使制冷机组在稳定、高效的经济负荷下运行，而且，夜间环境温度的降低会使制冷设备的制冷系数有所提高。常规“即制即用”的制冷系统在负荷经常变化的工况下运行的效率较低，所以，在总冷负荷相同的情况下，蓄冷系统与常规制冷系统相比，运行效率要高。

另外，蓄冷系统也为用户制冷设备的运行提供了良好的灵活性，用户可以通过运行经验的积累，将计算机控制结合进蓄冷空调系统中，通过负荷预测、控制和运行程式的优化，进一步实现空调系统的节能。

7. 蓄冷技术研究及发展方向

随着蓄冷空调技术应用的推广，对研究和发展新型蓄冷空调技术的需求日益增强，许多研究机构和高等院校都在积极从事这方面应用基础研究和产品的开发工作，以求不断地提高蓄冷空调技术，进一步地提高其应用的效益。

目前的研究工作主要集中在以下几个方面：

(1) 丰富和完善蓄冷空调技术理论和系统设计方法。从发展和优化单元式蓄冷槽角度出发，加强对现有蓄冷槽性能的测试，以求在设计阶段就可以对整个蓄冷空调系统有一基本了解，从而实现系统的设计优化；通过对已建项目进行系统测试和蓄冷空调系统运行经验的总结，丰富对实际运行状况的了解。

(2) 蓄冷技术的系统节能和经济性的宏观评价和预测方法。应用宏观分析方法，从区域经济、能源发展角度出发，对应用蓄冷技术所产生的系统问题进行分析；从区域电力建设发展规划、区域蓄冷调荷潜力、能源价格的制定等方面考察区域能源消耗水平、蓄冷技术市场发展。

(3) 冰蓄冷和低温送风系统中所需解决的问题研究。对强化制冰技术的研究；高效低温送风终端设备（散流器、风盒）的研究与开发；对应用低温送风所带来的其他问题的研究，如低温送风所适用的气候条件、对舒适性室内环境和空气品质的评价等。

(4) 新型相变蓄冷介质的开发。研究开发适用于冷水制冷机组的固液相变潜热大、经久耐用的新型相变蓄冷材料。

(5) 蓄冷空调系统的节能技术研究。在实际运行中，蓄冷空调系统的节能主要来源于运行管理，这方面的工作才刚刚起步，主要包括：通过进行负荷的预测，合理优化系统运行模式，实现系统的经济性运行；充分进行系统能耗的分析，找出空调系统节能的潜力。通过经验的总结，进一步改进系统设计方法和优化设备选型。

二、蓄热技术

蓄热技术是在后夜负荷低谷时段，把锅炉或电加热器生产的热能储存在蒸汽或热水蓄热器中，在白天或前夜电网负荷高峰时段将其热能用于生产或生活等来实现移峰填谷，用户采用蓄热技术不但减少了高价峰电消耗，而且还可以调节用热尖峰、平稳锅炉负荷、减少锅炉新增容量，当然它和蓄冷技术一样要多消耗部分电量。但是，由于它们都是工作在日负荷曲线的低谷时段，电价便宜，所以一般蓄冷、蓄热多消耗的低谷段电费少于高峰负荷时段消耗的高峰段电费支出。

蓄热就是通过蓄热材料的加热、融化、汽化等方式实现储能目的，通过上述过程的可逆变化释放热能。热能的储存和释放可通过蓄热材料的相变、温度变化、成分变化等实现。

1. 蓄热的分类

按储存热能方式蓄热可分为显热蓄热、潜热蓄热、化学反应蓄热等。

(1) 显热蓄热。利用蓄热材料在物质形态不变的情况下，通过改变温度来吸收和释放热量。其蓄热效果与材料的比热容、密度等因素有关。在蓄热技术发展的初期，显热蓄热首先被提出并得到应用，这种蓄热方式简单、成本低、技术上相对比较简单。但是，显热蓄热最大的缺点就是蓄热密度低、设备体积庞大，并且在释放热能时其温度发生持续变化，不能维持在一定温度释放所储能量。常见的显热蓄热介质有水、蒸汽、砂石等。

(2) 潜热蓄热。利用物质在凝固/融化、凝结汽化、凝华/升华以及其他形式的相变过程中，吸收或放出相变潜热的原理进行蓄热。相变可以是固—液、液—气、气—固及固—固，其中以固—液相变最为常见。从能量密度的角度来讲，潜热储存的能量要比显热大得多。根据相变温度的高低，潜热又分为高温潜热蓄热和低温潜热蓄热。低温潜热蓄热主要用于废热回收、太阳能蓄热以及供暖和空调系统。高温蓄热主要用于热机、太阳能电站、磁流体发电等方面。潜热蓄热介质不仅能量密度高，而且所需装置结构简单、体积小、设计灵活、使用方便且便于管理。另外，还有一个很大的优点就是蓄热材料在相变过程中，材料近似恒温，可以以此控制系统的温度。

(3) 化学反应蓄热。利用蓄热材料相接触时发生可逆化学反应来储存和释放热量。发生化学反应时。可以有催化剂，也可以没有催化剂。这些反应包括气相催化反应、气固反应、气液反应、液液反应等。与潜热蓄热相同，该蓄热同样也具有恒温蓄放热的优点。

实际上，上述三种蓄热方式很难截然分开，例如，潜热型蓄热材料也同时会把一部分显热储存起来，而反应型蓄热材料则可能把显热或潜热储存。三种类型蓄热方式中以潜热蓄热方式应用最为广泛。

2. 蓄热材料的比较

就蓄能过程和介质而言，水、石蜡、六水硝酸镁、硝酸钾、金属复合材料等均可使用，但成本、效率、腐蚀性、毒性、安全性存在很大差异，其对比见表 5-8。

表 5-8　材　料　比　较

蓄热介质	蓄热方式	蓄热量 (kWh)	体积 (m^3)	容器材料	成本 (万元)	腐蚀性	毒性	安全性
水温升 60℃	全蓄热	1120	18.0	不锈钢	4.9	小	无	优
水温升 60℃	半蓄热	720	11.9	不锈钢	3.7	小	无	优
石蜡	全蓄热	1120	24.4	碳钢	4.9	无	无	优
石蜡	半蓄热	720	15.8	碳钢	6.5	无	无	优
六水硝酸镁	全蓄热	1120	17.2	不锈钢	20.3	小	无	稍差
六水硝酸镁	半蓄热	720	11.1	不锈钢	13.1	小	小	稍差
硝酸钾	全蓄热	1120	9.0	不锈钢	4.8	较大	小	稍差
硝酸钾	半蓄热	720	6.2	不锈钢	3.3	较大	小	稍差
金属复合材料	全蓄热	1120	5.5	碳钢	8.5	小	无	优
金属复合材料	半蓄热	720	4.1	碳钢	5.5	小	无	优

3. 蓄热技术的应用

蓄热式电锅炉则以电锅炉为热源，利用晚间廉价电力，对蓄热材料加热，将热量储存起来，在电网高峰时段采用电锅炉，释放储存热量，这样就达到了“移峰填谷”的目的。由于蓄热电锅炉不释放有害气体、无污染、无噪声，且比煤锅炉、油锅炉的热效率高，又能充分利用低谷电，运行费用低，现已被广泛应用。

在蓄热式电供热采暖中，主要分以下几种类型：

（1）常压水蓄热。特点是结构简单，尤其适合蓄冷、蓄热一体供热制冷系统。缺点是单位容积蓄热量小，占地面积大，蓄热介质有效利用率不高，存在蓄热死区。这种方式较适用于华北、西北、华东、华中等地区。

（2）高温水蓄热。特点是单位容积蓄热量较大。

（3）液态高温体蓄热。如采用导热油等进行蓄热，特点是温度高，单位容积蓄热量较大。缺点是易燃，必须配备庞大的消防系统，一次性投资高。最好有一道中间换热系统，但系统复杂，不经济。

（4）固态高温体蓄热。如采用比热容相对较大的固体，将其加热到800℃左右进行蓄热。优点是单位体积蓄热量较大。缺点是需有中间热媒体、换热较困难、电加热设备寿命短、金属密封壳体易发生高温氧腐蚀等。

（5）相变介质蓄热。利用相变介质的固—液相变潜热进行蓄热，优点是单位容积蓄热量较大。缺点是目前已知的相变材料潜热都小于水的固—液相变潜热，单位容积潜热蓄热量受到限制，而且成本较高，还要克服相变介质过冷等现象。

由上可见，上述蓄热方式的单位容积蓄热量不是很大。因此，对于一个供热小区来说，必须有足够大空间用于蓄热，才能满足非低谷期间供热需求，而对于寸土寸金的城市来说，是很难接受的。因此，如何降低蓄热器占地面积、减小蓄热器内蓄热死区、确定最佳蓄热量、降低一次性投资，成为蓄热电供热发展的主要趋势。

常用的蓄热式电锅炉供热系统主要组成部分为：电锅炉（常压或有压）、蓄热水槽、热交换设备、循环水泵、自动控制和阀门、供配电部分。

电锅炉蓄热供热系统常用的三种形式为：直供式蓄热供热系统、循环式蓄热供热系统以及间接加热式蓄热供热系统。

1）直供式蓄热供热系统。系统简图如图5-13所示。该系统一般适用于功率较小的储水式电热水炉。该系统配备一只蓄热水箱，其容积需与电热水炉容量和用户白天热水需要量相匹配。冷水管直接接入热水炉进水口，待炉水达到一定温度后，将热水连续送入蓄热水箱，但需控制好进水流量，使出水温度控制在一定的范围内。蓄热水箱充满后，电热炉会自动停运。当用户取用热水时，蓄热水箱水位下降，浮球阀打开，补充注入热水，同时电热水炉会自动启动。该系统可采用低谷电蓄热方式运行，但需加定时装置和必要的电

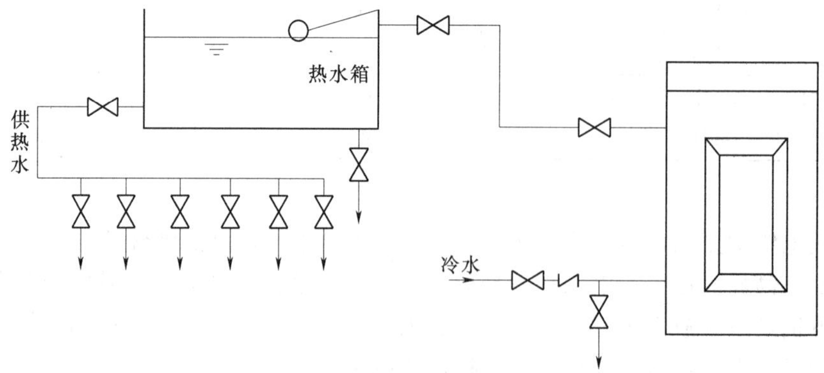

图5-13 直供式蓄热供热系统简图

磁阀。该系统的优点是：系统管路简单，一般不需安装给水泵；用蓄热水箱供热水，其水温和水压稳定；瞬间供热水量不受电热水炉功率的限制，可满足多点供水。

2）循环式蓄热供热系统。系统图如图 5－14 所示。该系统一般适用于较大功率的快热式电热水炉。系统中同样配置一只与电热水炉功率相匹配的蓄热水箱，给水从蓄热水箱注入，并充满整个系统，蓄热水箱与电热水炉之间形成循环回路，通过热水泵循环将电热水炉发出的热量来加热蓄热水箱的水，直至设定温度。因为该系统适合于功率较大的热水炉，所以推荐采用低谷电蓄热运行方式。一般蓄热运行时间设计为 4～8h 为宜，蓄热时间越短，要求电热水炉功率越大，初投资就越高。以能充分利用夜间 8h 低谷电为原则，该系统除如上所述带有蓄热水箱供热的各项优点外，采用大流量循环加热有利于电热元件散热和防止气泡停滞，系统更显安全可靠。

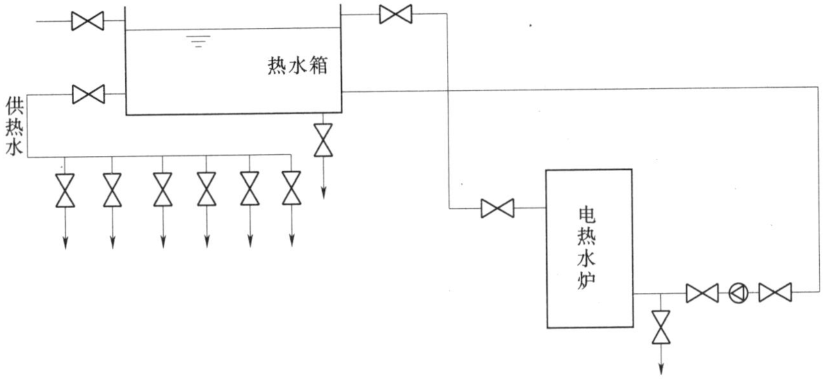

图 5－14　循环式蓄热供热系统图

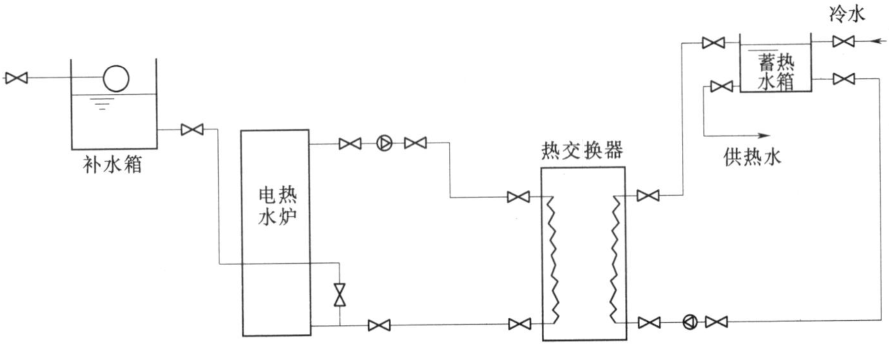

图 5－15　间接加热式蓄热供热系统图

3）间接加热式蓄热供热系统。系统图如图 5－15 所示。该系统为双循环加热系统。在蓄热水箱与电热水炉中间设置一台热交换器，将放热过程和吸热过程分隔成两个独立循环回路。电热炉产生的热量通过水交换器间接传递给蓄热水箱的水。该系统也推荐用于蓄热运行，而且更适合给水硬度较高的地方。因为在电热水炉放热侧形成闭式循环，其中热媒水除微量泄漏需补充外，基本上没有消耗；只要在初始启动前该循环回路中充满软化水，则电热炉小电热元件表面就不会积垢；同时内于表面温度越高的地方越容易积垢，这样就避开了最易积垢的放热循环中的结垢问题；在吸热循环中，一方面由于设备表面温度低，不易积垢，另一方面，即使有一些积垢也无关紧要。

以上所述的各种系统只是典型的、常规的系统，实际中的情况是多种多样的，应根据上述系统中的原则，因地制宜地进行设计。

第六章 电 动 汽 车（EV）

电动汽车是指以车载电源为动力，用电机驱动车轮行驶，符合道路交通、安全法规各项要求的车辆。它使用存储在电池中的电来发动。在驱动汽车时使用12块或24块电池，有时则需要更多。

电动汽车无内燃机汽车工作时产生的废气，不产生排气污染，对环境保护和空气的洁净是十分有益的，几乎是“零污染”。众所周知，内燃机汽车废气中的一氧化碳、碳氢化合物及氮氧化合物、微粒、臭气等污染物形成酸雨酸雾及光化学烟雾。电动汽车无内燃机产生的噪声，电动机的噪声也较内燃机小。噪声对人的听觉、神经、心血管、消化、内分泌、免疫系统也是有危害的。

电动汽车的研究表明，其能源效率已超过汽油机汽车。特别是在城市运行，汽车走走停停，行驶速度不高，电动汽车更加适宜。电动汽车停止时不消耗电量，在制动过程中，电动机可自动转化为发电机，实现制动减速时能量的再利用。有些研究表明，同样的原油经过粗炼，送至电厂发电，充入电池，再由电池驱动汽车，其能量利用效率比经过精炼变为汽油，再经汽油机驱动汽车高，因此有利于节约能源和减少二氧化碳的排量。

另一方面，电动汽车的应用可有效地减少对石油资源的依赖，可将有限的石油用于更重要的方面。向蓄电池充电的电力可以由煤炭、天然气、水力、核能、太阳能、风力、潮汐等能源转化。除此之外，如果夜间向蓄电池充电，还可以避开用电高峰，有利于电网均衡负荷，减少费用。

电动汽车较内燃机汽车结构简单，运转、传动部件少，维修保养工作量小。当采用交流感应电动机时，电机无需保养维护，更重要的是电动汽车易操纵。

目前电动汽车尚不如内燃机汽车技术完善，尤其是动力电源（电池）的寿命短，使用成本高。电池的储能量小，一次充电后行驶里程不理想，电动车的价格较贵。但从发展的角度看，随着科技的进步，投入相应的人力物力，电动汽车的问题会逐步得到解决。扬长避短，电动汽车会逐渐普及，其价格和使用成本必然会降低。

第一节 电动汽车的历史沿革和现状

一、电动汽车的历史沿革

早在19世纪后半叶的1873年，英国人罗伯特·戴维森制作了世界上最初的可供实用的电动汽车。这比德国人戴姆勒和本茨发明汽油发动机汽车早了10年以上。

戴维森发明的电动汽车是一辆载货车，长4800mm，宽1800mm，使用铁、锌、汞合金与硫酸进行反应的一次电池。其后，从1880年开始，应用了可以充放电的二次电池。从一次电池发展到二次电池，这对于当时电动汽车来讲是一次重大的技术变革，由此电动汽车需求量有了很大提高，在19世纪下半叶成为交通运输的重要产品，写下了电动汽车在人类交通史上的辉煌一页。1890 年，法国和英国伦敦的街道上行驶着电动大客车，当时的车用内燃机技术还相当落后，行驶里程短，故障多，维修困难，而电动汽车却维修方便。

在欧美，电动汽车最盛期是在 19 世纪末。1899 年，法国人考门·吉纳驾驶一辆 44kW 双电动机为动力的后轮驱动电动汽车，创造了时速 106km 的记录。

1900 年，美国制造的汽车中，电动汽车为 15755 辆，蒸汽机汽车 1684 辆，而汽油机汽车只有 936 辆。进入 20 世纪以后，由于内燃机技术的不断进步，1908 年，美国福特汽车公司 T 型车问世，以流水线生产方式大规模批量制造汽车使汽油机汽车开始普及，致使在市场竞争中蒸汽机汽车与电动汽车由于存在着技术及经济性能上的不足，使前者被无情的岁月淘汰，后者则呈萎缩状态。

电池是电动汽车发展的首要关键，汽车动力电池难在“低成本要求”、“高容量要求”及“高安全要求”等三个要求上。要想在较大范围内应用电动汽车，要依靠先进的蓄电池。经过 10 多年的筛选，现在普遍看好的氢镍电池、铁电池、锂离子和锂聚合物电池。氢镍电池单位重量储存能量比铅酸电池多一倍，其他性能也都优于铅酸电池，但目前价格为铅酸电池的 4～5 倍，正在大力攻关让它降下来。铁电池采用的是资源丰富、价格低廉的铁元素材料，成本得到大幅度降低，也有厂家采用。锂是最轻、化学特性十分活泼的金属，锂离子电池单位重量储能为铅酸电池的 3 倍，锂聚合物电池为 4 倍，而且锂资源较丰富，价格也不很贵，是很有希望的电池。

二、中国电动汽车发展的意义

随着汽车工业的高速发展，全球汽车保有量的不断增加，汽车带来的能源短缺、环境污染等问题日益突出。公安部交通管理局的最新信息显示，至 2009 年底，中国汽车保有量已达 7619.31 万辆，其年耗油量已接近全国成品油总量的 60%。而中国自 1994 年成为石油净进口国以来，石油进口量逐年增加。而国际贸易过程中存在很多不确定因素，直接导致油价波动，严重影响到中国的石油供给，威胁到中国的经济发展。同时，汽车尾气也是造成大气污染的罪魁祸首。据联合国调查，世界上污染最严重的 10 个城市中，有 7 个在中国。在石油危机和环保的双重压力下，中国必须转变原有的能源消费结构，更合理有效地利用能源。因此，为汽车寻找新能源已经成为各国政府和汽车行业的头等大事。

1. 电动汽车发展是资源和环境约束的要求

中国大城市的大气污染已不能忽视，汽车排放是主要污染源之一，中国已有 16 个城市被列入全球大气污染最严重的 20 个城市之中。中国现今人均汽车是每 1000 人平均 10 辆汽车，但石油资源不足，每年已进口几千万吨石油。随着经济的发展，假如中国人均汽车持有量达到现在全球水平——每 1000 人有 110 辆汽车，中国汽车持有量将成 10 倍地增加，石油进口就成为大问题。因此，在中国研究发展电动汽车不是一个临时的短期措施，而是意义重大的、长远的战略考虑。

中国在镍氢电池和锂离子电池的产业化开发方面均取得了快速的发展。电动汽车其他有关的技术，近年都有巨大的进步，如交流感应电机及其控制，稀土永磁无刷电机及其控制，电池和整车能量管理系统，智能及快速充电技术，低阻力轮胎，轻量和低风阻车身，制动能量回收等，这些技术的进步使电动汽车日见完善和走向实用化。

2. 电动汽车是新能源汽车的发展的重要方向

新能源汽车的发展方向有多种，但其中之一的氢燃料电池技术不成熟，成本昂贵。2007 年 1 月，汽车和动力电池专家 Menahem Anderman 博士在美国参议院能源与资源委员会作证时下此结论。中国也没有氢燃料电池反应所必需的铂。虽然没有公开申明，但据传国家内部决策层曾明确表示中国不适宜发展氢燃料电池汽车，只作为科研跟踪项目。

另外，就主要采用甲醇、乙醇等低成本液体燃料的技术来说，由于大量采用玉米、粮食作为原料，导致全球粮价连续上升，这也不可能成为中国的技术选择。

还有一种燃料技术清洁柴油，即含硫量低的柴油（含硫量低于 350ppm 的柴油），使用这种柴油能平均比汽油机节约 30%的能源。不过因为国内的柴油品质不佳，频繁的油荒总是从柴油开始，此外柴油得不到国家政策支持。

从技术发展成熟程度和中国国情来看，纯电动汽车应是大力推广的发展方向，而混合动力作为大面积充电网络还没建立起来之前的过渡技术。

三、中国电动汽车发展概况

中国及国外车厂都先后推出了混合动力和纯电动汽车。比亚迪先后展示了 F6DM 和 F3DM 双模电动车和 F3e 纯电动车。长安与加拿大绿色电池生产商 Electrovaya 合作，共同拓展加拿大新能源汽车市场，首推奔奔纯电动版。美国通用汽车公司推出了以电动为主的 Chevy Volt 混合动力车，Mini Cooper 推出了其纯电动版。2011 年江淮同悦推出纯电动版新车。

但混合动力车动力系统复杂，成本昂贵。比亚迪 F3DM 有两套动力系统，其公布的动力系统成本增加了 5 万元，相当于每年要节省 8000 元的油费才能比传统汽油车经济。不过混合动力车省油有限，丰田 Prius 省油大致 10%～20%，奇瑞 A5—ISG 在北京奥运试运期间公布的省油参数为 10%。可以算一笔账，假设家庭年行驶 2 万公里，汽油车百公里油耗 7.5L，年油费 9450 元，混合动力车省油 20%节省了 1890 元，无法抵消其车价成本的增加。

混合动力的优势是保留了传统汽油汽车的使用生活方式，根据汽油机和电动机混合程度，充电次数和传统汽油汽车加油次数相当，或者不用充电，行驶距离也不受限制。

纯电动车省去了油箱、发动机、变速器、冷却系统和排气系统，相比传统汽车的内燃汽油发动机动力系统，电动机和控制器的成本更低，且纯电动车能量转换效率更高。因电动车的能量来源——电来自大型发电机组，其效率是小型汽油发动机甚至混合动力发动机所无法比拟的。纯电动汽车因此使用成本在下降。按比亚迪 F3e 纯电动车公布的数据，百公里行驶耗电 12kWh，依照 0.5 元的电价算，百公里使用成本才 6 元。而其原形车 F3 汽油车百公里耗油 7.6L，按目前 6.2 元的油价，成本是 46.5 元。相比之下，电动车的使用成本才是传统汽油汽车的 1/8。

纯电动车的缺点是它改变了传统汽车的使用生活方式，需要每天充电。传统的汽车使用习惯是大致一到两周加一次油。而且每次出行也有几百公里的距离限制，虽然一个家庭远距离出行可能一年就这么几次。

纯电动汽车，相对燃油汽车而言，主要差别（异）在于四大部件：驱动电机，调速控制器、动力电池、车载充电器。相对于加油站而言，它由公用超快充电站充电。

纯电动汽车之品质差异取决于这四大部件，其价值高低也取决于这四大部件的品质。纯电动汽车的用途也在四大部件的选用配置直接相关。

纯电动汽车时速快慢与启动速度取决于驱动电机的功率和性能，其续行里程之长短取决于车载动力电池容量之大小，车载动力电池之重量取决于选用何种动力电池如铅酸、锌碳、锂电池等，它们体积、比重、比功率、比能量、循环寿命都各异。这取决于制造商对整车档次的定位和用途以及市场界定、市场细分。

纯电动汽车的驱动电机目前有直流有刷、无刷、有永磁、电磁之分，再有交流步进电机等，它们的选用也与整车配置、用途、档次有关。另外，驱动电机之调速控制也分有级调速和无级调速，有采用电子调速控制器和不用调速控制器之分。电动机有轮毂电机、内转子电机、有单电机驱动、多电机驱动和组合电机驱动等。电机及调速控制器的选用和配制对整车档次和价位也有影响。

公用超快充电站是纯电动汽车商业化的基础设施，将它做完善到位了才能使前者畅行无忧，反之则是它的短腿，受其制约和影响，欧洲、美国电动汽车商业实践充分说明了这点，但行动不力。另外，充电机与车载电池之电缆连接器问题必须规范，形成电池品种、电压分档、快慢（功率大小）诸要素的一致，否则纯电动汽车及公用超快充电站无法有效无法对接，有待我们去开拓，但必须规划、设计成型后实施，以免徒劳，以免劳民伤财。

纯电动汽车之四大部件及公用充电站之大型充电机、专用电缆、线缆连接器乃至计费、收费系统，这是汽车行业新的零部件，没做到位或不完善则受其制约。同时，与此相关的零部件制造商应以此形成产业链，共同发展。

国家发展和改革委员会《新能源汽车公告管理办法和实施细则》已于 2007 年 11 月 1 日施行。《城镇乡村农用（专用）电动汽车通用技术条件》也在酝酿过程中，纯电动汽车商业化在农村已经初现雏形。

将来符合国际和符合市场需求的纯电动汽车必定遵守以下几项：

（1）电动车辆研发制造运营必须符合国家各项相关法规。整车、零部件性能必须满足国家技术标准和各项具体要求。

（2）电动车辆是以电为能源，由电动机驱动行驶的，不再产生新的污染，不再产生易燃、易爆之隐患。

（3）电动车辆储能用的电池必须是无污染、环保型的。且具有耐久的寿命，具备超快充电（200A 以上电流）的功能。车辆根据用途确定一次充电之续行里程，以此装置够用电量的电池组，充分利用公用充电站超快充电以延长续行里程。

（4）电动机组应有高效率的能量转换。刹车、减速之能量的直接利用和回收，力求车辆之综合能源利用的高效率。

（5）根据车辆用途和行驶场合设定最高车速，且不得超过交通法规的限定值，以合理选择电动机的功率和配置电池组容量。

（6）车辆驾驶操作，控制简单有效、工作可靠，确保行车安全。

（7）机械、电气装置耐用少维修。车辆运营之费用低廉。

（8）以目标市场需求为依据，提供实用、合适车型满足之，力求做到技术、经济、实用、功能诸方面的综合统一。

将来产业化、商业化为用户所欢迎的电动汽车，必定符合以下几点特征：准确的定位、恰当的用途、宜驶的区域、最佳的效能；合适的车型、经济的配置；可靠的性能、便当的操控；环保的电池、耐久的寿命、够用的电量、超快的充电、完善的网络、到位的服务；低廉的费用、最少的维修。

第二节　电动汽车的结构和工作原理

电动汽车是指以车载电源为动力，用电机驱动车轮行驶，符合道路交通、安全法规各项要求的车辆。电动汽车由车载蓄电池产生电流，通过电力调节器流过电动机产生动力，作用于动力传动系统，驱动汽车行驶。

电动汽车的组成包括电力驱动及控制系统、驱动力传动等机械系统、完成既定任务的其他工作装置等。电力驱动及控制系统是电动汽车的核心，也是区别于内燃机汽车的最大不同点。电力驱动及控制系统由驱动电动机、电源和电动机的调速控制装置等组成。电动汽车的其他装置基本与内燃机汽车相同。图 6－1 所示为电动汽车。

一、电源

电源为电动汽车的驱动电动机提供电能，电动机将电源的电能转化为机械能，通过传动装置或直接驱动车轮和工作装置。根据采用的电源不同，将电动汽车分为纯电动汽车和燃料电池汽车。正在发展的电源主要有钠硫电池、镍镉电池、锂电池、燃料电池、飞轮电池等，这些新型电源的应用，为电动汽车的发展开辟了广阔的前景。

图 6－1　电动汽车

1. 纯电动汽车

纯电动汽车是指以车载电源（高性能蓄电池）为动力，用电机驱动行驶的车辆。目前，车用蓄电池主要有铅酸电池、镍氢电池、锂离子电池等。

纯电动汽车的特点是动能来源广泛，可利用现行常规电源为蓄电池充电，可以实现使用时真正的零排放和低噪音，即使按所耗电量换算为发电厂的排放，除硫和微粒外，其他污染物排放量显著减少，且有利于污染物的集中处理。

用于电动车的高性能蓄电池应有的功能指标和经济指标包括：①安全性；②比能量；③比功率；④寿命；⑤循环价格；⑥能量转换效率。这些因素直接决定了电动车的合用性、经济性。超级电容器、铅酸电池、以磷酸铁锂为正极的锂离子电池、以钛酸锂为负极的锂离子电池都可用于电动汽车的动力电池，其特点如下：

（1）超级电容器。超级电容器的优势是比功率高、循环寿命长，弱点是比能量低、购置价格贵，但是循环寿命长达 50 万～100 万次，故单次循环价格不高，与铅酸电池、能量型锂离子电池并联可以组成性能优良的动力电源系统。

（2）铅酸电池。铅酸电池生产技术成熟、安全性好、价格低廉，废电池易回收再生。近些年来，通过新技术，其比能量低、循环寿命短、充电时发生酸雾、生产中可能有铅污染环境等缺点在不断克服中，各项指标有很大提高，不仅可更好地用作电动自行车和电动摩托车的电源，而且在电动汽车上也能发挥很好的作用。

(3) 以磷酸铁锂为正极的锂离子电池。负极为碳、正极为磷酸铁锂的锂电池综合性能好，安全性较高，不用昂贵的原料，不含有害元素，循环寿命长达2000次，并已克服了电导率低的缺点。能量型电池的比能量可达120Wh/kg，与超级电容器并联使用，可以组成性能全面的动力电源。功率型的比能量也有70～80Wh/kg，可以单独使用而不必并联超级电容器。

(4) 以钛酸锂为负极的锂离子电池。钛酸锂在充电—放电中体积变化极小，保证了电机机构稳定和电池的长寿命；钛酸锂电极点位较高（相对于Li+/Li电极为1.5V），在电池充电时可以不生成锂晶枝，保证了电池的高安全性。但也因钛酸锂电极电位较高，即使与电极电位较高的锰酸锂正极配对，电池的电压也仅约2.2V，所以电池的比能量只有50～60Wh/kg。即使如此，这种电池高安全性，长寿命的突出优点，也是其他电池无可比拟的。

目前，电动汽车上应用最广泛的电源是铅酸蓄电池，但随着电动汽车技术的发展，铅酸蓄电池由于比能量较低，充电速度较慢，寿命较短，逐渐被其他蓄电池所取代。

2. 燃料电池汽车

燃料电池汽车是指以氢气、甲醇等为燃料，通过化学反应产生电流，依靠电机驱动的汽车。燃料电池的种类有碱性燃料电池、质子交换膜燃料电池、磷酸型燃料电池、熔融碳酸盐燃料电池和固体氧化物燃料电池等。

质子交换膜燃料电池具有小型、轻量化的特点，最适合在汽车上应用。燃料电池汽车不存在续驶里程短的问题，但需要用少量电池或超级电容器来提高加速性能。直接以氢气为燃料，燃料电池汽车的排放物是水；以甲醇为燃料，排放物中有少量的二氧化碳。因此燃料电池汽车具有高效、无污染或低污染等特点。

二、驱动电动机

驱动电动机的作用是将电源的电能转化为机械能，通过传动装置或直接驱动车轮和工作装置。目前电动汽车上广泛采用直流串激电动机，这种电机具有“软”的机械特性，与汽车的行驶特性非常相符。但直流电动机由于存在换向火花，比功率较小、效率较低、维护保养工作量大，随着电机技术和电机控制技术的发展，势必逐渐被直流无刷电动机(BLDCM)、开关磁阻电动机（SRM）和交流异步电动机所取代，如无外壳盘式轴向磁场直流串励电动机。

纯电动汽车以电动机代替燃油机，由电机驱动而无需自动变速箱。相对于自动变速箱，电机结构简单、技术成熟、运行可靠。传统的内燃机能把高效产生转矩时的转速限制在一个窄的范围内，这是传统内燃机汽车需要庞大而复杂的变速机构的原因；而电动机可以在相当宽广的速度范围内高效产生转矩，在纯电动车行驶过程中不需要换挡变速装置，操纵方便容易，噪音低。与混合动力汽车相比，纯电动车使用单一电能源，电控系统大大减少了汽车内部机械传动系统，结构更简化，也降低了机械部件摩擦导致的能量损耗及噪音，节省了汽车内部空间、重量。

电机驱动控制系统是新能源汽车车辆行驶中的主要执行机构，驱动电机及其控制系统是新能源汽车的核心部件（电池、电机、电控）之一，其驱动特性决定了汽车行驶的主要性能指标，它是电动汽车的重要部件。电动汽车中的燃料电池汽车 FCV、混合动力汽车 HEV 和纯电动汽车 EV 三大类都要用电动机来驱动车轮行驶，选择合适的电动机是提高各类电动汽车性价比的重要因素，因此研发或完善能同时满足车辆行驶过程中的各项性能要求，并具有坚固耐用、造价低、效能高等特点的电动机驱动方式显得极其重要。

电动汽车的驱动电机目前有直流有刷、无刷、有永磁、电磁之分，再有交流步进电机等，它们的选用也与整车配置、用途、档次有关。另外驱动电机之调速控制也分有级调速和无级调速，有采用电子调速控制器和不用调速控制器之分。电动机有轮毂电机、内转子电机、有单电机驱动、多电机驱动和组合电机驱动等。

三、电动机调速控制装置

电动机调速控制装置是为电动汽车的变速和方向变换等设置的，其作用是控制电动机的电压或电流，完成电动机的驱动转矩和旋转方向的控制。

早期的电动汽车上，直流电动机的调速采用串接电阻或改变电动机磁场线圈的匝数来实现。因其调速是有级的，且会产生附加的能量消耗或使用电动机的结构复杂，现在已很少采用。目前电动汽车上应用较广泛的是晶闸管斩波调速，通过均匀地改变电动机的端电压，控制电动机的电流，实现电动机的无级调速。在电子电力技术的不断发展中，它也逐渐被其他电力晶体管（GTO、MOSFET、BTR 及 IGBT 等）斩波调速装置所取代。从技术的发展来看，伴随着新型驱动电机的应用，电动汽车的调速控制转变为直流逆变技术的应用将成为必然的趋势。

在驱动电动机的旋向变换控制中，直流电动机依靠接触器改变电枢或磁场的电流方向，实现电动机的旋向变换，这使得电路复杂、可靠性降低。当采用交流异步电动机驱动时，电动机转向的改变只需变换磁场三相电流的相序即可，可使控制电路简化。此外，采用交流电动机及其变频调速控制技术，使电动汽车的制动能量回收控制更加方便，控制电路更加简单。

四、传动装置

电动汽车传动装置的作用是将电动机的驱动转矩传给汽车的驱动轴，当采用电动轮驱动时，传动装置的多数部件常常可以忽略。因为电动机可以带负载启动，所以电动汽车上无需传统内燃机汽车的离合器。因为驱动电机的旋向可以通过电路控制实现变换，所以电动汽车无需内燃机汽车变速器中的倒挡。当采用电动机无级调速控制时，电动汽车可以忽略传统汽车的变速器。在采用电动轮驱动时，电动汽车也可以省略传统内燃机汽车传动系统的差速器。

五、行驶装置

电动汽车行驶装置（见图 6 - 2）的作用是将电动机的驱动力矩通过车轮变成对地面的作用力，驱动车轮行走。它同其他汽车的构成是相同的，由车轮、轮胎和悬架等组成。

图 6 - 2　电动车行驶装置

1. 电动汽车转向装置

转向装置是为实现汽车的转弯而设置的，由转向机、方向盘、转向机构和转向轮等组成。作用在方向盘上的控制力通过转向机和转向机构使转向轮偏转一定的角度，实现汽车的转向。多数电动汽车为前轮转向，工业中用的电动叉车常常采用后轮转向。电动汽车的转向装置有机械转向、液压转向和液压助力转向等类型。

2. 电动汽车制动装置

图 6-3 电动汽车滑片式空气压缩机

电动汽车的制动装置同其他汽车一样，是为汽车减速或停车而设置的，通常由制动器及其操纵装置组成。在电动汽车上，一般还有电磁制动装置，它可以利用驱动电动机的控制电路实现电动机的发电运行，使减速制动时的能量转换成对蓄电池充电的电流，从而得到再生利用。目前国内电动汽车在大功率载客汽车，给提供空气制动设备有耐力 NAILI 滑片式空气压缩机，主要是压缩空气的制动方式。电动汽车滑片式空气压缩机如图 6-3 所示。

3. 电动汽车工作装置

工作装置是工业用电动汽车为完成作业要求而专门设置的，如电动叉车的起升装置、门架、货叉等。货叉的起升和门架的倾斜通常由电动机驱动的液压系统完成。

第三节 电动汽车充放电技术

随着电网智能水平以及电动汽车保有量的大幅提高，未来电动汽车的车载电池可能作为智能电网中的移动储能单元，一方面在电网高峰负荷时段由电动汽车车载电池向电网传输电能，而在电网低谷时段由电网为电动汽车车载电池进行充电，能够有效降低电网峰谷差，降低传统调峰备用发电容量，提高电网利用效率。同时随着配电网智能化水平的提高以及需求侧管理手段的丰富，电动汽车还能完成需求响应等电网辅助服务，进一步提高电网配电效率。另一方面，在微电网系统中，电动汽车在可再生能源发电功率较大而电网负荷较低的时候吸纳电能，在可再生能源发电功率较低而电网负荷较高时释放电能，辅助电网有效接纳波动性可再生能源发电容量。同时，通过分时电价及有偿电网辅助服务政策的实行，电动汽车用户能够在不影响自身使用的前提下，通过低谷时段较低电价充电以及高峰时段较高电价放电获取直接的经济效益。

一、电动汽车充放电技术现状

目前电动汽车充放电技术主要有单向无序电能供给模式、单向有序电能供给模式和双向有序电能转换模式。

1. 单向无序电能供给模式

单向无序电能供给模式（Vehicles Plug-in without Logic/Control，VOG）是指电动汽车接入电网即充电的模式。VOG 是目前电动汽车最常见的充电方式，电动汽车（如电动公交车、高尔夫车、机场摆渡车等）作为普通用电设备接入电网充电，这种模式的充电设备主要采用单向变流技术，目前技术装备已经成熟，国内外已经建成一些公共充电设施。

VOG 的问题是电动汽车充电时成为大功率用电负荷，大量电动汽车充电会增大电网调峰的难度。

2. 单向有序电能供给模式

(1) TC 模式。TC (Timed Charging，TC) 模式为时间控制方式，指电动汽车在给定的时刻开始充电。

TC 模式考虑到了电动汽车在电网负荷高峰时段充电对电网的影响，通过控制开始充电时间来实现错峰充电，能够使用户享受到低谷电价带来的经济效益。但是其控制方式简单，不能根据实时电价或电网峰谷状态灵活地控制充电过程。这种模式的充电设备仍然主要采用单向变流技术，不需要与电网进行实时通信。目前该技术装备已经成熟，处于示范运行阶段。

(2) V1G 模式。V1G (Vehicles Plug - in with Logic/Control Regulated Charge，V1G) 模式指电动汽车的充电受电网控制，电动汽车与电网进行实时通信，可在电网允许时刻进行充电。该模式能够优化充电安排，提高电网效率，但不能向电网送电。

目前，美国西北太平洋国家实验室 (PNNL) 发布了名为“smart Charger”的电动汽车用充电控制装置，配备了采用 ZigBee 技术的近距离无线通信模块，可接收来自电网企业的电费价格设定等信息，与智能电网技术结合，自动避开高峰时间充电。ZigBee/IEEE 802.15 已经提交 IEC，申请作为国际标准。

(3) 双向有序电能转换模式。双向有序电能转换模式 (Vehicles Plug - in with Logic/Control Regulated charge/Discharge，V2G) 指电动汽车与电网的能量管理系统通信，并受其控制，实现电动汽车与电网间的能量转换（充、放电）。此种方式下，电动汽车可以作为电能存储设备、备用电源设备来使用。

目前主要在美国进行 V2G 相关研究及示范。美国特立华大学 KemPton 教授 1997 年正式提出 V2G，领导一个团队开展了 V2G 试点研究，于 2007 年 10 月成功将 1 辆 AC Propulsion “eBox” (Toyota scion 改装车) 接入电网并接受调度命令，车辆作为调频、备用发电设备运行。据示范运行测算，每车每年为电网企业带来约 4000 美元的效益。

目前，仍需研究技术可靠、成本低廉的满足 V2G 商业化运行的双向变流及通信装备。同时，需要研究支持 V2G 模式的先进电网通信、调度、控制与保护技术。

二、电动汽车充放电设备及管理系统

电动汽车充放电是智能电网与用户双向互动的重要组成部分，主要内涵为电能互动及信息互动，电动汽车与电网间进行实时的信息交换，内容包括车辆能量状态、电网运行状态、电网电价及辅助服务计费信息等，为电能根据电网或者电动汽车的需要合理优化的双向流动提供信息支持。电动汽车通过充放电设备连接到电网，实现电能双向流动。但由于电动汽车的庞大数量及分散性，由智能电网双向互动服务系统直接与电动汽车通信并控制其充放电的操作难以实现，因此，在智能电网双向互动服务系统与电动汽车之间建设电动汽车充放电管理系统作为纽带，实现电动汽车与电网间的实时信息交换，根据双方需求合理控制电动汽车的充放电操作。电动汽车充放电过程电能与信息互动如图 6 - 4 所示。

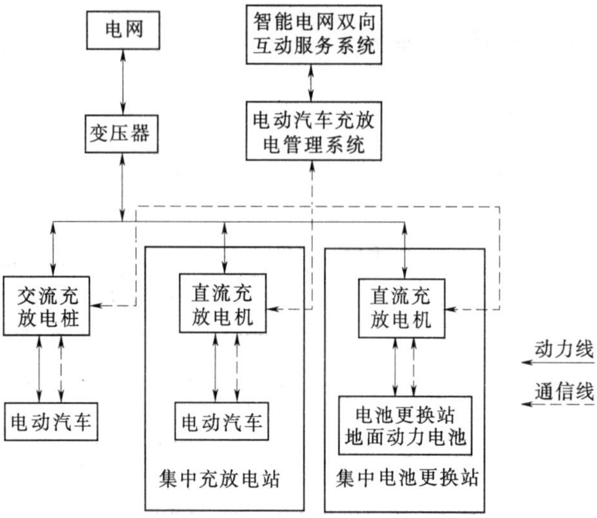

图 6-4 电动汽车充放电过程电能与信息互动示意图

（一）电动汽车充放电设备

电动汽车充放电设备主要包括为带有车载充放电机的小型电动乘用车服务的交流充放电桩和为公交、环卫、邮政等公共服务车辆服务的直流充放电机两类，主要完成对电动汽车的充放电操作。充放电设备示意如图 6-5 所示。

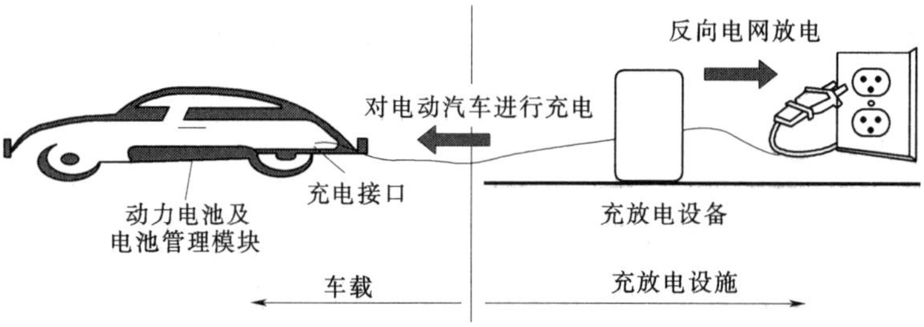

图 6-5 充放电设备示意图

1. 交流充放电桩

电动乘用车将占未来电动汽车的最大比重，交流充放电桩为带有车载充放电机的小型电动乘用车服务，分散地安装在低压配电网中，将电动乘用车与智能电网连接起来，具有智能充放电控制功能，能够与充放电管理系统及电动汽车通信，实时掌握电网运行状态与电动汽车储能状态，智能地控制电动乘用车的车载充放电机进行合理充放电操作，在电网低谷时段或电动汽车有刚性充电需求时，为电动乘用车车载充放电机提供交流电源，对车载动力电池充电。在电网高峰时段并且电动汽车车载动力电池电能富余时，由车载充放电机通过交流充电桩为电网供电。目前，电动乘用车车载充放电机功率较小，不超过 3～5kW，交流充放电桩功率与其相当，充放电操作时间一般在 3h 以上。未来电动乘用车车载充放电机与车辆电机驱动系统结合，充放电功率能够增加到数十千瓦，可有效满足电动乘用车车载电池容量逐步增加的充电需求，并能够为电网提供更大的放电功率，缩短电动乘用车充电时间。

交流充放电桩的主要功能包括：

（1）与充放电管理系统通信功能。

（2）具备手动设置定电量、定时间、自动充放电等功能。

（3）具备远程接受充放电管理系统控制，自动进行充放电的功能。

（4）嵌入安装双向计量表计，具备双向计量计费功能。

（5）具有人机交互功能。交流充电桩具有实现外部手动控制的输入设备，设定充电方式。人机交互界面显示当前充放电模式、时间（已充放电时间、剩余时间等）、电量（已充放电电量、待充放电电量）及计费信息等。

（6）具备完善的安全防护功能，包括具备急停开关、输出侧的剩余电流保护功能、输出侧过流保护功能、孤岛保护功能。

（7）能够判断充放电连接器、充放电电缆连接是否正确。当交流充放电桩与电动汽车正确连接后，交流充放电桩才能允许启动充放电；当交流充放电桩检测到与电动汽车的连接不正常时，必须立即停止充放电操作。

（8）具有阻燃功能。

2. 直流充放电机

公交、环卫、邮政等社会公共服务用车具有城市区域行驶、停车场地固定、行驶路线固定、行驶里程相对稳定等特征，适宜在停车场所建设集中充放电站。由于社会公共服务用车车载电池容量很大，充电功率也很大，因此将采用地面直流充放电机对其进行充放电操作。由于充放电站的集中性，可在站内配置充放电管理系统，统筹安排站内电动汽车的充放电操作。

直流充放电机主要功能包括：

（1）通过 CAN（Controller Area Network）总线与动力电池管理系统（Battery Management System，BMS）通信，用于判断动力电池类型，获得动力电池系统参数以及充电前和充电过程中动力电池的状态参数；通过 CAN 总线或工业以太网与充放电管理系统通信，上传充电机和动力电池的工作状态、工作参数、故障报警等信息，接受控制命令。

（2）具有为电动汽车动力电池系统安全自动地充满电的能力，依据 BMS 提供的数据，动态调整充电参数、执行相应动作，完成充电过程。

（3）具备接受电动汽车充放电管理系统控制命令，自动进行充放电操作的功能。

（4）具有人机交互功能，应显示的信息包括动力电池类型、充放电模式、充放电电压、充放电电流；在手动设定过程中应显示人工输入信息；在出现故障时应有相应的提示信息；具有实现外部手动控制的输入设备，以便对充放电机参数进行设定。

（5）嵌入安装双向计量表计，具备双向计量计费功能。

（6）具有完备的安全防护功能。具备电源输入侧的过压保护功能、具备电源输入侧的欠压报警功能、具备直流输出侧过流保护功能、具备防输出短路功能、具备急停开关。

（7）具备孤岛保护功能。

（8）具备软启动功能，启动冲击电流不大于额定电流的 110%。

（9）能够判断充放电连接器、充放电电缆是否正确连接。当充放电机与电动汽车动力电池系统正确连接后，充放电机才能允许启动充放电；当充放电机检测到与电动汽车动力电池系统的连接不正常时，必须立即停止充放电操作。

（10）在充电过程中，能够保证动力电池的温度、充电电压和充电电流不超过允许值；在放电过程中，能够保证动力电池的温度、放电电流不超过允许值，放电电压不低于允许值。

（11）具有阻燃功能。

（二）电动汽车充放电管理系统

电动汽车充放电管理系统一方面能够通过充放电设备与电动汽车通信；另一方面，与智能电网相关系统通信，综合电动汽车与电网的实时状态，根据双方需求合理控制电动汽车的充放电操作。电动汽车充放电管理系统可以负责同一停车区域的交流充放电桩的统一调度管理，也可以负责一个集中充放电站内的直流充放电机的统一调度管理。

（1）系统通信包括：

1）与充放电设备通信，能够向充放电设备发送控制命令，统筹调度充放电操作。

2）通过充放电设备与BMS通信，了解车辆（电池）当前状况，适合充电还是放电，以及可接受的充电和放电功率，为调度电动汽车充放电操作提供依据。

3）与智能电网相关系统实时通信，获取电网当前运行状态，为调度电动汽车充放电操作提供依据。

（2）系统功能主要包括：

1）与相关系统及设备的通信功能。

2）人工充放电管理功能。通过人机界面控制充放电设备，进行充放电操作。

3）自动充放电管理功能。综合电动汽车及电网状态信息，动态执行充放电策略，实现合理优化的双向电能流动。

4）对充放电设备、车载BMS相关电压、电流、电池荷电状态等数据进行实时采集。

5）具有专业分析管理软件，自动生成月报表并可打印。

6）充放电故障报警及记录功能。单体蓄电池内阻超限报警，电压超高、超低报警，失电和故障报警并自动记录内容时间。

（三）电动汽车充放电设施运行对电网的影响分析

随着电动汽车的推广普及，将大量建设由多台直流充放电机构成的集中充放电站以及广泛分布在各类停车场所的交流充放电桩，逐步形成完善的电动汽车充放电设施，随着充放电设施规模的不断扩大，其对电网将产生以下几个方面的影响：

（1）临时性快速充电对电网负荷的冲击。由于未来电动汽车规模化应用后电池容量较大，达到数十千瓦时，如果采用100A以上快速充电为电动汽车进行临时电能补充，单车快速充电功率将达到数百千瓦以上等级，类似的这种大量充电行为将对当地配电网产生极大的功率冲击。考虑储能技术的发展，可以考虑由储能充电站网络通过低谷存储的电能为电动汽车提供临时性电能快速补充，既满足电动汽车的行驶需求，又避免了快速充电对电网负荷的冲击。

（2）对电能质量的影响。由于电动汽车充放电为双向变流操作，将不可避免地给电网带来电能质量问题，需要对电动汽车充放电设备的谐波等技术指标进行严格控制。

（3）对电网规划的影响。随着大量的电动汽车通过完善的电动汽车充放电设施与配电网紧密连接，通过智能充放电操作在配电网侧显著平抑电网负荷、频率波动，将极大地降低电网调峰、调频的需求，降低电网峰谷差，提高电网负荷率，降低电网备用发电容量需求，显著改变电网运行方式，因此，需要在电网规划中考虑相关影响。

（4）对配电网规划及调度的影响。在白天负荷高峰时段，电动汽车车载电池存储的电能将作为分布式电源按电网需求向配电网供电，由于电动汽车数量巨大，且具有移动性、分散性等特点，因此，电动汽车充放电设施将对配电网规划中的配电容量设置、配电线路选型、继电保护设置等产生巨大影响。同时，电动汽车存储电能向电网供电又受到汽车行驶特性的影响，具有一定程度的随机性，对配电网调度及运行技术提出了更高的要求。

（5）对电网交易模式的影响。由于电动汽车不仅仅从电网获取电能补给，还能向电网供电以及提供调峰、调频、负荷响应等辅助服务，因此，电网与电动汽车交易模式将由单向变成双向，由简单变复杂，需要更加先进的电力市场来支撑。

第四节　电动汽车运营模式

目前，随着电动汽车迅猛发展，与电动汽车相配套的充电站正成为一种新兴产业，各种资本正竞相进入该领域。国家电网已将电动汽车充电站并入智能电网统一规划，2010年在全国27个城市建设充电站网络，建设公用充电站75座、交流充电桩6209台以及部分电池更换站。南方电网也在大规模铺开充电网络建设，据了解，仅深圳市2009～2015年要兴建250个充电站，12500个充电桩，共需采购设备5亿元，其中充电设备价值约3.39亿元（扣除变配电设备）。除了两大电网公司外，两大能源央企（中石化和中石油）也开始布局充电站市场。

然而，“一项新的、先进的技术或方法不能指望潜在的消费者能够广泛地认识到它所谓的显而易见的利益，它是一个社会过程，涉及人的价值观、消费习惯、生活经验甚至是人际关系影响，它是整个社会系统的结构和功能发生变化的过程”。因此，一项新的产业仅有技术的创新是不够的，它还需要商业运营模式的创新。技术进步只是产业增长的外在表现，基于制度基因的商业模式的创新才是产业发展的关键。

根据国外电动汽车充电站的实际情况来看，根据技术与充电方式的不同，电动汽车充电站的运营模式基本上可以分为“整车充电”与“电池更换”两种模式。

一、整车充电模式

1. 整车充电模式的技术

整车充电模式是很多国家研究试验的重点，这种模式把电池与车辆作为一个整体来考虑，其规模化发展的关键是能够研制生产出“容量大、成本低、充电快、寿命长”的电池产品，在便捷性上满足用户的需求，具体又包括常规充电和快速充电两种类型。

（1）常规充电。蓄电池在放电终止后，应立即充电，充电电流相当低，大小约为15A，这种充电叫做常规充电（普通充电）。常规蓄电池的充电方法都采用小电流的恒压或恒流充电，一般充电时间为5～8h，甚至长达10～20h。尽管充电时间较长，但因为所用功率和电流的额定值并不关键，因此充电器和安装成本比较低；可充分利用电力低谷时段进行充电，降低充电成本；可提高充电效率和延长电池的使用寿命。

这种充电方式通常适用于设计电动汽车的续驶里程尽可能大，需满足车辆一天运营需要，仅仅利用晚间停运时间充电。现阶段技术条件下，电池的续驶里程大约为200km，像私家车、市内环卫车、企业商务车等车辆日均行驶里程都在电池的续驶里程范围之内，均可采用常规充电的方式。

(2) 快速充电。快速充电又称应急充电，是以较大电流短时间在电动汽车停车的20min～2h内（具体的充电时间由电动汽车动力电池的接收能力而定），为其提供短时充电服务，一般充电电流为150～400A。充电时间短；充电电池寿命长（可充电2000次以上)；没有记忆性，可以大容量充电及放电，在几分钟内就可充电70%～80%；由于充电在短时间内（约为10～15min）就能使电池储电量达到80%～90%，与加油时间相仿，使电动汽车使用起来非常方便。

这种充电方式适用情况为：电动汽车的日平均里程大于电池的续驶里程即200km，即在车辆运行的间隙进行快速补充电，来满足运营需要，如公交车、出租车等车辆，日平均行驶里程在300km左右，则还有100km左右的电量需要在峰、平时段通过快速充电的方式进行补充。当然也可以采用更换电池的方式来进行能量的补给。

2. 整车充电模式的运营

电动汽车整车充电模式中的常规充电和快速充电的盈利方式是一样的，只是向用户所收取的充电费用不同而已。该模式运营需要行业方方面面的企业和个人的参与，主要包括电动汽车制造商、电池生产商、中间运营商（建站企业)、能源供给企业及充电站、电动汽车用户及政府部门。

该模式在运营过程中首先是能源供给企业通过向中间运营商（建站企业）支付一定的建站费用来建设电动汽车充电站。当用户来充电站对电动汽车充电时能源供给企业及充电站向用户收取一定的充电费用来实现自身的盈利。能源供给企业及充电站利润值＝（用户的充电费用＋政府部门建站补贴）－（电动汽车充电站建设费＋电动汽车充电站日常运营费)，具体的运营过程如图6-6所示。

整车充电的管理与缴费是通过刷卡的形式进行的。电动汽车用户可通过能源供给企业提供的IC卡进行汽车充电缴费。目前，电动汽车充电电价还没有统一的规定，不过各省市可以按当地普通商业用电其他类别收取。

当用户需要充电时，将IC卡置于插卡口内，充电桩根据IC卡内的信息进行用户身份确认，得到确认后提示用户进行正确的连接；然后用户把充电桩上的充电枪与车辆进行连接，同时在充电桩操作界面上进行充电参数设定，选择充电模式（定量充电、定金额充电、自动充满）等；当用户完成设定工作并启动充电后，充电桩执行相应的数据读取、记录等处理工作，并控制电气回路为输出连接器加电；充电过程启动后，用户取走IC卡，充电桩自动进行充电及相关数据计量、记录处理；当充电过程达到结束条件后，充电桩停止充电。当用户再次刷卡后，操作界面显示完整的充电信息，提示用户断开充电桩与车辆的连接，并进行有关费用结算操作，打印收费单据等（在此时如果用户直接把卡取走而不进行费用的结算，那么在用户下次进行充电时，计费系统会自动扣掉上次充电应交的充电费用，否则不再给当前用户进行充电服务)。其具体流程如图6-7所示。

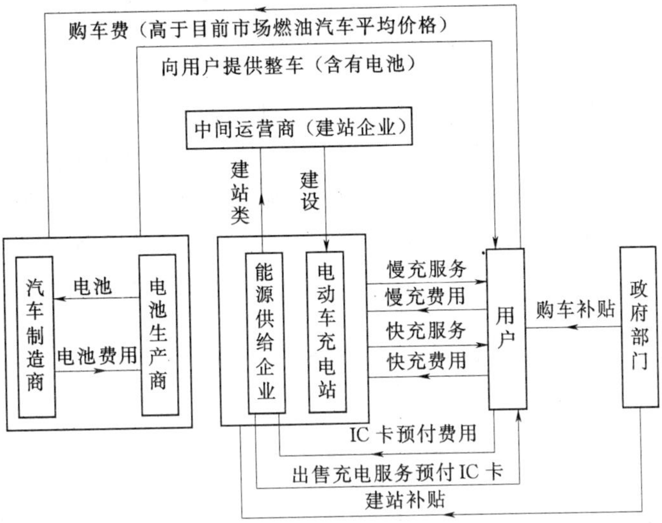

图 6-6　整车充电模式盈利方式

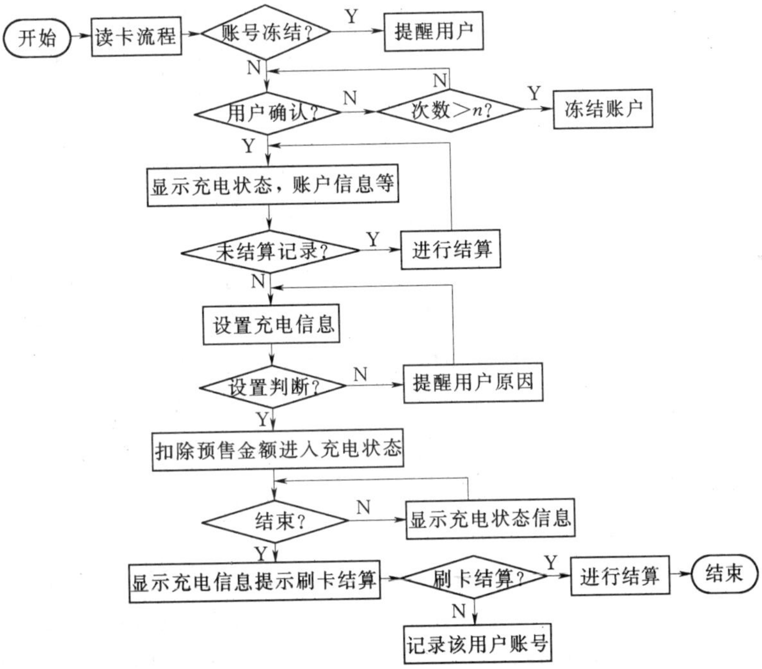

图 6-7　用户刷卡缴费流程图

二、更换电池模式

1. 更换电池模式的技术

更换电池模式也称租赁电池模式，是一种把车辆与电池分开考虑的思路。用户只购买汽车，由专门的电池租赁公司负责电池的购买、租赁、充电、快速更换及管理。可以让用户像“汽车加油”一样方便地得到能源供给。它的运营模式是通过各个电池更换站集中对标准化的电池充电，电动汽车用户需要补充能源时，可以非常方便地到任意一个更换站更换充好的电池。

2. 更换电池模式的运营

电动汽车更换电池模式的运营与整车充电模式的运营所需要参与的企业和个人一样，在上面已经具体的给出，在这不再一一介绍。能源供给企业及换电站利润值=（用户的所用电费+电池租赁费+卖废旧电池所得利润+政府部门补贴）－（电池购买费用+电池更换站建设费+电池维护费用+电池更换站日常运营费），具体的运营过程如图 6-8 所示，其具体的运营过程包括电池的租赁、电池的更换、电池的维护和电池的回收。

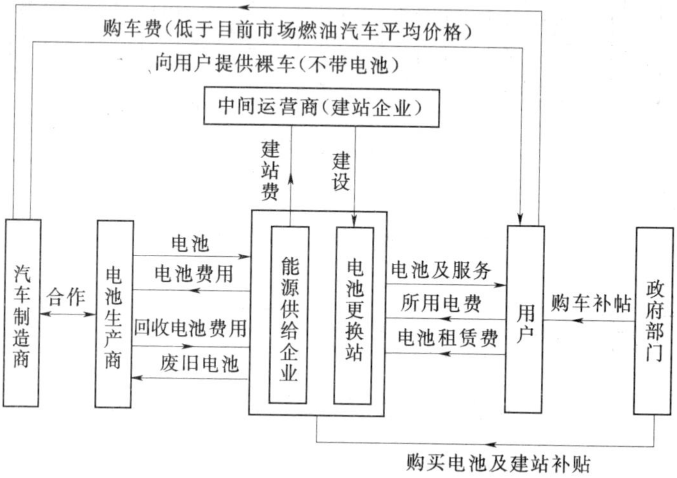

图 6-8 更换电池模式盈利方式

（1）电池租赁。能源供给企业购买电池后通过向中间运营商（建站企业）支付一定的建站费用来进行更换站的建设。电动汽车用户在购买“裸车”后，去电池更换站办理相应的“租赁手续”及交一定的租金就能使电动汽车投入使用。租赁的手续及租金由相关部门协商而定，对于租金，因为换给消费者的是一块充满电的电池，加上一些其他成本，租赁电池的价格肯定要比消费者自己在家充电贵，但是绝对远远低于燃油的费用。用户在电池的使用过程中不仅要交租金，每次更换电池时根据电池电量的消耗情况用户还要向电池更换站交纳相应的所用电费。

（2）电池的快速更换。为了使得更换更加快捷，需要更换电池的车辆进站之前应向站台提出电池更换请求，以便站台调度安排停车位置、通知电池更换库准备。

整车更换电池并运至更换电池区、准备卸载设备。当车辆进站后，根据调度指令将车开到更换电池区准确位置，准备更换电池。在更换电池前，必须仔细翻阅车载监控装置故障记录，检查车辆电池在运营过程中是否故障。如果有故障记录，则记录故障信息（包括故障位置和类型），然后清除故障记录，之后进行更换电池，首先断开整车的高低压供电，然后才能卸载电池。卸载的时候，将故障电池和无故障电池分开摆放。对于故障电池箱，将故障电池和故障信息一并送维护车间，无故障的电池箱送充电区充电。卸载完毕后，将已经准备好的电池装车。接通整车的高低压供电，再进行一次故障诊断，确保更换完电池之后整车运行正常后将车驶出更换电池区。其具体流程如图 6－9 所示。

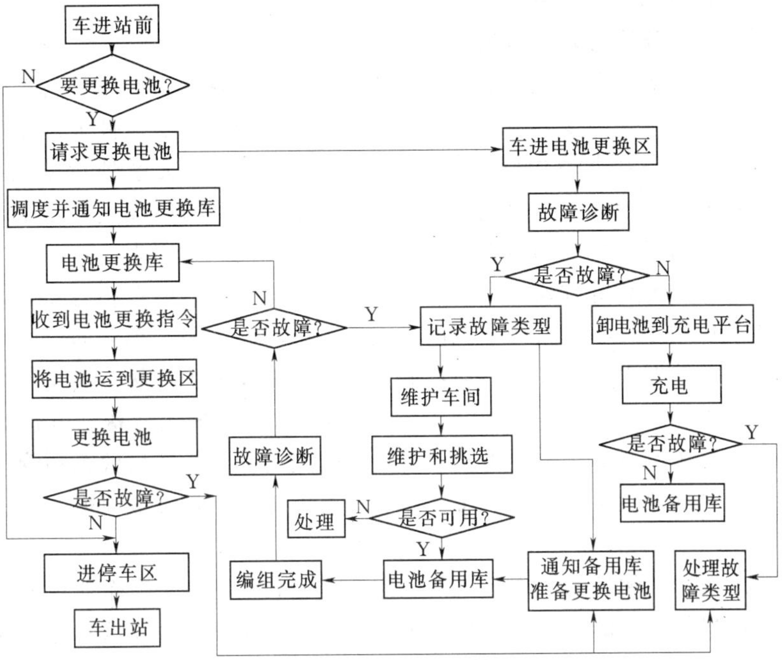

图 6－9　电池更换流程图

(3) 电池的维护。电池在使用过程中，个体电池的容量会出现严重不均衡的现象。这样在电池串联充电时，只要有一只电池的充电电压达到最高限制电压，就要立即停止充电，而此时电压较低的个体电池还处于欠充状态；反之，在电动汽车行驶过程中，只要有一只电池的电压下降到最低限制电压，就要断开动力电池停止放电，而此时电压较高的个体电池容量不能充分利用。这样长期循环使用下去，电动汽车动力电池的容量会越来越不均衡，一次充满电的行驶里程会大大降低。

为充分利用锂离子动力电池的储能效率，降低使用成本，充电站建设需要设置电池容量测试与充放电维护设备，当电动汽车动力电池的容量明显出现下降时，利用该设备可以对单个电池进行容量测试，并对容量落后的电池进行多次的充放电操作，使其活性物质充分激活，容量得到恢复。对于快换电池模块，利用该设备对单体电池进行容量检测，把容量一致的电池重新进行配组，提高电池的利用率。另外，可配套建立电池数据用户档案，为电动汽车客户提供使用建议。

(4) 电池的回收。电池租赁的另一大好处在于能回收残值，其中约 50% 的价值可以回收再利用，如电池的外壳、电极等，所以电池企业采用租赁方式再回收电池，既能对废弃电池进行专业处理、保护环境，又能整体节约运营成本，进而降低系统的综合成本。

虽然锂电池和铅酸蓄电池不同，它不含腐蚀性化学物质，但是如果任其堆放在垃圾场，不仅造成浪费，而且存在污染地下水的潜在危险。锂离子电池其实是可以循环使用的，再循环使用前，先要冷冻至－325℃，去除锂金属，然后剪切，分离。尽管现在锂金属在自由市场很难售出，但是锂电池里其他金属元素，如镍、钴都非常珍贵，如果把锂离子电池直接送到垃圾场，就太可惜了。

三、中国电动汽车充电站运营模式的发展方向

电动汽车充电站的运营究竟选取哪种模式，应围绕“快速、健康、高效地推动电动汽车产业的发展及普及”这一核心目标，结合技术发展趋势和现实条件进行综合考量。最主要包括三个方面：①消费者使用的总体经济性、方便性，这关系到运营模式的竞争力；②能源供给企业的盈利模式，这决定着电动汽车充电站的可持续发展能力；③对城市电网运行的影响，这是城市整个电网能否安全、高效地运行的关键因素。

整车充电中的慢速充电方式可以充分利用低谷电力充电，电费相对降低，但是充电时间过长使车辆的使用十分不便；快速充电方式下充电时间短易于车辆的使用，但是充电费用较高，且会大大缩短电池的使用寿命，而且整车充电模式下初次购买及后续更换电池的费用很高（约占车辆总费用30%～50%）。换电池模式单纯的租赁费和电费支出可能比整车充电模式有一定幅度增加，但是由于节省购买电池的费用，如果政策和管理到位，理论上车辆整个生命时期的运营费用会显著低于整车充电模式，且换电池模式的灵活性、方便性都相对较好。

换电池模式属于能源新物流模式。换电池模式有利于电池生产企业规模化、标准化生产，有利于能源供给企业的规模化采购与集约化管理，能够显著降低总运营成本。能源供给企业作为一个相对独立的中间运营商，有利于政府施加更具针对性的扶持和优惠政策，如电价政策、购买电池补贴政策等，容易建立起清晰的财务盈利模式，比单纯提供充电服务可获得更高的经济回报，具有更大的发展空间。

整车充电中的快充大量发展将使得电网谐波污染问题突出，治理成本提高。换电池模式集中充电便于统一调度、管理和监控，能够最大程度发挥削峰填谷作用，提高电力系统负荷率，最大限度减少谐波污染等对电网的不利影响，有利于电网的安全稳定运行和电力资源的优化利用。

综上所述，换电池模式具有更突出的优势和更广阔的发展前景。考虑到差异化需求和特殊情况下电能补给的需要，以更换电池为主、整车充电为辅的运营模式将成为中国电动汽车充电站未来发展的主流模式。

电动汽车是零排放、零污染的新能源绿色产品，具有良好的发展前景，而电动汽车的能量补给是其发展的前提和基础，电动汽车充电站作为电动汽车能量补给的重要基础设施，它是否具有新颖、高效的商业化运营模式是该产业发展的关键。

第七章　电力需求侧市场

第一节　电力需求侧管理机制

电力需求侧管理（Demand Side Management，DSM）发源于美国。1973年第一次世界石油危机爆发后，燃料价格飞涨，美国能源界意识到单纯依靠能源供应很难满足不断增长的能源需求，还应该考虑需求侧的节约。DSM正是适应这一变化而兴起的新的能源管理方法。这期间，美国建立了同时将供应方和需求方两种资源，作为一个整体进行综合资源规划（IRP）的新理念，对供电方案和节电方案进行技术筛选和成本效益分析，形成综合规划方案。第二次石油危机爆发后，更多国家开始重视DSM的研究和应用，目前已逐渐扩散到加拿大、欧盟国家、日本、巴西等30几个国家和地区。

20世纪90年代初，DSM引入到中国。1996～2000年期间，各省（自治区、直辖市）先后开展了多种DSM示范项目，取得了一定的经验。特别是2002年以来，随着电力供需紧张，DSM进一步得到了全社会的普遍关注。DSM在中国进入了一个较快发展的时期，国家有关政府部门及部分省级政府出台了很多关于DSM的政策，对实施有序用电、提高能效、缓解电力供需矛盾发挥了积极的作用。

一、DSM的概念

DSM是指通过采取有效的激励措施，引导电力用户改变用电方式，提高终端用电效率，优化资源配置，改善和保护环境，实现电力服务成本最小所进行的用电管理活动，是促进电力工业与国民经济、社会协调发展的一项系统工程。

DSM的目标主要集中在电力和电量的改变上，一方面采取措施降低电网的峰荷时段的电力需求或增加电网的低谷时段的电力需求，以较少的新增装机容量达到系统的电力供需平衡；另一方面，采取措施节省或增加电力系统的发电量，在满足同样的能源服务的同时节约了社会总资源的耗费。从经济学的角度看，DSM的目标就是将有限的电力资源最有效地加以利用，使社会效益最大化。

二、DSM的意义

DSM对于促进电力行业的可持续发展具有较强的现实意义和长远意义，推广实施DSM的意义主要体现在以下方面：

（1）可以实现电力资源以及社会资源的优化配置，保证电力行业的长远持续发展。DSM是综合资源规划的重要组成部分。它通过对用户的用电方式进行合理引导，减少或推迟了发电机组的投资，实现了整个电力系统资源以及社会资源的优化配置，从而保证了电力行业的可持续发展。

1991～2000年的10年间，中国通过开展DSM，实现累计节电1300亿kWh，节煤6000万t，减排二氧化硫130万t，为国民经济以及电力工业可持续发展做出了积极贡献。有预测表明，如果实施有效的DSM，到2020年，中国可减少电力装机1亿kW左右，超过五个三峡工程的装机容量，同时还可以节约8000亿～10000亿元的电力投资，不仅能大大化解资源、环境和投资压力，而且还将带来巨大的节电效益、经济效益、环境效益和社会效益。

(2) 可以引导用户侧科学、合理用电，提高全社会的用电水平。某些需求侧管理的手段，如峰谷电价、可中断负荷电价等，提供了一种使用户对供电方式进行选择的机制，即用户可以选择在用电高峰期继续用电（辅以较高的电价），也可选择在高峰期中断用电，以获得电费支出的降低。因此，这种机制可以引导用户根据自己的生产特点和要求选择用电方式，以更加科学、合理地用电。同时，需求侧管理带来电网高峰负荷的降低、负荷曲线的平稳，提高了全社会的用电水平。

中国幅员辽阔，气候等自然条件以及产业结构不同，导致各地电网负荷特性差异很大。例如，南方电网中的广东省日最高负荷一般出现在晚19点左右，而云南、贵州西部省份最高负荷要推迟一小时左右，错峰潜力明显。因此，加强对中国各地区、各产业的负荷特性的研究，以及气候、气温、电价、产业调整等因素对负荷影响的研究，摸出规律，充分利用各地区的峰谷差、时间差，发挥电力系统联网特性，削峰填谷，电力需求侧管理工作的效益可以更充分的显现出来。

(3) 利用需求侧管理的方法解决缺电问题，顺应了电力工业市场化改革的要求，体现了电力体制的进步。过去在解决电力工业发展中的问题时，往往侧重于采用行政手段。例如，在电力供应不足时，对用户进行指令性的拉闸限电，而用户因缺电所造成的损失基本由自己承担。现在实施需求侧管理，考虑到用户的用电特点、电价对其用电的影响程度以及对用户缺电损失的适当补偿，体现了由行政手段向经济手段的转变，是顺应电力工业市场化改革的要求并促进其发展的重要举措。

随着经济发展和人民生活条件的不断改善，夏季空调用电持续攀升。2006年，北京、上海等大城市的空调负荷已接近或达到总负荷的1/3，电网短时间的尖峰负荷越来越大，同期全国各大区电力负荷曲线表明，最大负荷95%以上的尖峰部分累计约为1500万kW，年累计持续时间不超过30h。据预测，到2020年这部分负荷将达到5000万～6000万kW，若采用增加发电装机的方法来满足这部分高峰负荷是很不经济的。

面对电力持续紧张的困局，作为缓解电力供应紧张矛盾的有效手段，电力需求侧管理得到了全社会的极大重视。各地区、各部门和电力企业必须认真贯彻国务院关于做好电力供应工作的部署和要求，结合自身情况，切实采取有效措施，转移高峰负荷，减少电力需求，有效缓解了电力供需矛盾，最大限度地保证了居民生活、农业生产和重点单位的用电需要，促进了经济持续健康发展。2004年迎峰度夏期间，通过强化需求侧管理，国家电网公司削减高峰用电负荷最高达2186万kW，占全部缺口的73.3%，取得巨大的综合效益。

三、DSM的运作机制

1. 垄断专营体制下DSM的运作

在垂直垄断一体化的电力体制下，政府监管下的电力公司实施DSM是国家法规约束的强制性活动，实行电力公司出资的DSM计划，是电力行业重组前DSM的主要运作模式。

电力公司作为DSM实施主体在客观上存在着开拓能效市场与开拓电力市场之间的利益冲突，电力公司缺乏实施DSM的积极性，没有与之配套的激励机制来激发电力公司实施DSM的内在动力，甚至产生不少抵触情绪。为克服电力公司实施DSM的障碍，1989年，在美国总统指示下由联邦政府制定的《美国国家能源战略》中确定了“国家能源战略以节约能源和提高效率为前提”，“在发电与降低需求方面推动竞争”，“最好是给电能消费者与生产者适当的经济刺激，提高消费与生产效率”。敦促州政府促使电力部门采用IRP方法进行电源开发的最小成本规划和大力提高终端用电效率，在法规、标准、借贷、税收、监督、政策与效率服务等方面做必要的修改和调整，并可得到联邦政府的支持。1989～1991年已经实施DSM的州政府陆续出台了推动电力公司实施DSM计划的若干激励政策，电力公司也对参与DSM计划的终端用户采取了多种激励措施，逐渐形成了比较完整的激励机制。

对电力公司的激励政策主要集中在以下三个方面：

（1）实施DSM计划的成本回收。在成本回收方面主要有两种措施：一是将DSM计划支出作为费用，类似燃料成本进行年度费用调整计入电价；二是将DSM计划的支出作为投资，如同发、输、配电的固定资产投资一样纳入电价基数计入电价。

（2）实施DSM计划的收入损失补偿。将售电收入与售电量解耦分离，把售电收入调整到一个允许的目标上，每年的收入总额由次年收入目标来调整，这样就使电力公司失去了一味推动增加售电的动力，也消除了为提高能效而减少售电的阻力。

（3）实施DSM计划的效果奖励。效果奖励主要有三种方式：一种是电力公司投入DSM计划的资金可获得若干个百分点的增值回报（如比电价基数回报率高1%～3%），本质上类似未折旧资产获得回收的方式；另一种是根据DSM计划节省的电量和容量超过基数部分DSM计划投资给予若干个百分点的回报（如1%～2%）；再一种是给予DSM计划对应的净资源价值若干个百分点的回报（如10%～25%），净资源价值是一个差值，它等于可避免成本与DSM计划成本之差。第一种着重于DSM计划的投资规模，第二种是基于节约资源的物理量，第三种是以绩效为基础的节电效益分享机制，使效率和效益相结合，更符合DSM的总体目标，也是采用较多的一种。当然，若电力公司没有完成DSM计划，政府电力监管部门按规定予以经济惩罚。

激励机制的确立，为电力公司实施DSM计划的操作和提高用户DSM的参与率开通了道路。

2. 电力市场体制下DSM的运作

电力行业重组后，随着经营体制的分立和引入竞争机制，使原来由电力公司出资的DSM计划的融资和成本回收发生了困难。于是把电力公司出资的DSM计划转向以消费者出资的DSM计划成为必然选择，以便继续发挥DSM的节能环保作用。1998年，加利福尼亚州（以下简称加州）在美国率先进行了电力行业重组的市场化改革，1996年，州政府就把DSM的能效管理纳入了出台的《电力重组法》（AB1890），决定设立“公益计划基金”，实行征集系统效益费（SBC）的制度，从而确立了DSM新的融资体制。

SBC是指通过电力附加费的形式从电力用户征集公益计划基金，以支持能源可持续发展的公益事业，用于DSM能效计划、可再生能源发展计划、研究与开发计划、低收入居民资助计划等四个方面。它是政府以立法形式出台的强制性征集公益计划基金的制度，征集范围包括联入电网使用电力传输系统的所有用户，不管用户属于哪种类型，也不管用户从哪一家发电厂购电。同时还包括那些有自发电能力的用户，因为它们也要从电网购电和占用系统容量。SBC以千瓦时（kWh）计算，按用户购电量的多少征集电力附加费，征集幅度大都占电费的2%～3%。从消费者处征集的DSM能效基金有三种比较典型的运作模式。

（1）中介机构主导的运作模式。这种模式是由一个非政府、非盈利的节能投资中介服务机构来直接管理SBC并负责项目管理，包括项目策划、资金分配、项目评估、项目验收、项目服务等。通常它与政府的公用事业委员会签订协议，接受政府的监督，对项目计划和资金计划等定期审计检查。电力公司把征集的SBC直接转到中介服务机构的账户上，并与能源服务公司（ESCO）、电力用户、产品生产销售商、承包商等一样，处于平等地位参与DSM项目的公开竞标。

（2）政府主导的运作模式。这种模式由州政府设置的一个没有政府拨款的非盈利的准政府机构来负责DSM项目管理，政府的电力监管部门负责审批DSM项目计划和SBC的支出。

（3）电力公司（配电和售电）主导的运作模式。电力公司作为DSM实施主体，在政府的委托和监督下进行项目管理和运作。

应当指出：无论采用哪一种DSM运作模式，都强调由消费者出资的DSM计划要立足于公众利益和环境保护，SBC能效基金要用到终端能效项目上，通过提高需求侧的用电效率，达到“资源获取”和污染减排的目的，以支持社会可持续地发展。电力公司利用SBC能效基金运作的DSM计划也要在提高终端用电效率基础上拓展用电需求，达到开拓能效市场和电力市场的双重目的。

四、国内外实施DSM的经验

为了应对两次世界能源危机以及日益严重的环境压力，国外自20世纪70年代开始研究推广了DSM，采取法律和经济激励等手段实施节约用电和移峰填谷措施，在减少和减缓电力建设投资、改善电网运行的经济性和可靠性、控制电价上升幅度、减少电力用户电费开支、降低能源消耗、改善环境质量等方面取得了显著成效。目前DSM已成为国际上先进的能源管理活动和发达国家可持续发展战略的重要手段，在法国、德国、韩国、美国、加拿大等30多个国家和地区得到了成功实施，并越来越受到关注。国际能源署（IEA）2004年报告显示，发达国家自石油危机以来，通过实施DSM等多种措施，使单位GDP能耗降低了约50%。如2000年美国人均一次能源消费量与1973年几乎相等，但人均GDP却增长了74%。法国通过应用电力负荷监控等DSM措施，日负荷率由73%提高到85%左右，相应减少发电容量1900万kW。英国筹集1.65亿美元，投资到500多个提高能效的项目中，实现节能68亿kWh，相当于200万个家庭的年用电量。DSM引入中国后，受到政府的高度重视，有关部门为推动其在中国的开展做了大量的工作，电力企业发挥主体作用，一些大、中电力用户也积极参与，取得了一定的成效。

1. 美国加州实施DSM应对电力危机

（1）加州电力危机的产生背景。加州是美国人口最多、经济最发达、高科技产业最集中的州，其发电量约占美国总发电量的7%。20世纪90年代以来，经济的快速增长刺激了加州电力需求的增加，1988～1998年，加州高峰电力需求增长了13%。但由于环保的限制，加州的电源建设却未同步跟上，发电机组容量同比下降了5%。天气干旱也使加州的水电资源减少了35%。此外，由于加州实施的电力重组计划存在缺陷，导致趸售电价上涨了300%。加州电力公司面临趸售电价不断增长而零售电价却有上限控制的情况，造成200亿美元的债务，使之濒临破产。正是上述各因素导致了加州电力危机的发生。

(2) 加州通过DSM应对电力危机成效及主要措施。加州2001年电力供应形势异常严峻，加州能源委员会预测夏季高峰电力负荷短缺5000MW。独立电力调度中心预计加州夏季将停电34天，经济损失160亿美元。北美电力可靠性委员会预计加州将面临700h以上的轮流停电，每次平均影响200万人口。然而，由于加州发起了该州历史上最为成功的需求侧管理运动，通过一系列政策和激励措施，充分挖掘了加州需求侧的资源潜力，成功度过了电力危机的难关。

加州政府2001年共花费8.5亿美元用于提高能效和负荷管理，共削减高峰负荷5700MW，其中节电1100MW，避免直接经济损失160亿美元。电力危机期间该州的节电成本约为3美分/kWh，远远低于7美分/kWh的平均购电成本。加州通过DSM应对电力危机的主要措施包括：

1) 资助电力公司开展能效项目。加州电力用户的电费中约有3%用于提高能效，通过这个被称为“系统效益收费”的项目资助，激励了许多居民和工商业用户提高能效。1990～1998年，由于节电使加州经济获得约30亿美元收益。2000年后，加州政府为确保能效项目得到系统效益收费的支持，对电力公司提供能效基金，规模约为每年2.43亿美元。

电力公司的DSM项目帮助了一大批节能新技术投入加州市场，电力公司负责监督和管理能效项目的实施，这些项目每年合同金额达到数亿美元。在电力危机期间，电力公司的DSM项目主要包括：①在住宅和商场用节能灯替换老旧灯具；②在商场和工厂改造暖通空调设备；③安装需求管理系统；④改造农业水泵。

2) 削减高峰时段电力需求。加州首先关注政府和农业部门，要求政府公务员关灯、调整空调温控器和调整水泵的运行。2001年，加州政府部门平均减少23%的电力需求，减少高峰负荷285MW。此外，加州还充分利用政府延伸职能来教育用户提高节能意识。他们通过所有向商业和公众宣传节能的渠道（如营业执照、机动车登记、网站、信函、税务通知书等）以及学校、公园、博物馆等公共场所，通过散发节能宣传手册等形式开展节能教育。2001～2002年，加州仅通过州政府各部门传递的直接信息就超过6000万条，有数百万人通过各种渠道得到以上信息。

工商业用电量占加州总用电量的57%，加州政府高度依靠行业协会等组织争取企业对减少用电的支持，具体内容包括：指定节能管理员；向员工散发节能宣传册；将空调温度设定在约26℃；立即减少25%的照明用电等。此外，州政府与电力公司合作为企业提供培训和能源审计，帮助寻找节能的途径。

最后，州政府还敦促零售商向客户宣传节能信息。麦当劳在1100家餐馆400万托盘流水线上摆放了政府提供的节能信息，3000多家大型食品店共分发节能宣传册超过1350

万份；家电商场采取促销措施培养客户的能效意识，并对购买高效家电产品的客户提供政府资助的折扣。通过努力，加州高效节能灯、家用电器和其他节能产品的销售在几年里增长了 50%～400%，处于全国领先水平。

3）州政府开展 20/20 项目。为鼓励用户节约用电，加州通过电力公司给可在夏季高峰期减少用电 20%以上的用户再加上 20%的电费折扣，这被称为“20/20”项目。通过这项激励措施，并结合向用户宣传三种最有效的节能方法（即空调温度设定在约 26℃、19：00 前不用大的家用电器、人走灯灭），使 20/20 项目受到用户的热烈欢迎，并取得了成功。33%的居民用户达到了减少用电量 20%的目标，另外还有数百万家庭节电达到 10%～20%。为确保低收入家庭全部参与计划，加州政府特别对 5 万多个低收入家庭住房进行保温隔热改造，并帮助另外 5 万个家庭提高能效。

4）制定能效标准。加州对建筑和部分电器设备制订了新的节能标准，其中 2001 年 6 月实行的建筑能效标准是全美最严格的，预计每年可新增节约 200MW 的电力。加州还提高了电冰箱、洗衣机等许多电器设备的最低能效标准，预计每年可新增节约 100MW 的电力。

5）电力公司恢复综合资源规划。加州立法机构在 2002 年采取的最重要举措就是恢复电力公司对综合资源规划的管理。加州立法机构还出台了一项长期的法规，指导电力公司“在提高能效和配电效率方面去探索、开拓所有可行的和具有成本效益的节电措施，使之提供同等的或更好的系统可靠性”。公共事业委员会也重申了电力公司的义务，即在获取资源方面要考虑所有具有成本效益的能效投资，当前电力公司的预算可全部用于能效投资。

6）使 DSM 对电力公司有利可图。允许能效投资和发电投资在同等地位进行竞争的首要问题就是要保证电力公司能够获利，或至少在投资供应侧或需求侧资源时在投资收益方面没有区别。20 世纪 90 年代中期，加州电力工业重组时期，电力公司将收入与销售电量挂钩，从而使其即使面对最廉价的能效资源，由于减少销售电量和电费收益，电力公司同样缺乏兴趣。目前这种情况已经通过建立一种称作“售电量与效益分离”的新的收入机制而改变。

（3）电力危机后加州 DSM 的发展和前景。加州政府并未将 DSM 仅仅作为应对电力危机的权宜之计，而是将其不断发展深化。2005 年 1 月，公共事业委员会决定对加州能效项目采用新的管理结构，以确保电力公司在能效项目的投资始终比新建电厂便宜。这样至 2015 年加州电力公司的节电水平将提高一倍，同时给加州带来巨大的经济效益和环境效益。该项目的资金来源包括系统效益收费和新建电厂的资金。2004～2005 年，加州电力公司向政府递交了 18 项总投资为 2.44 亿美元的 DSM 项目建议，此外近期加州又有 2.45 亿美元的资金投资于 DSM 项目。

2004 年 9 月，加州政府制定了全国最积极的 10 年节能规划目标，要求未来通过提高能效、削减负荷和可再生能源等项目，使加州的能源需求得到 100%的满足。要实现这个目标，加州电力公司将在规划期内总计投资约 60 亿美元，实现减少负荷 5000MW，避免建造 10 座大型发电厂，年节电超过总用电量的 1%，年减排二氧化碳 900 万 t，总计为加州电力用户带来约 120 亿美元的净收益。

2. 河北省的电力需求侧管理经验

（1）出台奖励政策，推动 DSM 活动开展。参照国外"系统能效收费"的做法，2002 年，河北省发展和改革委员会会同物价、财政、地税、建委、环保六部门联合出台了《关于大力开展电力需求侧管理的意见》。2003 年，又制定了《河北省电力需求侧管理专项资金管理办法》。在电价所含的城市附加费中，每千瓦时电集中上缴 0.1 分钱，年约近亿元，作为省电力需求侧管理专项资金。主要用于支持电力需求侧管理技术改造、产品推广和科研开发等。这项奖励政策的实施，每年可带动 6 亿元左右的 DSM 项目的投资。另外，河北省还规定对节电调荷技术改造项目参照有关规定享受国产设备投资抵免所得税政策。

（2）建立和发展专业机构，提供有力的组织保障。2002 年，河北省成立了"河北省电力需求侧管理指导中心"。需求侧管理中心又注册成立了电力需求侧展销公司，开始培育扶持一批能源服务公司，逐步建立滚动发展的市场机制。2003 年，省电力公司成立了电力需求侧管理处。DSM 机构和队伍的建设，为全面加强 DSM 提供了有力地组织保障。

（3）充分利用经济、技术手段控制和转移高峰负荷。2003 年、2004 年河北省实施了《河北省南部电网可中断负荷补偿办法》，对尖峰时段自愿中断负荷的企业，按照 1 万元/万 kWh 标准给予补偿。2004 年削减高峰负荷 23.7 万 kW。同时，加强电力负荷监控技术的推广应用。全省 11 个市全部建立电力负荷监控系统，累计安装终端负荷控制设备 4151 台，可实时监控负荷 416 万 kW。

1987 年，河北省开始试行峰谷电价。2004 年，继续对各中心城市工业和商业企业实行峰谷电价，占全部用电量的 50.2%，转移高峰负荷约 110 多万 kW。在此基础上，对蓄冷蓄热用户实行优惠电价。在 6～8 月用电高峰时段，对大工业和部分非普通工业用户实行"尖峰电价"。这两项政策共转移高峰负荷 30 多万 kW。

（4）积极推广 DSM 项目。

1）推广电力蓄能技术。1997 年，开始推广电力蓄冷、蓄热技术。全省共建成 131 套蓄冷、蓄热项目，累计装机容量 12.5 万 kW，转移高峰负荷 8 万～10 万 kW。

2）开展节电技术改造，强化能效管理。2004 年，46 个电力需求侧管理试点示范项目已全部验收。项目总投资额 4458 万元，平均节电率 35.06%，节电容量 7574.7 万 kW，年可节约电量 5453.8 万 kWh，节约电费 2726.9 万元。用户 1.13 年就可收回投资。5 个"双蓄"试点、示范项目，投资 2114.7 万元，总装机容量 8826 万 kW，总移峰容量 5616 万 kW，节省电力建设投资 4212 万元。

3）积极引导企业加强内部能效管理，将利用峰谷电价政策和节约电能纳入对车间、班组和个人的考核内容并与工资奖金挂钩。

4）大力推广绿色照明技术。从 1998～2004 年，全省累计推广节能型灯具 300 万套。

（5）总体规划，分步实施"十项绿色工程"。结合省情，谋划了河北省 DSM 的总体框架和思路，即"DSM 十项绿色工程"。主要是"百万绿色照明"工程、"双蓄"工程、"绿色窗口"工程、"高效节电"工程、"绿色家电"工程、"绿色产业"工程、"电能系统服务"工程、"智能管理"工程等八项工程，并有重点地进入实施阶段。

尽管中国的 DSM 工作取得了积极进展和明显成效，但由于过去 20 多年里经济的粗放型增长，中国现有工业体系从整体上看还处于发展中阶段，先进的工业装备和民用设施所占比重较小，终端用电效率明显低于国际先进水平。尤其值得注意的是，随着工业进程的进一步发展，加上生活水平提高带来的需求刺激，国内低效率、高电耗的生产能力和民用设施仍在迅速增长，中国终端用电效率与国际先进水平的差距有进一步扩大的趋势。无论是从现状还是发展的角度看，中国都存在巨大的电量和电力节约潜力，需求侧管理大有可为。

第二节 电力需求侧管理的实施

为了完成综合资源规划，实施需求侧管理，必须采取多种手段。这些手段以先进的技术设备为基础，以经济效益为中心，以法制为保障，以政策为先导，采用市场经济运作方式，讲究贡献和效益。概括起来主要有经济手段、技术手段、行政手段、引导手段等四种。

一、经济手段

DSM 的经济手段是指各种电价、直接经济激励和需求侧竞价等措施，主要有实施峰谷分时电价、尖峰电价、丰枯电价、季节性电价、可中断负荷电价（避峰电价）。具体实施时通过适当扩大峰谷分时电价执行范围和拉大峰谷价差；扩大两部制电价执行范围，提高两部制电价中基本电价的比重；采取上网侧与销售侧分时电价联动；对使用电力蓄冷蓄热技术的用户提供进一步优惠等。公平合理的电价能够提供正确的经济信号，调节经济运行，实现社会资源的最优化配置。经济手段是需求侧管理有效的调节手段之一，它通过价格信号，引导电力消费者采取合理的用电结构和方式，避免形成高峰低谷的电力消费方式。

1. 峰谷分时电价

峰谷分时电价是指为改善电力系统年内或日内负荷不均衡性，反映电网峰、平、谷时段的不同供电成本而制定的电价制度。以经济手段激励用户少用高价的高峰电，多用便宜的低谷电，达到移峰填谷、提高负荷效率的目的。

分时电价作为一种有效的 DSM 方法，是世界各国进行电力市场化改革所不可缺少的一部分。但是根据各国自身电力市场改革的方式和程度的差异，分时电价的制定方法和标准也不尽相同。《中华人民共和国电力法》第四十一条规定：国家实行分类电价和分时电价。自 1995 年开始，各地以省电力局为单位，相继开始峰谷分时电价的制定和实施。

峰谷分时电价是对电网负荷的不同用电时段实施不同的电价，利于削峰填谷，其效果依赖于科学的峰谷时段划分和合适的分时电价。一般来说，用户对峰谷分时电价的响应程度与其用电方式、负荷特性、行业特点（生产班制、工艺流程、生产计划、产品产值单耗、主要耗能产品的性能等）有关。其中影响最大的就是用户的日负荷特性，即用户用电量在不同时段的分布。

假设 k_1 为峰、谷电价比；k_2 为峰、谷电量比；k_3 为峰、平电价比。

在峰谷分时电价测算时，要保证电力公司与用户的双方利益。则根据电力公司全年收支平衡原则（实施峰谷分时电价前后的电费收益相等），由峰谷分时电价的电价结构推导得到

$$k_1 = \frac{k_3}{1 - k_2(k_3 - 1)} \tag{7-1}$$

由式（7－1）绘出的峰谷分时电价调节曲线如图 7－1 所示。

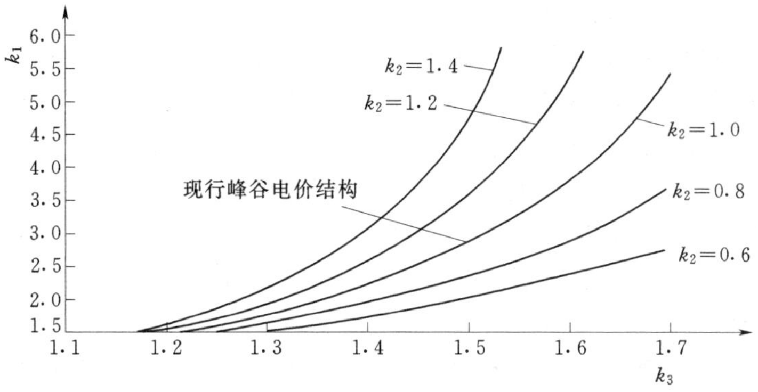

图 7－1　峰谷分时电价调节曲线

由图 7－1 可见，供电部门要确定合理的峰谷分时电价，就必须计算过去某一时期的各时间段的电量比。如在某一划定的峰谷时段，$k_2=1.0$（或希望 k_2 达到理想的 1.0），则在图中"现行峰谷电价结构"曲线上所对应的 k_1、k_3 值是合理的峰谷分时电价结构。峰谷分时电价结构确定后，用户即可调整自己的各时段用电能量比。如果 $k_2<1.0$，则用户就收益，反之则利益受损，这就促使用户降低 k_2，从而达到移峰填谷的目的。

2. 季节性电价

季节性电价是指为改善电力系统季节性负荷不均衡性、反映不同季节供电成本的一种电价制度，其主要目的在于抑制夏、冬用电高峰季节负荷的过快增长，以减缓电力设备投资，降低供电成本。2003 年 4 月 25 日，国家发展和改革委员会以发改价格〔2003〕141 号文，发出《国家发展改革委关于运用价格杠杆调节电力供求促进合理用电有关问题的通知》（以下简称《通知》）。《通知》说，对水电比重大的地区，可按照不影响电价总水平、有利于调节和平衡丰枯季节电力供求的原则，在上网和销售环节实行丰枯电价，合理安排丰水期、枯水期电价价差。中国四川、湖北等省在销售侧都实行了丰枯电价。

（1）执行范围。上网电量丰枯电价执行范围为装机容量在 2000kW 及以上水电厂的上网电量。销售电量丰枯电价的执行范围为受电变压器容量在 315kVA 及以上的大工业用户；受电变压器容量在 50kVA 及以上非工业、普通工业用户；除党政机关、事业社团、学校、医院、民政福利单位和城市公用路灯以外的非居民照明用户；趸售用电。大工业或非工业、普通工业用户中的自来水生产和城市热力燃气用电不实行丰枯电价办法。

（2）丰枯季节划分。

1）丰水期：6～10 月。

2）枯水期：1～4 月、12 月。

3）平水期：5 月和 11 月。

（3）丰枯电价浮动。对于上网电价，丰水期在基准电价基础上下浮 25%；枯水期在基准电价基础上上浮 50%；平水期按基准电价执行。对于销售电价，丰水期在基准电价基础上下浮 10%，枯水期电价在基准电价基础上上浮 20%，平水期电价按基准电价执行。基准电价为按物价管理部门批准的上网电价（不含增值税）和销售电价，随电价计征的增值税均按以平段电价为基础的税额执行。

3. 可中断负荷电价（避峰电价）

可中断负荷电价是指电网公司对某些可实施避峰用电的用户实行的优惠电价。当系统负荷高峰时，由于电力供应不足，电网公司可以按照预先签订的避峰合同，暂时中断部分负荷，从而减少高峰时段的电力需求。

根据中国电力工业市场化改革所处的阶段和外部条件，可中断负荷的实施方案可分为短期方案和长期方案，分别进行设计。短期看来，可中断负荷主要在用电高峰期实施，首要问题是降低尖峰期负荷；长远看来，可中断负荷应作为调节负荷曲线、提高能源利用效率、实现电力资源整体优化配置的有效机制。

（1）可中断负荷短期实施方案的设计。短期方案的主要目的是解决目前高峰期，尤其是尖峰期缺电的问题。因此，实施方法比较简单，给用户的电价折扣率或补偿标准也可较为单一。并且，结合中国现阶段的实际情况，应较多地借助政府部门的行政协调能力，以保证实施的效果。实施方案中的关键问题是实施时间、实施目标、实施对象、补偿标准、结算方式等的确定。

1）实施时间。实施时间应为每年的用电高峰期。中国的年用电高峰期一般出现在冬、夏两季，各地区可根据各自电网的负荷特点及缺电情况，选择具体的实施时间。如河北省的年用电高峰一般在 7 月、8 月，即可选择在这两个月实施可中断负荷。在实施期间，负荷中断的时间为日负荷的尖峰时段，如某些地区的日负荷尖峰在 20：00～21：00，即可选择在这个时间内对特定的用户实施负荷中断管理。

2）实施目标。短期方案的实施目标为解决尖峰期缺电的问题，因此，要中断的总负荷量应是所缺电量（负荷）的某一比例。江苏省 2003 年负荷缺口约为 200 万 kW，实施可中断负荷解决了 80 万 kW 的缺口，比例为 40%；2003 年夏季，河北省南网电力缺口达到 200 万 kW，实施可中断负荷措施解决了 30 万 kW，比例为 15%。

3）操作主体。可中断负荷方案的具体操作由各省（自治区、直辖市）、地区电力公司进行。省（自治区、直辖市）、地区电力公司根据本省（自治区、直辖市）内电力供需的情况，决定是否实施可中断负荷、实施的企业以及操作方式等。与实施用户的协调及负荷中断的具体执行则由相关供电企业完成。

4）实施对象。实施对象应为受电容量较大，并且中断潜力也较大的大工业用户。推荐容量标准为 1 万 kVA 以上，推荐实施行业为冶金、水泥、塑料、纤维、纺织和造纸等。具体实施企业的名单由省（自治区、直辖市）、地区电力公司拟定，并在获得政府认可、实施中断企业同意的基础上确定。

对于具体中断的时间，应提前一天通知企业，如有特殊情况，最晚不应迟于实施前 2h，以使中断企业做好充分的准备，减少缺电损失。也可按照被中断企业的要求来确定。每次中断持续的时间不应超过 4h，以尽量减轻对企业的影响，也可按照被中断企业的要求来确定。对某实施企业中断的负荷占该企业总负荷的比例不宜过大，应以维持企业主要生产线的基本运转，同时可起到较为明显的中断效果为准。

5）补偿标准。具体补偿标准或给予的基本电费折扣率由政府（电力监管部门）、省（自治区、直辖市）、地区电力公司、实施的企业协商确定，应以实施企业同意、电力公司可以承受为准。目前在江苏、河北等省实行的每中断1万kWh，补偿1万元的标准较为可行。

6）结算方式。在每年的可中断负荷实施期结束后，对各实施企业应得的补偿金或电费折扣额统一结算，结算公式如下：

对某实施用户的补偿金额＝补偿标准×∑(该用户每次中断的负荷×该用户每次中断的时间)

或　对某实施用户的电费折扣额＝基本电费的折扣率×实施期间基本电费总额

7）其他事项。在实施可中断负荷前，应由电力监管部门协同政府出面，组织省（自治区、直辖市）、地区电力公司与实施企业签订协议。具体协议内容包括实施时间、提前通知时间、负荷中断最长持续时间、补偿标准、结算方式、违约罚金等。并由政府和电力监管部门监督，省（自治区、直辖市）、地区电力公司和实施企业执行。

在每年可中断负荷的实施期结束后，由省（自治区、直辖市）、地区电力公司的营销部门对该年实施可中断负荷的效果、经验、教训进行总结，并对下一年的实施计划进行初步准备。

（2）可中断负荷长期实施方案的设计。长期方案的实施目的与短期方案有所不同，它不仅要解决某个时期尖峰缺电的问题，而且更多地强调将可中断负荷这项需求侧管理的措施作为一种长期机制予以实行，以通过可中断电价的刺激来引导用户需求，优化负荷曲线，实现电力资源的优化配置。

1）实施时间。实施时间不再局限于用电高峰期，全年任何时候需要降低负荷时都可应用该措施。对各用户中断的时间可根据要求具体安排。

2）实施形式。实施形式多样化，用户既可选择全年中断特定次数的形式，也可选择只在用电高峰时期中断，并且中断的次数和持续的时间也有多种选择。

3）电价折扣标准。相对于不同的实施形式，给予的电价折扣率也存在差别，一般是用户中断的次数越多，持续时间越长，电价折扣率越大。

折扣率＝折扣额/实施期的基本电费

理论上电费折扣额应大于用户的实施费用。即

电费折扣额＞在中断时段总的缺电损失＋为实施该方案进行投资的折旧＋调整生产的费用－调整生产后可以挽回的损失

因为用户的实施费用往往无法精确计算，因此，确定电费折扣额的最小值时可征求用户的意见，参考其可以接受、愿意实施的最低标准来进行。

理论上电费折扣额应小于电力系统可免成本与其他成本费用之差，即

电费折扣额＜可免投资成本＋可免运行成本－其他成本费用

电力系统的可免投资成本、可免运行成本等数据可进行较为准确的测算，例如，高峰负荷降低1kW，可免调峰电厂的投资成本约为火电5000元，水电6000元。因此，电费折扣额的最大值可以有较为具体的计算结果。

电费折扣额在最大值与最小值之间选择，应注意保证用户和电力系统都达到一定的收

益率。

4. 容量电价

容量电价又称基本电价，它不是电量价格而是电力价格，以用户变压器装置容量或最大负荷需量收取电费，促使用户削峰填谷和节约用电。基本电费的计费方式有按变压器容量和按最大需量计费两种方式。按变压器容量或按最大需量计收基本电费，由用户选择。

基本电费的计费方式是由用户提前一个月提出申请，经供用电双方充分协商后确定，在12个月内应保持不变。按变压器容量计算基本电费的用户，以受电变压器容量及不通过变压器而直接接入电网的高压电动机的容量（千瓦视同千伏安）的总和作为基本电费容量，收取基本电费。按最大需量计收基本电费的用户，最大需量由用户申请，供用电双方以合同方式确认。用户可根据用电需求情况，提前半个月申请变更下一个月的合同最大需量，供电企业不得拒绝变更，但用户申请变更合同最大需量的时间间隔不得小于六个月。

一般来说，对类似化工企业等需要连续生产的用户，要想在峰段将最大需量控制在某一值内比较困难。但对有些用电用户，如铸造行业，电炉的加温和保温过程可通过适当的生产计划和班次进行调整，从而保证生产企业尽量在低谷段用电加温，在峰段实施保温或控制加温。这样一来，就可将峰段的最大需量控制在某一值内。基本电费就可控制在一定范围内，从而达到减少基本电费目的。

容量电价是两部制电价的重要组成部分。实行两部制电价是电力需求侧管理最有力的经济措施，其功能在于引导企业合理用电、节约能源。

通过以上的经济措施可以刺激和鼓励用户改变消费行为和用电方式，安装并使用高效设备，减少电量消耗和电力需求。电价是由供应侧制定的，属于控制性经济手段，用户被动响应；直接经济激励和需求侧竞价属于激励性经济手段，需求侧竞价加入了竞争，用户主动响应，积极利用这些措施的用户在为社会做出增益贡献的同时也降低了自己的生产成本，甚至获得了一些效益。对不参与节电的用户不予经济激励，但也不应损害其经济利益。

二、技术手段

DSM的技术手段指的是针对具体的管理对象，以及生产工艺和生活习惯的用电特点，采用当前技术成熟的先进节电技术和管理技术及其相适应的设备来提高终端用电效率或改变用电方式。改变用户用电方式和提高终端用电效率所采取的技术措施各不相同。

1. 改变用户的用电方式

改变用户用电方式的技术手段主要包括：

（1）直接负荷控制。是在电网峰荷时段，系统调度人员通过负荷控制装置控制用户终端用电的一种方法。直接负荷控制多用于工业的用电控制，以停电损失最小为原则进行排序控制。

（2）时间控制器和需求限制器。利用时间控制器和需求限制器等自控装置实现负荷的间歇和循环控制，是对电网错峰比较理想的控制方式。中国的电网企业常常采用负荷管理系统监测、控制、管理本地区用户用电负荷，实现用电负荷监控到户，做到限电不拉路，是电网错峰、削峰的重要技术手段。用电负荷管理系统也是实施可中断电力负荷的重要技术措施。另外最大需量智能控制技术是用电企业内部采用网络与计算机技术，实时采集分析各类负荷信息，组织合理有序用电，有效控制最大需量，充分利用电价政策，达到均衡、经济用电，实现降低自身用电成本的新技术。

（3）低谷和季节性用电设备。增添低谷用电设备。在夏季尖峰的电网可适当增加冬季用电设备，在冬季尖峰的电网可适当增加夏季用电设备。在日负荷低谷时段，投入电气锅炉或蓄热装置采用电气保温，在冬季后夜可投入电暖气或电气采暖空调等进行填谷。

（4）蓄能装置。在电网日负荷低谷时段投入电气蓄能装置进行填谷，如电气蓄热器、电动汽车和电动自行车的蓄电瓶以及各种可随机安排的充电装置等。

（5）蓄冷蓄热装置。采用蓄冷蓄热技术是移峰填谷最为有效的手段，在电网负荷低谷时段通过蓄冷蓄热将能量储存起来，在负荷高峰时段释放出来转换利用，达到移峰填谷的目的。

2. 提高终端用电效率

终端用电设备千万种，消费方式千差万别，节能节电具有多样分散的特点，因此提高终端效率的技术措施也多种多样。提高终端用电效率是用户通过采用先进的节能技术和高效设备来实现。主要包括以下两个方面：

（1）大力推广节电节能技术、改变用户消费行为。主要采用绿色照明，变频调速，高效风机、水泵、电动机，节能变压器，无功功率补偿，高效节能电器，热泵技术，余热利用等技术和设备。

采用绿色照明技术，使用高效电光源灯具。采用声控、光控、时控、感控等智能开关和钥匙开关等实行照明节电运行。

选用容量匹配的高效电动机提高运行的平均负载率，在电动机需要调速的场合，使用各种调速技术实现电动机节电运行。

变配电方面采用低铜损、铁损的高效变压器，减少变电次数，实现变压器节电运行，配电线路合理布局和采用无功功率就地补偿，减少配电损失。

在空调使用方面，应用智能控制高效空调器节约用电，使用热泵替代热阻加热的取暖空调，建立适应人体生理条件的消费行为以节约用电。

采用专业化集中生产等方式实现作业合理调度，提高设备的用电效率和经济运行。

在建筑物方面，采用绝热性能高的墙体材料和门窗结构，充分利用自然光和热等。

（2）积极开发试点，推广节电、节能增效新技术。包括热冷联产技术，使用清洁能源的热电联产技术和热电冷联产技术等。

三、行政手段

DSM 的行政手段是指政府及其有关职能部门，通过法律、标准、政策、制度等规范电力消费和市场行为，推动节能增效、避免浪费、保护环境的管理活动。

政府运用行政手段宏观调控，保障市场健康运转，具有权威性、指导性和强制性。如将综合资源规划和需求侧管理纳入国家能源战略，出台行政法规、制订经济政策，推行能效标准标识及合同能源管理、清洁发展机制，激励、扶持节能技术、建立有效的能效管理组织体系等均是有效的行政手段。调整企业作息时间和休息日是一种简单有效的调节用电高峰的办法，应在不牺牲人们生活舒适度的情况下谨慎、优化地使用这一手段。政府可以采用的行政手段具体有：

(1) 完善节能法律、法规体系，通过法规、标准和制度来控制和规范电力消费和节能市场行为。

(2) 建立专项基金，用于推动DSM工作，加大节能增效投入。

(3) 从政策、贷款、税收等方面扶持新技术、新产品、新工艺的开发、推广、应用。对高效节电产品给予适当补贴或折扣销售。发展和完善有利于节能的投资、融资机制，建立公共财政支持节能的激励机制。

(4) 完善主要工业耗能设备、家用电器、照明器具、建筑等能效标准，修正主要耗能行业节能设计规范，强制性淘汰高耗能设备和工艺，将用电设备能效标准的制定、认证和标识工作纳入法制和政策轨道，推动企业节能技术进步。

(5) 分析节电工作障碍，从政策、税收、信贷、财务运作体制等方面推动项目能效评估、能效审计、能效检测、节能咨询服务。建立长效推动机制，促进中国节能服务业的发展和良性循环。

(6) 强制推行建筑节能设计新标准，制定和执行不同气候地区的设计规范和实施细则。

(7) 政府部门起带头示范作用，采用先进节能技术，建立自身节能目标推动机制。协调和维护发、供、用电各方的利益，促进各方推进DSM事业良性发展。

由国家发展和改革委员会、国家电力监管委员会在《关于加强电力需求侧管理工作的指导意见》(发改能源〔2004〕939号) 第四条明确指出：各省市政府负责主导、推动本地区的电力需求侧管理工作；第六条指出电网公司是实施需求侧管理的主体。为了保证电力需求侧管理的顺利实施，各省（自治区、直辖市）纷纷建立了以政府为主导，以电网公司为主体的需求侧管理组织体系。省（自治区、直辖市）电力需求侧管理领导小组组长由政府主管领导担任，省（自治区、直辖市）电力公司、省物价局、税务局、环保局、建设厅、财政厅等相关部门为成员单位。

各省（自治区、直辖市）电网公司市场营销部成立相应的主管需求侧管理的处室和设置相应的管理岗位。在电力需求侧管理领导小组的带领下，电网公司开展需求侧管理工作，在市场营销部内设立需求侧管理的专职机构，主要职责是协助政府做好组织工作；负责制定需求侧管理规划、方案，并把电力需求侧管理纳入电网发展规划；协助政府部门开展需求侧管理的研究，分析各类需求侧管理措施的潜力、成本、效益；组织需求侧管理项目试点工程；建立需求侧管理信息网络，收集需求侧管理信息，提供需求侧管理辅助服务；组织开展需求侧管理的培训、宣传；为用户提供优质、高效和低成本的服务。

根据国内一些省（自治区、直辖市）的经验，为更有效地指导用户优化用电方式、提高用电效率，全面推进电力需求侧管理，在省（自治区、直辖市）电力公司组建电力需求侧管理中心，加大电力需求侧管理的宣传和培训力度，引导用户内部主动节能。对全地区的需求侧管理工作提供指导和服务；进行电力需求侧管理的引导和宣传；宣传展示新技术、新工艺；引导用户合理用电；开展电力需求侧管理的培训、交流与合作等。

四、引导手段

引导是对用户进行消费引导的一种有效的、不可缺少的市场手段。相同的经济激励和同样的收益，用户可能出现不同的反应，关键在于引导。通过引导使用户愿意接受DSM

的措施，知道如何用最少的资金获得最大的节能效果，更重要的是在使用电能的全过程中自觉挖掘节能的潜力。

主要的引导手段有：节能知识宣传、信息发布、免费能源审计、技术推广示范、政府示范等等。主要的方式有两种：

（1）利用各种媒介把信息传递给用户，如电视、广播、报刊、展览、广告、画册、读物、信箱等。

（2）与用户直接接触提供各种能源服务，如培训、研讨、诊断、审计等。经验证明：引导手段的时效长、成本低、活力强。关键是选准引导方向和建立起引导信誉。

第三节　电力需求侧市场

一、电力需求侧市场改革现状

由于电力工业的重要性和特殊性，各国电力工业放松管制、实现市场化的进程各不相同，但共同点是首先在发电领域打破垄断、引入竞争。有些国家的电力市场还开放了需求侧竞争，如北欧电力市场和德国电力市场等。要充分发挥市场竞争的潜力和效率，开放配电和零售环节是必要的。2000 年底，加州电力市场的失败也证明了单纯重视发电领域的竞争，忽视用电侧的需求弹性和负荷管理潜力，不利于抑制市场力，不利于电力市场的健康有序发展。

在目前世界范围开展的电力工业市场化改革的 20 多年里，在市场运营、提供可靠的供电服务和稳定电价方面不同程度地出现了一些问题。主要原因是：

（1）少量市场占优的发电商滥用市场力（尤其是在输电发生阻塞时）。

（2）不完善的市场设计（包括配电及零售市场的不完善）。

（3）没有激发用户对电价的弹性。

（4）投资规划市场不充裕以及长期交易不足等。

世界各国在需求侧进行市场化改革的进程和所取得的成效不一。关于需求侧改革目前还存在一些重要的政策性问题，例如，是否要把配电从供电服务中分离出来，存在不同的作法：有仍然垄断经营不分开的；有将经营和所有权与财务计费分开的。

从理论上讲有必要保持配电企业统一运行，以利于完成电能的可靠配送。但是，可以把电能销售服务（即电力零售）业务完全开放，这样会出现大量电力零售商，用户有自由选择供电商的机会，引入竞争、改善服务，通过零售竞争理顺电价。但在需求侧改革具体实施过程中出现大量测量、计费、信息共享等技术问题。

1. 国外情况

新西兰电力工业改革初期，配电和零售环节仍然是垄断的，价格管制及公共服务义务依然存在，小的用户没有动力去选择供电商；随后于 1992 年颁布能源公司法，配电侧实施股份化和私有化，取消供电专营区。1992～1994 年实现趸售电力市场。1996 年，新的电力工业体制开始运行，电网对所有发电商和所有零售用户开放，发电和售电领域可以自由进出公平竞争。在零售市场上，电力供应商直接竞争，或者通过中间商和零售用户签订售电合同。

澳大利亚于1994年进行电力市场试点，1995年，新南威尔士州（NSW）进行电力工业结构重组，1996年，国家电力市场运营规则的颁布，标志着国家电力市场正式开始运作。在发电领域实行完全竞争，在供电领域开展零售竞争。1996年，大用户（年用电量大于160MWh）可以自由选择供电商；2001年1月，新南威尔士州的小型零售用户也可以自由选择供电商。

在新加坡，已有约220个用电大户可以选择电力供应商，而且已有约70%的用户更换了电力供应商。在部分开放基础上，逐步扩大开放程度的新加坡电力市场已经完成系统测试。2003年1月1日，新加坡改革后的新电力市场开始运作。随着新电力市场投入运作，新加坡的电力市场继续开放。3个月后有大约5000个电力用户能够选择电力供应商，再过6个月又有约5000个电力用户可以选择电力供应商，到2004年初，新加坡的所有家庭用户都可任意选择电力供应商。

北欧（挪威、瑞典和芬兰）电力零售市场。挪威于1990年颁布能源法，对所有发电商和所有零售用户开放电网，自由办电厂。1991年，发电商、供电商和大用户进入电力库（power p001）交易，在发电侧实行竞价上网，在配电侧实现零售竞争。在零售市场上，供电商可以直接供电给用户，也可以通过中间商和零售用户签订售电合同来提供供电服务。瑞典于1992年颁布电力市场竞争法，开始进行结构重组与股份化。1993年，提出自愿型电力库方案（和挪威电力库联网），进行趸售市场改革的研究。1995年，颁布电力交易竞争法案，确定管制框架，设计改革方案。1996年，正式进行改革，电网对所有发电商和所有零售用户开放，在法律上保证他们自由进出发电和供电领域。在零售市场上与挪威的做法相同。目前，所有北欧国家都已实行零售开放。在开放零售市场初期，对于小用户改变电能服务商没有什么吸引力，因为需要自费安装分时计量表。逐渐地，这种严格的分时计量被基于负荷特性的结算方式所代替，因此，吸引了大量用户，包括大的工业、商业和小用户。从1998年开始，挪威的所有用户每个星期都可以更换供电商。

英国在进行电力市场改革以后，其1999年的电价比1990年下降了29%。开放配电网，取消配电专营区，为所有用户提供零售转运服务，加剧了电力零售市场的竞争。在1997～1998年度，英国有40%的大用户选择外地电力供应商供电。1999年4月，英国所有的2600万用户可以自由选择自己的售电商。至2000年初，超过300万用户更换了电力供应商。在完全竞争市场运行初期，高峰时一家主要的英国售电商每星期要处理35000次转换（失去现有用户并得到新用户），频繁转换售电商的用户年转换率约在10%以上。

2. 国内情况

中国在经过长期省级电力市场改革试点后，已于2004年开始区域电力市场的试运行。根据《国务院关于印发电力体制改革方案的通知》（国发〔2002〕5号），在已经投运的东北和华东两个区域电力市场中，一定容量的发电企业都需要竞价上网，并实行市场竞争的上网价格机制。输电和配电实行管制，输配电价格按国家规定执行。符合条件的大用户（含独立配售电企业）直接向发电企业购电，其购售电价格由双方协商确定。国家电力监管委员会于2005年2月发布《电力用户向发电企业直接购电试点暂行办法》规定，开展大用户（含独立核算的配电企业）向发电企业直接购电试点工作，要达到下列目的：

（1）优化电力资源配置，提高资源利用效率，促进电力发展。

（2）在发电和售电侧引入竞争机制，促进企业降低成本，提高效率，提高国民经济整体竞争力。

（3）探索输配分开、电网公平开放的有效途径和办法，改变电网企业独家购买电力的格局，促进竞价上网，进一步打破垄断。加快建立竞争、开放的电力市场。

（4）探索建立合理的输配电价形成机制，促进电价改革，促进电网的可持续发展。

（5）自主协商直购电价格。大用户向发电企业直接购电的价格、结算办法，由购售双方协商确定，并在相关合同中明确。

在市场化改革的新形势下，配电公司负责维护配电网络的安全运行，为本地用户继续提供配电服务并将电能直接送至用户，为外地用户提供网络零售转运服务。

配电公司不再拥有自己的专属配电区，配电网络必须向所有用户开放，负责向用户提供可靠高质量的电能服务。开放配电网实现零售竞争，要求传统的供电公司将配电和售电业务分离，配电公司只负责配电网络的运行、检修和接入服务等项业务，售电公司负责向用户卖电。零售竞争的实现还促使原来由电力公司负责的对用户电能量的计量、收取电费及输配电费等项业务交给完全独立的计量公司管理，由这些计量公司向用户提供多种电能计量服务。在电力零售市场上，配电和售电业务从结构上进行分离使得配电公司以后在电力交易过程中将扮演独立和中立的角色。用户在市场化环境下有了更多的选择，能够充分发挥主观能动性，积极调整用电方式，提高用电效率。电力市场运营给电力需求侧各个层面带来很大的变革，出现了大量新的技术和经济问题。

二、电力需求侧市场运营模式

目前电力市场运营模式大体分为三类，即发电竞争型市场（联营体 POOL 模式）、批发竞争型市场（联营体＋双边合同模式）和零售竞争型市场（双边＋多边合同模式）。

批发竞争型市场运营模式是电力市场运行中的基本模式，它的能量市场主要由现货市场（日前和实时交易市场）和双边交易组成。图 7－2 所示为典型的批发竞争型市场，图中的双边合同仅适应于发电商与配电公司之间的交易。目前，随着各国电力市场的发展，双边交易的范围逐步扩大，用户也能够与发电商直接签订购电合同。如中国华东区域电力市场允许符合条件的大用户（含独立配售电企业）直接向发电企业购电。

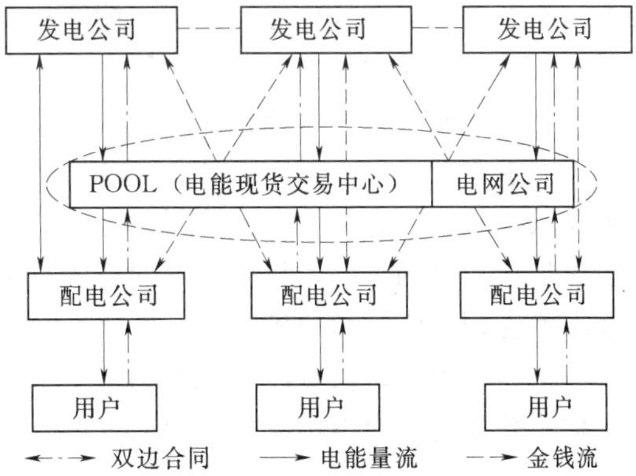

图 7－2　典型的批发竞争型市场

作为电力需求侧的配电企业和大用户，在这种运营模式中有了一定的选择权利，可以自由地与发电商之间签订购电合同，但输电和配电依然是垄断运行的，用户还是不能选择配电商，对电能质量的要求难以满足，且难以激发用户的用电弹性。

批发竞争型市场模式在一些国家得到了稳定的运行，但不同程度上也暴露出一些问题，如用户希望能够选择供电质量，选择供电服务商等需求难以满足；另外，存在发电商滥用市场力现象，尤其是双边交易量小，以现货交易为主的情况下，容易导致现货电价飞涨。加州电力市场2000年底出现的严重电力危机就是一个教训。自从这次危机后，美国联邦能源调解委员会（FERC）及有关研究机构试图建立一个更完善的市场运营模式，进行了相当长一段时间的“标准化市场设计（StandardMarketDesign，SMD）”。但是，由于现代电力系统是一个超大规模、高度复杂的动态系统，各个系统的组成和结构不同，系统的安全稳定运行又至关重要，因此，要建立一个统一标准的市场运行模式，实践证明很难，美国也因此放弃了设计了近两年的SMD计划。而北欧四国组成的电力市场的成功运行说明了零售竞争型市场模式的合理性。在保留各自系统特征的基础上，进一步开放配电网，加强零售竞争，有专门的零售公司甚至中间商出现并负责用户的电能服务需求。图7-3所示为零售竞争型市场模式。

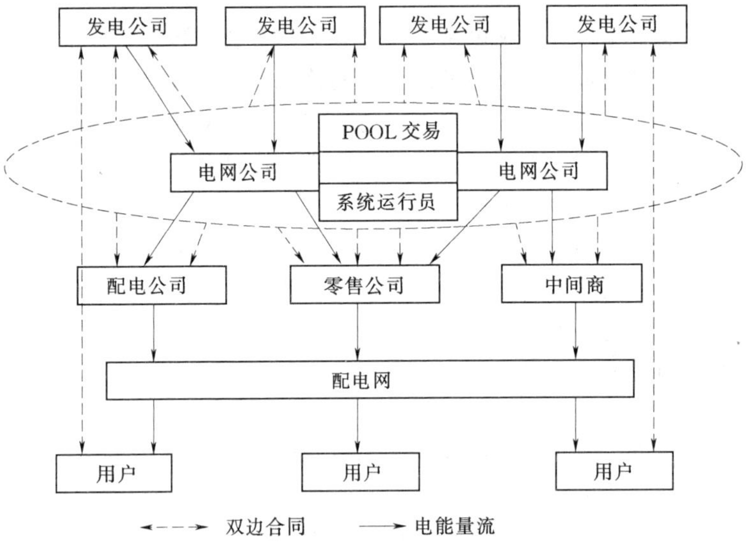

图7-3　零售竞争型市场

在零售竞争型市场模式中，电力需求侧具有更大的选择和竞争空间，和开放输电网一样，配电网也需要开放运行。用户能够根据自己的需要选择合适的电能服务商、电能质量及服务费率，并积极参加需求侧管理，提高电能使用效率。

电力需求侧市场运营是整个电力市场运营的一个有机组成部分，是由配电运行管理与规划、需求侧竞价、需求侧管理、综合资源规划、电能质量、电力零售、市场运营、市场监管及风险管理等有关技术经济问题组成的理论与实践体系。系统研究电力需求侧从垄断运行逐步转向市场运营过程中出现的新的技术经济问题、适合的市场运营模式、积极有效的需求侧管理措施和激励机制、有效的市场监管体系具有重要的理论和实践指导意义。运用经济学、管理学、投资学、控制理论、现代通信与计算机技术，根据电力系统生产特点，构建并推动电力市场的全面深入发展，提高电力生产的效率，促进电力市场的长效健康发展。

第四节　电力需求侧竞价机制

一、电力需求侧竞价的定义

电力需求侧竞价（Demand Side Bidding，DSB）是 DSM 的一种实施机制，使得用户能够通过参与市场竞争主动改变自己的用电方式，获得相应的经济利益，而不再单纯是价格的接受者。在市场环境下，DSB 是鼓励用户积极改变用电方式，提高用电效率，科学实施 DSM 长效机制的有效方法。

虽然 DSB 与 DSM 相关，但两者还是有很大区别。总体上讲，DSB 是基于市场的短期负荷响应行为和市场机制，而 DSM 是指长期改变负荷特性的行为和机制，图 7－4 描绘了两者之间的关系。

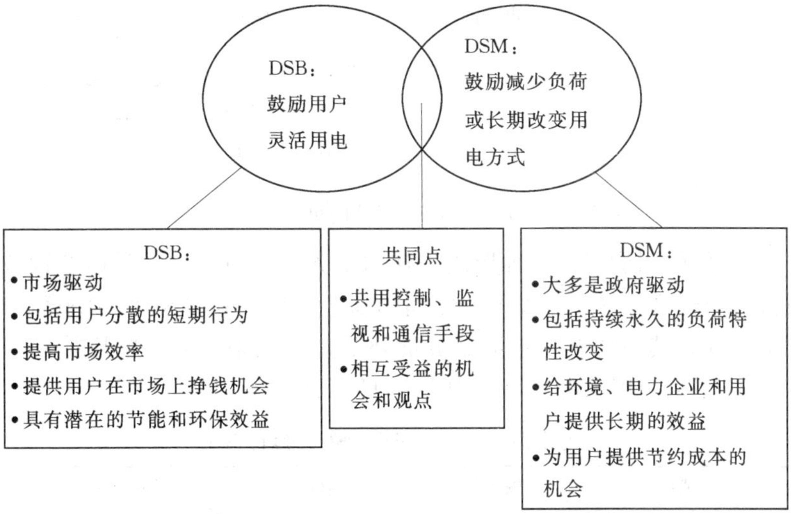

图 7－4　DSB 与 DSM 的关系

二、DSB 产品及其服务

需求侧参与竞争可以充分调动用户改变用电方式的积极性，通过减少用电、节能或能源替代等措施，对系统备用、安全及环保做出贡献，相应也获得一定的回报。因此，开放需求侧后，DSB 相当于提供了潜在的功率产品，即所谓的 Negawatts（负功率）代替 Megawatts，或称为 DSB 产品。DSB 产品可分成两类：①全部电力需求参与市场竞争；②只参与需求改变量竞争。

全部电力参与竞争通过两种方式实现：①用户和发电商之间直接签订一定量和一定价格的双边合同；②用户对自己的需求曲线进行竞价，即在多少电力上希望多少价格，类似发电商的竞价曲线。

参与需求改变量的竞争内容则更加丰富，用户可以竞价增负荷，也可以竞价减负荷。在不同的市场运行模型（物理市场或合同市场）、不同时段的市场（日前市场或实时市场）、不同形式的市场（主能量市场或辅助服务市场）下，DSB 产品参与市场的方式和作用都不一样。同时，对于市场中不同的参与者（发电商、输电系统运行人员、配电商、中间商），DSB 产品的作用也不同。图 7-5 概括了 DSB 产品可能的用途。

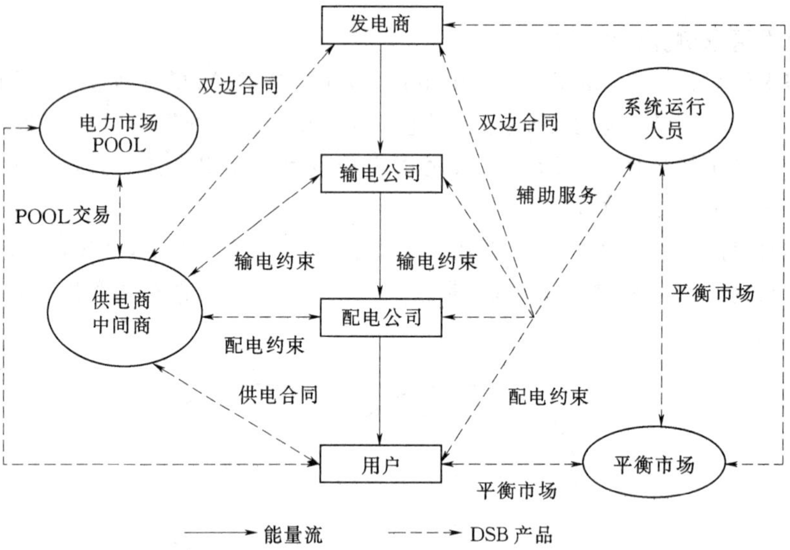

图 7-5 DSB 产品的可能用途

DSB 产品可能的用途有：各种形式的辅助服务、参与可中断供电合同或峰谷电价计划、需求报价参与现货交易、与发电商之间的双边合同、在平衡市场中竞价增或减出力、缓解输配电阻塞等。其中，参与辅助服务的环节包括频率控制、电压控制、备用和黑启动。表 7-1 总结了七个国家电力市场中 DSB 的运行情况。

表 7-1 七个国家电力市场中 DSB 的运行情况

国家	辅助服务	输电约束	供电合同	平衡市场	现货市场
芬 兰	√，↔	√	√，↔	√	√
荷 兰	√	√	√	√	√
挪威	√	√，↔	√，↔	√	√
西班牙	√	√	√，↔	√	√，↔
瑞 典	√，↔	√	√	√	√
英 国	√，↔	√，↔	√，↔	√，↔，(*)	√，↔，(*)
希 腊	√	√	√	√	√

注 √表示允许 DSB 运行，↔表示正在运行，(*)表示适合 2001 年 3 月以后的新英国电力市场（NETA）。

三、DSB 实施的范例

1. 英国电力市场需求侧参与快速频率响应

英国电力市场中为了应对突然的频率下降，除了发电机提供功率支持外，需求侧也可以响应频率的变化，并且实践已表明需求侧的响应是瞬时的，明显优于发电机。13 个水泥制造企业通过集总代理与电网调度人员谈判签订双边合同参与此响应程序，能减少最大瞬时负荷达 110MW。集总代理在其中起着重要的管理和优化的桥梁作用。另外，制冷企业联合也参与此计划，参与分级恢复频率程序。

2. 北欧电力需求侧参与日前市场竞价

北欧电力市场由挪威、瑞典、丹麦、芬兰四国组成，是目前具有代表性的跨国电力交易市场，运行有电力期货市场和日前现货市场（Elspot）。在 Elspot 中，同发电商参与市场竞价一样，挪威、瑞典的电力需求侧也参与以“电力购买兆瓦数—时间—价格”为形式的竞价。大用户（兆瓦以上）可以直接参与需求竞价，比如，工业供热企业充分利用现货市场电价的变化特性，采取多种燃料（用电、燃油或其他替代能源）的锅炉，已证明能够取得经济效益。对于小用户，比如挪威的学校取暖，可以通过他们的供电商作为代理间接参与需求竞争。

3. 美国 PJM 的需求侧响应程序

开始于 1991 年的 PJM“主动负荷管理”（Active Load Management，ALM）程序是指导负荷服务实体或专门的减负荷服务商（Curtailment Service Provider，CSP）作为终端用户代表参与削减负荷时的管理办法。终端用户需要通过 CSP 参与此计划。CSP 参与 ALM 要求每年支付一定的定金（500～5000USD），如果 CSP 启用分散发电，则需要取得环境许可。终端用户可自愿参与，参与程序的用户可以得到 500USD/MWh 的赔偿，或者按实时系统边际电价赔付。

有三种类型的 ALM，即直接负荷控制、固定负荷消费水平和根据通知削减负荷。PJM 在 2001 年夏天实施了三次 ALM，当电价高于 135USD/MWh 时启动，平均减少用电 23MW。自实施 ALM 后，再未出现过发电不足的紧急情况。从 2002 年 7 月以后，又补充了“负荷响应程序”（LoadResponse Program，LRP），目的是鼓励用户广泛参与 LRP，去除了终端用户不能直接参与削减用电的障碍，能够更好地激励用户对实时电价做出反应。同时，允许分散电源参与 LRP，并分别按日前负荷响应程序和实时负荷响应程序制定了具体的实施细则。

第五节　可中断负荷调度与运营

一、可中断负荷合同

可中断负荷运行是 DSM 的重要组成部分，对电力系统安全可靠运行有重要作用。实施可中断负荷可以调动需求侧参与市场的积极性，增加需求侧弹性。对电网调度机构而言，实施可中断负荷可以削弱价格尖峰，减少市场中的投机行为；对售电商，可中断负荷提供了在实时市场电价偏高时中断部分负荷的机会，从而减少了市场风险；对发电商，与某些大用户签订可中断合同等效于新增装机容量，增加了在市场报价中的灵活性，并且有助于提高系统稳定性，降低运行成本：对用户，不仅可以得到在中断供电后的赔偿，而且可以从可中断负荷实施后提高系统可靠性，削弱价格尖峰中受益，还可以减少与用户的法律纠纷和矛盾，避免因中断负荷造成的经济赔偿损失和法律诉讼费用。

在管制的电力系统运行时期，系统负荷常常被当做一种物理负载，在电力不足或系统紧急情况下，系统调度员往往通过切除负荷来保证电力系统的安全稳定运行。这种方式没有考虑用户的停电意愿，往往给用户带来很大的经济损失。随着市场观念逐渐引入电力系统运营，电力需求侧也成为市场的一个平等的主动参与方。

中止对用户的供电服务不能单纯从电网运行的角度，而要考虑对中断供电用户的经济补偿，所以，系统需要对用户的负荷类型、用电效益、停电意愿等加以考虑，即需要通过用户主动参与的DSM进行。因此，在电力市场运行环境下，可中断负荷的调度运行主要是通过两种方式进行：

(1) 供电方与用户签订可中断负荷合同。

(2) 在运行良好的电力市场，以市场价格为杠杆指导发电方和用电方的行为，这种情况下负荷/可中断负荷可以参与市场竞争，即通过DSB方式充分发挥需求侧的弹性。

出于电力市场的特殊性，通过可中断负荷合同调度可中断负荷的运行方式目前普遍存在于电力市场改革初期，即供电方和用户协商签订有关中断负荷和补偿费用事项的合同，在系统实际运行时按照合同条款执行。

如何确定可中断负荷合同的内容对充分发挥可中断负荷效用，提高系统供电可靠性有着很大影响。通过总结可以发现，目前各国电力市场中可中断负荷合同的内容大致包括合同有效期、提前通知时间、中断持续时间、负荷中断容量及费用等。表7-2总结了美国加州ISO、纽约ISO、加拿大Alberta、中国台湾地区可中断合同类型。

表7-2 可中断合同类型

名　称	合同形式	提前通知时间	最小切除容量（MW）	切除时间（h）	补偿费用
加州ISO类型1	一般合同	30min	1	每次2～8 每月<30	容量费用+实际调度的能量费用
加州ISO类型2	一般合同	15min	1	每次2～8 每月<30	
纽约ISO	一般合同	10min 30min	1、2	每月<1	1MW负荷给予旋转备用市场价格；2MW负荷给予日前市场电能价格与中断次数无关的固定费用；每月1MW付费（$）
加拿大Alberta类型1	月合同	1h	1	每次>4	
加拿大Alberta类型2	周合同	1h	1	每次>4	按实际中断负荷付费
中国台湾A型	一般合同	1d、7d	5	每次=6	电能合同电价5折优惠
中国台湾B型	一般合同	1d、4h、1h	所有工业负荷	每次<6 每年<100	依据提前通知时间而定

从表7-2可以看出，一般只有那些可中断容量大于指定值（1MW）的大用户才能签订可中断合同。中断提前通知时间和持续时间不同，给予的补偿也不一样。

要想充分发挥可中断负荷管理的效果，需要采取有效的激励措施，鼓励用户积极参与，并制定合理的补偿价格，因此，需要对可中断负荷进行成本效益分析。对可中断负荷进行成本效益分析是进行可中断负荷定价的基础。实施可中断负荷管理的费用相当大，一般电力用户难以支付，因此电力公司可采取一定的经济激励措施与用户共同协作实施各项措施。同时，电力部门可从发电侧提取为此而减少的发电侧固定成本和从输电公司提取减少的电力维护、运行费用等。电力用户可从电力部门获取一定的经济激励以减少投资成本的回收期。实际上，采取DSM措施后可减少环境污染、减少政府投资，使电力公司、用户和社会三方受益。

1. 用户的成本效益分析

用户在实施可中断负荷管理的时候需要一定的费用，包括实施可中断负荷管理的设备费用和为了满足可中断负荷要求而对生产计划、工艺等的调整费用。这些费用最好用对用户实施可中断负荷管理的电力公司对其以电价折扣刺激而产生的电费节约来弥补。电费节约和费用之间的差值为用户收益。电价折扣率越大，用户收益越大，通常用户可中断的负荷也越大。很明显，电价折扣率有一个最小值，即此时用户实施可中断负荷措施的电费节约刚好弥补其实施费用。

2. 电力公司的成本效益分析

中断负荷的成本就是停电给用户带来的损失，即停电损失。对可中断负荷成本的影响因素有提前通知时间、停电持续时间，停电发生时间、缺电比率以及用户侧的负荷特性、用电效益、停电意愿等。通常电力公司的成本可分为装机成本、发电成本、输配电投资成本和运行成本，以及向用户供电的成本。可中断负荷不仅可以直接节省运行费用，还可以减少发电机组和输配电设备的容量投资，因此在实施可中断负荷规划时涉及发电机组、输配电系统的可免运行成本和可免设备投资成本。可中断负荷的实施还能削减系统峰荷，相当于给系统增加备用机组，提高了系统的可靠性。在电力市场下，该措施还可以增加需求侧的弹性，降低价格尖峰。

二、可中断负荷的市场运营

这里讨论的可中断负荷的市场运营主要是针对如何按照可中断负荷合同进行调度运行。按照可中断负荷合同进行可中断负荷市场运营要解决以下几个问题：

(1) 如何确定合同的内容，即如何确定合同的有效期、中断持续时间、每次中断负荷量及补偿费用。

(2) 准确确定可中断合同有效期内的缺额容量，即需要中断的负荷量。

(3) 如何刺激用户披露真实的停电损失。

(4) 如何制定具体的可中断负荷管理计划，即如何确定合同有效期内中断负荷类型、中断时刻、中断持续时间和中断容量等具体中断计划。

如何确定合同的内容要考虑到实际电力系统的构成——发电系统、负荷组成、季节与作息时间等多方面的因素，既要考虑负荷的个性化要求，又不能划分类型太细，种类太多就趋于复杂，不宜推广和竞争。结合中国国情，有人设计了合同有效期为6个月，每次最小切除0.5MW，中断持续时间分别为4h和8h的两种中断合同。

如何刺激用户披露真实的停电损失是一项艰巨的任务。传统的方法有宏观分析法和用户调查法，得到一些参考模型和VOLL值（Value of Lost Load)，这些方法得到的结果往往比较粗略。电力市场化改革以来，大多采用可中断负荷竞价的方式，即用户参与可中断容量报价，电网/供电公司根据用户报价结合平衡市场或者辅助服务市场，合理购买可中断负荷。这种购买可中断负荷的机制相当于单边拍卖方式，即电网/供电运行人员发布可中断容量缺额，用户进行一次性报价，然后根据缺额和报价进行出清，得到中断负荷方案和赔偿费用。设计了一个市场购买可中断负荷的框架，同时，经过经济分析发现处于某些位置的用户具有明显的市场力。因此，为了刺激用户更加真实地披露其停电损失费用，减少市场力，提高可中断负荷的利用效率，可以采用多次拍卖缺额容量的办法，具体分两轮进行：

第 1 轮：不公布缺额总量，每个合格的参与者按照规定的可中断合同形式提交匿名的报价，最低报价是公开的，作为一个参考。在这一轮次每个参与者可以随时修改自己的竞价。

第 2 轮：公开拍卖缺额容量。由于第 1 轮次的最低出价是公开的，所以，参与第 2 轮次公开竞标必须提交更有优势的出价，也可以坚持第 1 轮的报价不变。这 1 轮后得到用户报价由低到高的次序表。

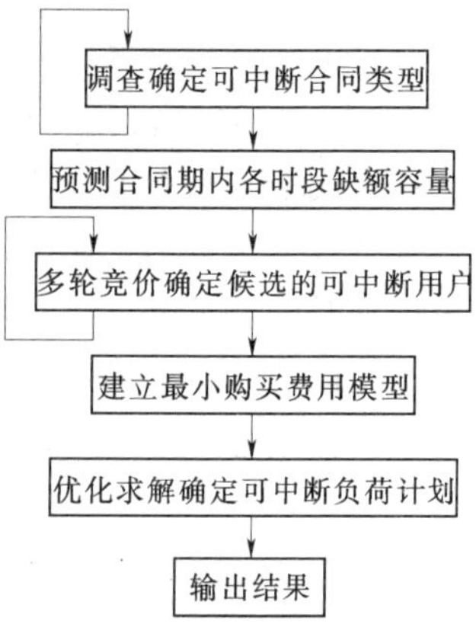

图 7－6 可中断负荷市场化管理流程

在经过拍卖得到用户报价由低到高的次序表后，就可以制定可中断负荷管理的具体实施计划，即转化为以购买可中断负荷费用最小为目标的优化问题。按照“Pay－as－bid”方式确定可中断负荷购买费用，即根据第 2 轮的优先次序表，按照自身报价逐次买进可中断负荷量，直到满足每个时刻所需中断的负荷量为止。出于需要统筹考虑合同有效期内的可中断负荷管理问题，除了以整个时间段内的购买费用最低为目标之外，还要保持每一时刻负荷平衡（包括满足该时刻需中断的负荷量）、不同用户允许中断的总小时要求以及两次中断之间时间间隔要求等。建立起来的数学模型往往是一个复杂的规划问题，普遍采用的求解方法有动态规划法、最优潮流法等。可中断负荷市场化调度管理流程如图 7－6 所示。

这种多次拍卖方式能够调动用户参与的积极性，并且根据其自身的停电损失申报中断价格，刺激其披露停电损失，解决供电公司难以确定不同用户的停电损失的难题；而且由于第 1 轮采用最低报价公开的方式，第 2 轮报价不能超过第 1 轮的规则，减少了用户实施市场力的机会。

第六节 合同能源管理

一、合同能源管理（EPC）的基本概念

伴随着人类生产力的高度发展，能源消耗的日益增加，由此带来的地区环境和全球环境急剧变化，其中，由温室效应引起的全球气候变暖成为国际社会关注的热点。温室气体的排放主要来源于人类大量的迅速增长的矿物能源——煤、石油、天然气的消耗。各国在发展经济的同时，如何节约和充分利用能源成为首先加以考虑的问题。作为高耗能企业，能源成本已经占到企业总成本相当大的比重，如何降低能耗费用、如何开源节流，也已成

为各个企业积极探索的问题。20 世纪 70 年代中期以来，一种基于市场的、全新的节能项目投资机制“合同能源管理”（EPC）在市场经济国家中逐步发展起来，而基于合同能源管理这种节能投资新机制运作的专业化的“节能服务公司”（在国外简称 ESCO，在国内简称 EMCo）的发展十分迅速，尤其是在美国、加拿大，EMCo 已发展成为新兴的节能产业。

合同能源管理机制的实质是一种以减少的能源费用来支付节能项目全部成本的节能投资方式。这种节能投资方式允许用户使用未来的节能收益为工厂和设备升级，降低目前的运行成本，提高能源利用效率。

合同能源管理这种市场节能新机制的出现和基于合同能源管理机制运作的 EMCo 的繁荣发展，带动和促进了美国、加拿大等国家全社会节能项目的加速和普遍实施。

二、合同能源管理机制的运作模式

EMCo 是一种基于合同能源管理机制运作的、以赢利为直接目的的专业化公司。EMCo 与愿意进行节能改造的用户签订节能服务合同，为用户的节能项目进行投资或融资，向用户提供能源效率审计、节能项目设计、原材料和设备采购、施工、监测、培训、运行管理等一条龙服务，并通过与用户分享项目实施后产生的节能效益来赢利和滚动发展。

按照合同能源管理模式运作节能项目，在节能改造之后，客户企业原先单纯用于支付能源费用的资金，可同时支付新的能源费用和 EMCo 的费用。合同期后，客户享有全部的节能效益，会产生正的现金流。

客户企业要和节能服务公司共同按照合同能源管理模式实施节能项目的原因通常是出于三个考虑，即投资效益、运作效益和转嫁风险效益。

从 EMCo 的业务运作方式可以看出，EMCo 是市场经济下的节能服务商业化实体，在市场竞争中谋求生存和发展，与中国传统的节能项目运作模式有根本性的区别。与传统的节能项目运作模式相比，采用合同能源管理方式实施节能项目具有以下优点：

（1）通过把实施节能项目的风险和负担转嫁给 EMCo，帮助克服由于实施项目的可能风险所造成的企业对实施节能项目的保留态度。

（2）通过把节能项目开发的主要负担转嫁给 EMCo，帮助企业克服节能项目经济效益不明显、占用企业精力太多的担心和疑虑。

（3）EMCo 通过同类项目的开发和大量“复制”来提高其节能项目运作能力，降低节能项目的实施成本，并且节能项目的投资出自节能项目本身产生的节能效益，从而减轻企业实施节能项目的融资压力。

节能改造前后的效益比较如图 7－7 所示。

三、合同能源管理的意义

中国是世界上第二能源消费大国，同时也是能源效率低、能源浪费最严重的国家之一。典型案例研究和市场调查分析表明，大量技术上可行、经济上合理的节能项目完全可以通过商业性的以盈利为目的的 EMCo 来实施。

过去，中国的节能工作主要是通过政府节能主管部门、各级节能服务机构和企业节能管理部门三位一体的能源管理机制运作。这一节能体系在原来的计划经济体制下发挥了重要的作用并取得了显著的节能成就。但是，随着中国经济体制面向市场的转变，原有的节能管理体制和社会的节能机制已不适应变化了的形势，也必须随之转变。

另一方面，在新形势下，企业的自主权扩大，节能已由原来的国家投资转变为企业的自主行为，节能的阻力主要表现为节能投资的市场障碍。由于大多数节能项目的规模和经济效益在企业经营中并不占有重要地位，加上节能技术引入的成本及其投资风险，多数企业领导往往把主要注意力放在扩大生产和增加产品的市场份额上，通常并不把节能放在主要地位，从而使大量的节能项目难以实施。为进一步推动中国的节能工作，当前最为迫切的任务是引导和促进节能机制面向市场的过渡和转变，借鉴、学习和引进市场经济国家先进的节能投资新机制，以克服目前中国存在的上述种种节能投资障碍，加快中国为数众多的技术上可行、经济上合理的节能项目的普遍实施。从较成熟的市场经济国家的节能事业发展的经验来看，合同能源管理这种节能新机制比较适合中国的情况，中国已有的节能机构和潜在的投资者完全可以结合中国的实际情况对节能项目进行投资并从中获得盈利和发展。

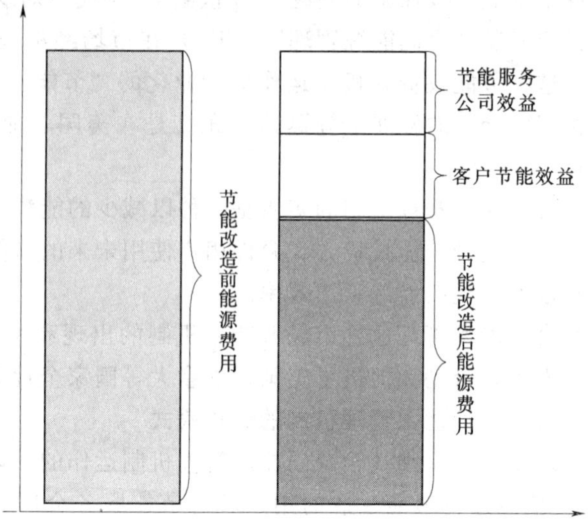

图 7-7 效益比较

在中国引进和推广“合同能源管理”具有十分重大的意义。原国家经贸委于 2000 年 6 月 30 日发出《关于进一步推广合同能源管理机制的通告》，随之涌现出许多新兴/潜在的 EMCo。一方面，通过专业化的 EMCo 按照“合同能源管理”方式为客户企业实施节能改造项目，不仅可以帮助众多企业克服在实施节能项目时所遇到的障碍，包括项目融资障碍、节能新技术/新产品信息不对称障碍等，还可帮助企业全部承担或者部分分担项目的技术风险、经济风险和管理风险等。另一方面，EMCo 帮助客户企业克服这些障碍，可以加速各类具有良好节能效益和经济效益的项目的广泛实施。更重要的是，基于市场运作的 EMCo 会千方百计寻找客户实施节能项目，努力开发节能新技术和节能投资市场，从而使自身不断发展壮大，终将在中国形成一个基于市场的节能服务产业大军。

2010 年 4 月，国务院转发了国家发展和改革委员会、财政部等四部门《关于加快推行合同能源管理促进节能服务产业发展的意见》，提出具体的财政和税收优惠政策。2011 年 1 月，财政部、国税总局联合下发了《关于促进节能服务产业发展增值税营业税和企业所得税政策问题的通知》，对符合条件的节能服务公司暂免征收营业税和增值税，同时给予“三免三减半”的所得税优惠，这被业内解读为“为合同能源管理企业再开三盏减免‘绿灯’”，直接利好节能服务企业。

目前，合同能源管理项目已纳入中央预算内投资和中央财政节能减排专项资金支持范围，有条件的一些地方也安排一定资金，用于支持和引导节能服务产业发展。随着环境的改善，节能服务行业在“十二五”的发展将明显提速。“十二五”期间，全国节能服务公司数量将从“十一五”期末的782家发展到2500家，节能服务产业将实现总产值3000亿元。

四、节能服务合同的基本类型

节能服务合同中最重要的部分涉及如何确定能耗基准线、如何计算和监测节能量、怎样向EMCo付款等条款，在合同中清楚地陈述上述有关内容并让客户理解，这一点是极为重要的。而根据客户企业和EMCo各自所承担的责任，客户企业向EMCo付款的方式的不同，又可以将节能服务合同分成不同的类型。随着合同能源管理机制在中国的不断发展，已经发展出了如下三种不同的类型，与目前在北美和日韩等国的情况基本相似。

1. 节能效益分享型

节能效益分享型的合同规定由EMCo负责项目融资，在项目期内客户和EMCo双方分享节能效益的比例。

主要特点如下：

(1) EMCo提供项目的资金。

(2) EMCo提供项目的全过程服务。

(3) 在合同期内EMCo与客户按照合同约定的比例分享节能效益。

(4) 合同期满后节能效益和节能项目所有权归客户所有。

例如，在五年项目合同期内，客户和EMCo双方分别分享节能效益的20%和80%，EMCo必须确保在项目合同期内收回其项目成本以及利润。此外，在合同期内双方分享节能效益的比例可以变化。例如，在合同期的前两年内，EMCo分享100%的节能效益，合同期的后三年内，客户和EMCo双方各分享50%的节能效益。

2. 节能保证型

在节能量保证型的合同里，EMCo保证客户的能源费用将减少一定的百分比，即可由EMCo提供项目融资，也可由客户自行融资。

主要特点如下：

(1) 客户提供项目资金。

(2) EMCo提供项目的全过程服务并保证节能效果。

(3) 按合同规定，客户向EMCo支付服务费用。

(4) 如果在合同期项目没有达到承诺的节能量或节能效益，EMCo赔付按合同约定向客户补偿未达到的节能效益。

例如，EMCo保证客户锅炉的燃料费减少10%，而所有附加的节能效益全归EMCo享受。

3. 能源费用托管型

在能源费用托管型合同中，由EMCo负责管理客户企业整个能源系统的运行和维护工作，承包能源费用。

主要特点如下：

(1) 客户委托EMCo进行能源系统的运行管理和节能改造，并按照合同约定支付能源托管费用。

(2) EMCo通过提高能源效率降低能源费用，并按照合同约定拥有全部或者部分节省的能源费用。

(3) EMCo 的经济效益来自能源费用的节约，客户的经济效益来自能源费用（承包额）的减少。

从目前情况看，大部分合同是上述三种方式之一或某几种方式的结合。对每一种付款方式都可以作适当变通，以适应不同耗能企业的具体情况和节能项目的特殊要求。但是，无论采用哪种付款方式，建议均应坚持一定的原则：①EMCo 和客户双方都必须充分理解合同的各项条款；②合同对 EMCo 和客户双方来说都是公平的，以维持双方良好的业务关系；③合同应鼓励 EMCo 和客户双方致力于追求可能的最大节能量，并确保节能设备在整个合同期内连续而良好的运行。

参 考 文 献

[1] 高犁. 电力客户管理［M]. 北京：中国电力出版社，2011.

[2] Geoffrey，Rothwell，等. 电力经济学—管制与放松管制. 叶泽译. 北京：中国电力出版社，2007.

[3] 国家电网公司需求侧管理指导中心. 电力需求侧管理实用技术. 北京：中国电力出版社，2005.

[4] 刘秋华. 电力市场营销管理. 北京：中国电力出版社，2006.

[5] 苏宁. 北京朝阳区电力需求侧管理的应用研究［D]. 北京：华北电力大学，2008.

[6] 国家电网公司. 业务模型说明书 有序用电分册. 2007.

[7] 古洪平. 电力市场营销理论与实务. 北京：中国电力出版社，2008.

[8] 四川省电力公司. 电力营销管理标准［S]. A2版. 2009.

[9] Q/GDW 376.1—2009 电力用户用电信息采集系统通信协议 第1部分：主站与采集终端通信协议［S]. 北京：中国电力出版社，2010.

[10] 方大千，等. 节约用电实用技术问答. 北京：人民邮电出版社，2008.

[11] 高犁. 用电负荷管理. 北京：中国电力出版社，2011.

[12] 杨志荣. 节能与能效管理. 北京：中国电力出版社，2009.

[13] 上海市节能网，www.shjn.gov.cn.

[14] 王长贵，等. 新能源发电技术. 北京：中国电力出版社，2008.